AF328473

Redrawing the Boundaries

REDRA

BOUND

Lonnie van Brummelen & Siebren de Haan

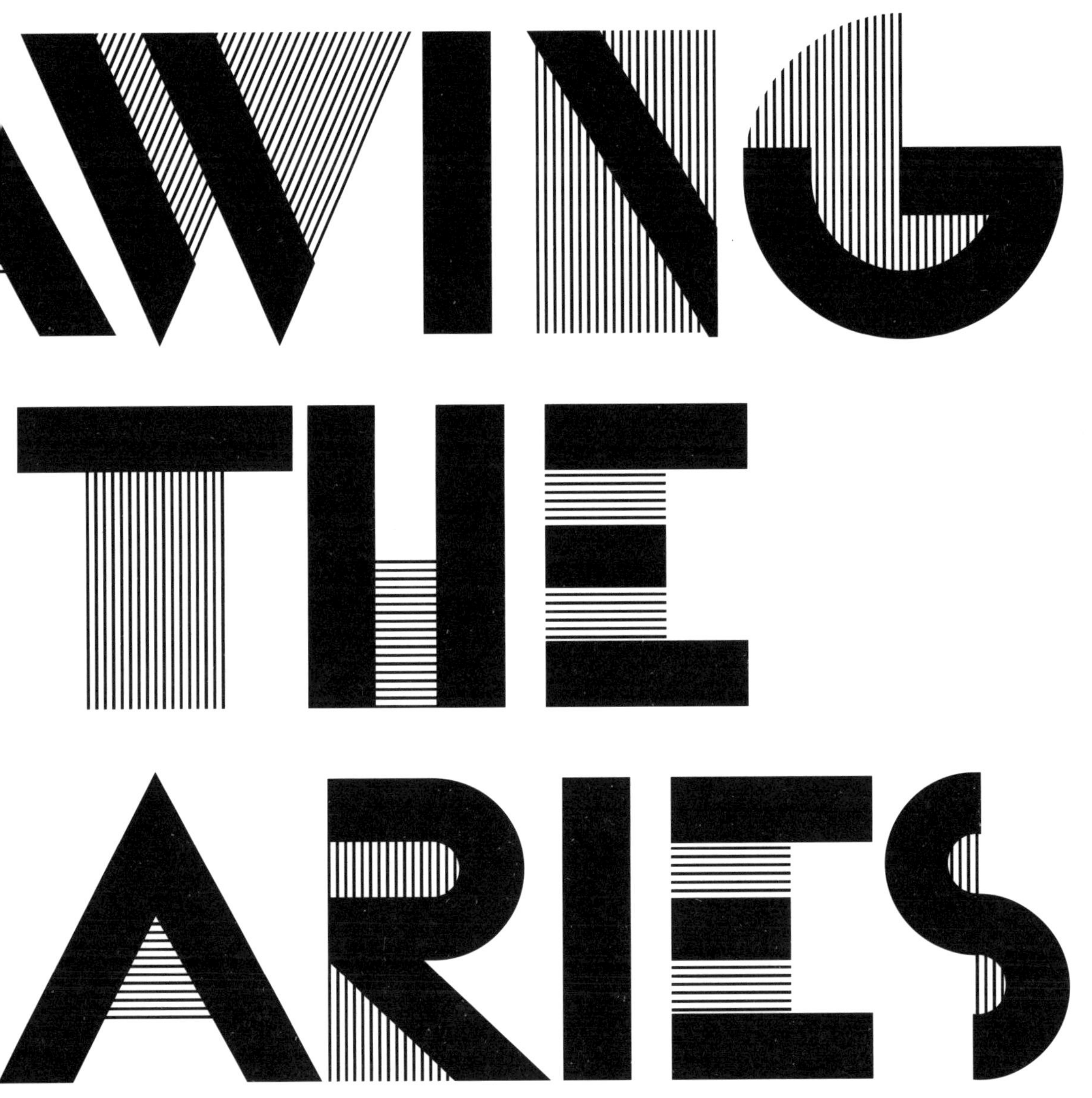

With contributions by / Met bijdragen van
Mariska van den Berg
Christophe Gallois
Tessa Giblin
Andréa Picard

Valiz, Amsterdam

Contents / Inhoud

Introduction
Mariska van den Berg

Inleiding
Mariska van den Berg

In 2005, Lonnie van Brummelen received the Prix de Rome for the 35mm film triptych *Grossraum (Borders of Europe)* (2005) and the accompanying publication *The Formal Trajectory*. An important argument for the jury was the balance between her documentary approach and the visual quality of the work. In the end, it was Van Brummelen's 'painterly eye' that was the deciding factor.[1] In its report, the jury mentions two important points of discussion that were weighed against each other in judging the work of Van Brummelen in relation to that of her competitors. The jury endorsed the artistic value of the 'registration', while also recognizing the implicit paradox of portraying a political subject in an aesthetic visual idiom.

Although Lonnie van Brummelen won the Prix de Rome in a personal capacity, she has collaborated intensively with Siebren de Haan since 2002, and they now present their work under both names. Together, they make film installations, write essays and organize exhibitions. In this combination of activities, a practice that is engrafted onto an often-political reality becomes apparent in a documentary approach (comprising images and text) with a sober aesthetic. Within a broader framework, the current reorientation of art to the documentary is considered a re-evaluation of the relation between art and reality. Stimulated by a renewed need for social and political engagement and the power of social expression in art, artists are exploring new forms of realism.[2] The ways in which artists approach social and political issues and the artistic strategies and aesthetic idioms they develop in this regard are varied, of course. Diverse practices have arisen within the present 'documentary aesthetic'. For Van Brummelen and De Haan, this entails the formulation of a critical artistic position. Their lectures and writings reveal that they see their artistic practice as the taking of a standpoint, both in the world and in the art discourse. Their practice consists of shuttling back and forth between the domains of international politics, culture and the aesthetic space of the artwork.

In 2005 ontving Lonnie van Brummelen met het 35mm-filmdrieluik *Grossraum (Borders of Europe)* (2005) en de bijbehorende publicatie *The Formal Trajectory* de Prix de Rome. Een belangrijk argument voor de jury was de balans tussen haar documentaire aanpak en de beeldende kwaliteit van het werk. Het was uiteindelijk Van Brummelens 'oog van een schilder' dat de doorslag gaf.[1] Het verslag van de jurering maakt melding van twee belangrijke punten van discussie die, in relatie tot het werk van Van Brummelen en haar mededingers, tegen elkaar werden afgewogen. De jury onderschreef de kunstzinnige waarde van de 'registratie'. En erkende tevens de paradox die schuilt in het verbeelden van een politiek onderwerp in een esthetische beeldtaal.

Hoewel Lonnie van Brummelen op persoonlijke titel de Prix de Rome won, werkt ze sinds 2002 intensief samen met Siebren de Haan en treden zij inmiddels onder beider namen naar buiten. Gezamenlijk maken ze filminstallaties, schrijven ze essays en organiseren ze tentoonstellingen. In die combinatie van activiteiten tekent zich een praktijk af die geënt is op de (politieke) realiteit, en vorm krijgt vanuit een documentaire benadering (in beeld en woord) met een ingetogen esthetiek. De huidige heroriëntatie op het documentaire in de kunst is in een breder kader wel opgevat als een herijking van de relatie tussen kunst en werkelijkheid. Vanuit een hernieuwde behoefte aan sociaal en politiek engagement en maatschappelijke zeggingskracht van kunst worden nieuwe vormen van realisme verkend.[2] De manier waarop kunstenaars sociale en politieke kwesties benaderen en de artistieke strategieën en esthetische beeldtaal die ze daarbij ontwikkelen, zijn vanzelfsprekend divers. Binnen de huidige 'documentaire esthetiek' ontstaan uiteenlopende praktijken.

Voor Van Brummelen en De Haan omvat die het formuleren van een kritische artistieke positie. Uit hun lezingen en teksten blijkt dat zij hun kunstenaarschap zien als het innemen van een plaats, zowel in de wereld als in het kunstdiscours. Hun praktijk bestaat in een heen en weer pendelen tussen de domeinen van internationale politiek, cultuur en de esthetische ruimte van het kunstwerk. Het aftasten van grenzen en het strategisch doorkruisen van de verschillende gebieden vormt daarbij de kern van hun handelen.

Het is tegen deze achtergrond dat in dit boek het werk van Lonnie van Brummelen en Siebren de Haan wordt belicht. De filmwerken *Obstructies* (2003), *Grossraum* en *Monument of Sugar—how to use artistic means to elude trade barriers* (2007) nemen daarbij een centrale plaats in.[3] Het landschap, in de meest brede zin van het woord, speelt in alle drie de werken een belangrijke

Exploring boundaries and strategically crossing domains forms the core of their activities.

It is against this background that the work of Lonnie van Brummelen and Siebren de Haan is discussed in this book, with especial focus on the films *Obstructions* (2003), *Grossraum,* and *Monument of Sugar—how to use artistic means to elude trade barriers* (2007).[3] Landscape, in the broadest sense of the word, plays an important role in all three works. Whereas in Van Brummelen's earlier films the landscape still functioned as the setting for performance, the focus has gradually shifted to the landscape itself, and in particular to the barricaded and divided landscape, the obstacles within it and its increasing inaccessibility and restriction.

Obstructions is a silent black-and-white film showing busy streets and intersections in Amsterdam and The Hague that have been temporarily dug up. In *Grossraum*, Van Brummelen and De Haan trained their camera on three border locations on the periphery of Europe at a time when its territory was being expanded while, paradoxically, its outer boundaries were being strengthened. The artists succeeded in getting the ban on taking pictures in these border areas (which in fact are military zones) temporarily lifted in order to make a tranquil film of the landscape. In *Monument of Sugar*, they shifted their focus from Europe's outer border to the barrier this creates for the countries beyond it. By importing the commodity of sugar into Europe as a monument, thus calling into play the status of artworks as special goods, they managed to circumvent Europe's trade barrier.

Both *Grossraum* and *Monument of Sugar* are comprised of documentary film sequences and a written description of the production trajectory. *Grossraum* includes the publication *The Formal Trajectory*, which among other things contains relevant correspondence with border patrol authorities about procedures for obtaining permission to shoot the film. The installation *Monument of Sugar* consists of two groups of

rol. Waar het landschap in de vroege films van Van Brummelen nog functioneerde als een decor voor performance, heeft de focus zich geleidelijk verlegd naar het landschap zelf, en dan met name het versperde en opgedeelde landschap, de obstakels erin en de toenemende ontoegankelijkheid en begrenzing ervan.

Obstructies is een stille zwart-witfilm die drukke en tijdelijk opgebroken verkeerspunten in Amsterdam en Den Haag in beeld brengt. In *Grossraum* richtten Van Brummelen en De Haan de camera op drie grensplaatsen in de periferie van Europa, op het moment dat het territorium werd uitgebreid en tegelijkertijd de buitengrenzen werden verstevigd. De kunstenaars slaagden erin het verbod op het maken van beelden in deze grensgebieden, die als militaire zones gelden, tijdelijk opgeschort te krijgen voor een verstilde landschappelijke film. In *Monument of Sugar* verlegden zij de focus van de Europese buitengrenzen naar de barrières die deze opwerpen voor de landen daarbuiten. Door het product suiker als monument in te voeren in Europa, en zo de status van het kunstwerk als uitzonderlijke waar in te zetten, wisten zij Europa's handelsbarrière te omzeilen.

Zowel *Grossraum* als *Monument of Sugar* bestaat uit documentaire filmsequenties en een beschrijving in tekst van het traject van productie. Bij *Grossraum* werd de publicatie *The Formal Trajectory* uitgebracht, die onder meer relevante correspondentie bevat met grensbewakingautoriteiten over toestemmingsprocedures om de filmopnamen te kunnen maken. De installatie *Monument of Sugar* bestaat uit twee groepen suikerblokken en een filmessay waarin het productieverslag als rollende tekst in de film geïntegreerd werd. Deze narratief werd tevens (in respectievelijk Franse en Chinese vertalingen) in drukvorm uitgegeven. De publicaties *The Formal Trajectory* en *Monument en Sucre* zijn als facsimile in dit boek opgenomen.[4] *Grossraum* en *Monument of Sugar* vonden hun beginpunt in een concept ontleend aan een actuele politieke realiteit, een geconsolideerde situatie, waartoe de kunstenaars zich toegang hebben verschaft om het werk te produceren. De aanloop daartoe en de interventies ter plekke maken evenzeer deel uit van het werk als de kunstwerken die deze acties uiteindelijk hebben voorgebracht.

Vanuit het denken over artistieke strategieën van verzet hebben Lonnie van Brummelen en Siebren de Haan verschillende lijnen uitgezet, waarbij het kunstwerk zowel (indirect) formeel verzet kan bieden tegen inkapseling, als vrije ruimte kan afbakenen; en ten slotte kan ingrijpen in een politieke en economische wereld. In *Autonomy as Strategy*

sugar blocks and a film essay in which a report on the production is integrated in the film as rolling text. This narrative was also issued (in French and Chinese respectively) in printed form. The publications *The Formal Trajectory* and *Monument en Sucre* have been faithfully reproduced in this book.[4] *Grossraum* and *Monument of Sugar* both started out as a concept derived from an actual political reality, a consolidated situation to which the artists gained entrance in order to produce the work. The build-up to this and the interventions on location are just as much part of the work as the images and installations that these actions ultimately engendered.

In thinking about artistic strategies of resistance, Lonnie van Brummelen and Siebren de Haan have plotted various courses by which the artwork can offer formal resistance against encapsulation as well as demarcate free space, and ultimately intervene in a political and economic world. In *Autonomy as Strategy*, they argue that 'The art-work is relatively autonomous because it embodies its own, formal aesthetic laws and does not represent the worldly laws of practical use, demand and offer...'[5] They carry this further in *Call of the Wild*, in which they take a stand against making new work for specific locations that have already been prepared and reserved for art by governments or international exhibition makers. In the same essay, they present their search for ways of obtaining permission to film guarded border landscapes as an artistic intervention: an intermediation by which artists themselves capture space for art.[6]

We confronted the authors of this book with the recurring questions underlying the practice of Lonnie van Brummelen and Siebren de Haan: What is the critical potential of art? How far does it reach? And to what extent can an artwork intervene in the world? Tessa Giblin, Christophe Gallois and Andréa Picard were invited to take *Obstructions*, *Grossraum* and *Monument of Sugar* as points of departure and to interpret, examine and position them from their personal perspectives.

betogen zij dat 'het kunstwerk relatief autonoom is, doordat het eigen formele, esthetische wetten belichaamt en niet de wereldse wetten van nut, vraag en aanbod representeert (...).'[5] Ze voeren dat verder in *Call of the Wild*, waarin zij stelling nemen tegen het maken van nieuw werk voor een specifieke locatie, die reeds door overheden of internationale tentoonstellingsmakers voor de kunst is vrijgemaakt. In hetzelfde essay wordt het zoeken naar wegen om toestemming te krijgen voor het filmen van bewaakte grenslandschappen opgevoerd als een artistieke interventie: een tussenkomst waarmee ruimte voor kunst wordt vrijgemaakt door de kunstenaar zelf.[6]

De terugkerende vragen aan de basis van de praktijk van Lonnie van Brummelen en Siebren de Haan hebben we ook aan de auteurs voorgelegd: Wat is het kritisch potentieel van kunst? Hoever reikt het? En in hoeverre kan een kunstwerk in de wereld interveniëren? Tessa Giblin, Christophe Gallois en Andréa Picard zijn uitgenodigd om de werken *Obstructies, Grossraum* en *Monument of Sugar* als vertrekpunt te nemen en ze vanuit hun persoonlijke perspectief te duiden, te toetsen en te plaatsen.

Tessa Giblin gaat in op de vroege filmwerken van Lonnie van Brummelen, waaronder ook de *Wegrenfilms* (1997).[7] In *Obstructies* ziet zij een vooruitwijzing naar de gezamenlijke praktijk van de kunstenaars zoals die later vorm krijgt. De film toont autonome individuen geplaatst in een opgebroken verkeerssituatie, waarin hun persoonlijke bewegingsvrijheid beperkt wordt door omleidingen en afbakeningen. Niettemin vinden de voorbijgangers alternatieve wegen en weten ze obstakels inventief te omzeilen. Op basis van de films en de teksten die van Van Brummelen en De Haan gezamenlijk schreven, formuleert Giblin de inzet van het werk als een creëren van vrije artistieke ruimte. Deze verworven ruimte is zowel onderwerp als plaats van handeling. Het onophoudelijke streven naar autonomie, ruimte voor artistieke integriteit en verzet tegen inkapseling is het conceptuele kader van het werk geworden. Dat een dergelijke 'freezone' niet los gezien kan worden van institutionele grenzen, ligt besloten in hun aanpak. Door de parameters te tonen, bieden ze ruimte aan beschouwing en het uitwisselen van ideeën.

Christophe Gallois brengt *Grossraum* en *Monument of Sugar* zowel in verband met de schilderkunstige traditie van het landschap, als met het werk van de Duits-Franse filmmakers Jean-Marie Straub en Danièle Huillet. Gallois interpreteert, vanuit de artistieke positie van Cézanne, het filmen van het landschap in het werk van Van Brummelen en De Haan als

Tessa Giblin goes into the early films of Lonnie van Brummelen, including *Run Away Films* made in 1997.[7] In *Obstructions*, she sees an early indication of the direction that the artists' joint practice would later take. The film shows autonomous individuals caught in a disrupted traffic situation, in which their personal freedom of movement is limited by detours and marked-off areas. Nonetheless, the passers-by find alternative routes and inventively manage to skirt obstacles. Based on these films and on the texts that Van Brummelen and De Haan wrote together, Giblin concludes that the motivating force behind all the work is the creation of free artistic space. This acquired space is both the subject and the place of action. The continuous pursuit of autonomy, artistic integrity and resistance against encapsulation has become the contextual framework of the work. Implicit to their approach is the fact that such a free zone cannot be considered separately from institutional boundaries. By showing the parameters, they create space for contemplation and the exchange of ideas.

Christophe Gallois connects *Grossraum* and *Monument of Sugar* both to the tradition of landscape painting and the work of the German-French filmmakers Jean-Marie Straub and Danièle Huillet. Using Cézanne's artistic position as a point of reference, Gallois interprets the filming of the landscape in the work of Van Brummelen and De Haan as the creation of distance, which both offers space for reflection and is the foundation for artistic experiment. He analyzes how the landscape perspective in their work functions as a vehicle for contemplation of current social, political and artistic contexts. Critical reflection and artistic experiment are dual aspects of the same dynamic here. He also sees a similar dialectic in the artists' use of text and images in the work. Following from this line of argument, and based on the concepts of 'acting' and 'contemplation', he concludes by examining the tension between the political and the artistic in the light of Rancière's views.

---

het creëren van afstand. Het nemen van distantie die zowel ruimte biedt voor reflectie, als grond voor artistiek experiment. Hij analyseert hoe het landschappelijke perspectief in hun werk wordt gebruikt om reflectie te bieden op actuele sociale, politieke en artistieke contexten. Kritische reflectie en artistiek experiment vormen daarbij twee richtingen van dezelfde dynamiek. Een dergelijke dialectiek ziet hij eveneens in de omgang met tekst en beeld in het werk. In het verlengde van deze wisselwerkingen en aan de hand van de begrippen 'acting' en 'contemplation', beziet hij ten slotte, in het licht van de opvattingen van Rancière, de spanning tussen het politieke en het artistieke.

Andréa Picard ten slotte bespreekt de praktijk van Lonnie van Brummelen en Siebren de Haan in relatie tot die van filmer Joris Ivens, en de filosofie van Guy Debord en de situationisten.

Picard toont hoe de esthetische keuzes, en de manier waarop de kunstenaars de actualiteit benaderen en de toeschouwer engageren, een dynamisch geheel vormen, waarvan de randvoorwaarden voortdurend ter discussie worden gesteld.

Noten
1. Rutger Pontzen, 'Juryverslag Prix de Rome 2005', in: *PRIXDEROME.NL 2005*, Rotterdam: Uitgeverij 010, 2005, p. 33.
2. Mark Nash, 'Reality in the Age of Aesthetics', *Frieze*, nr. 114, april 2008, http://www.frieze.com/issue/article/reality_in_the_age_of_aesthetics.
3. *Obstructies* is de Nederlandse titel. De film is ook vertoond en beschreven onder de titel *Obstructions*, Lonnie van Brummelen, 16mm film, z/w, stil, 25 minuten, 2003.
4. De publicatie *Monument en Sucre* bevat de Engelse en Franse tekst. De Engelse tekst maakt integraal deel uit van de film.
5. *Autonomy as Strategy*, in: *Zillions*, publicatie uitgegeven door vriza bij de tentoonstellingenreeks *Disclosures*, ter gelegenheid van de tentoonstelling van Jeroen de Rijke in 2004, www.vriza.nl.
6. *Call of the Wild* (2006), *(In)tolerance. Open*, nr. 10 (2006), p. 112–129.
7. *Wegrenfilms* is de Nederlandse titel. Ze worden ook vertoond en beschreven onder de titel *Run Away Films*, Lonnie van Brummelen, 16mm, kleur, drie films van ieder 1 minuut, 1997.

Andréa Picard finally reflects on the practice
of Lonnie van Brummelen and Siebren de Haan
in relation to that of filmmaker Joris Ivens and the
philosophy of Guy Debord. Picard shows how
the artists' aesthetic choices and the way in which
they approach reality and engage the viewer, form
a dynamic whole, the preconditions of which are
continually called into question.

Notes
1. Rutger Pontzen, 'Juryverslag Prix de Rome
2005', in *PRIXDEROME.NL 2005*, Rotterdam:
010 Publishers, 2005, p. 33.
2. Mark Nash, 'Reality in the Age of Aesthetics',
Frieze, no. 114, April 2008, http://www.frieze.com/
issue/article/reality_in_the_age_of_aesthetics.
3. *Obstructions*, Lonnie van Brummelen, 16mm
film, b/w, silent, 25 minutes, 2003. The Dutch title
is *Obstructies.*
4. The publication *Monument en Sucre* includes
the English text that is integrated in the film,
and a translation in French.
5. *Autonomy as Strategy*, in: *Zillions,* publication
by vriza for the exhibition series *Disclosures,*
which appeared in tandem with Jeroen de Rijke's
exhibition in 2004, www.vriza.nl.
6. *Call of the Wild* (2006), in: (*In*)*tolerance.
Open*, no. 10 (2006), p. 112–129.
7. *Run Away Films.* Lonnie van Brummelen,
16mm, colour, 3 films of 1 minute each, 1997.
The Dutch title is *Wegrenfilms.*

WORKS

Obstructions

16mm film (blow-down from 35mm), b/w, silent, 25 minutes, 2002–2003
The film is shot in Amsterdam and The Hague, The Netherlands, Dutch title: *Obstructies*

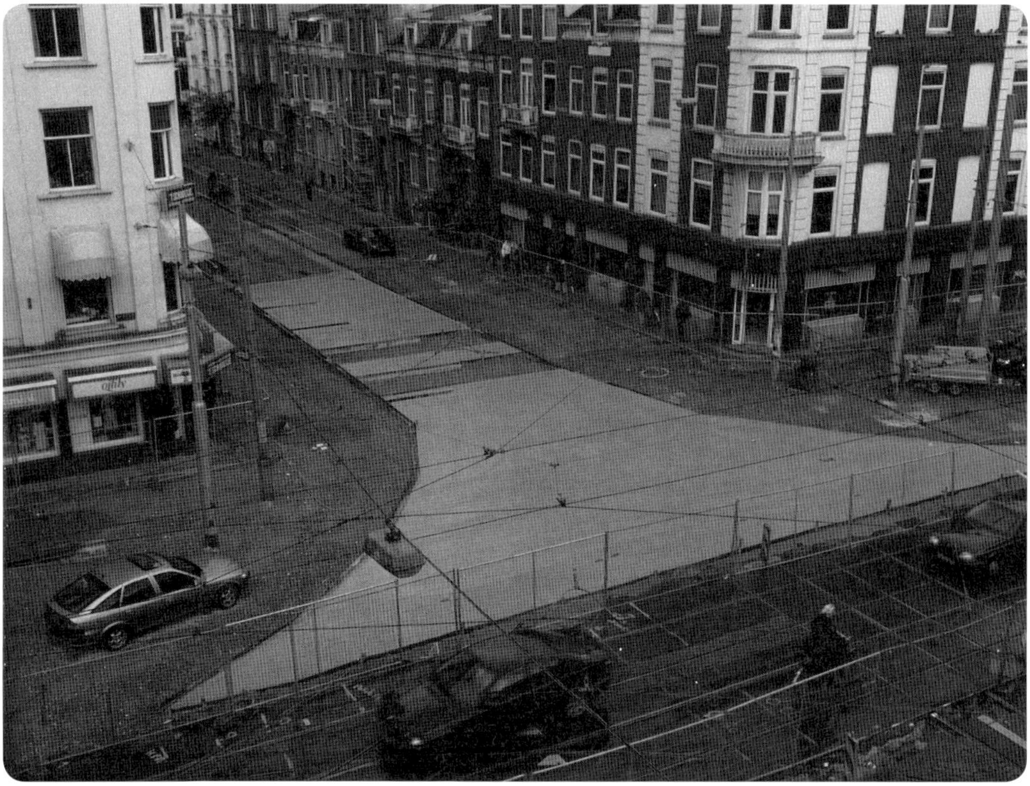

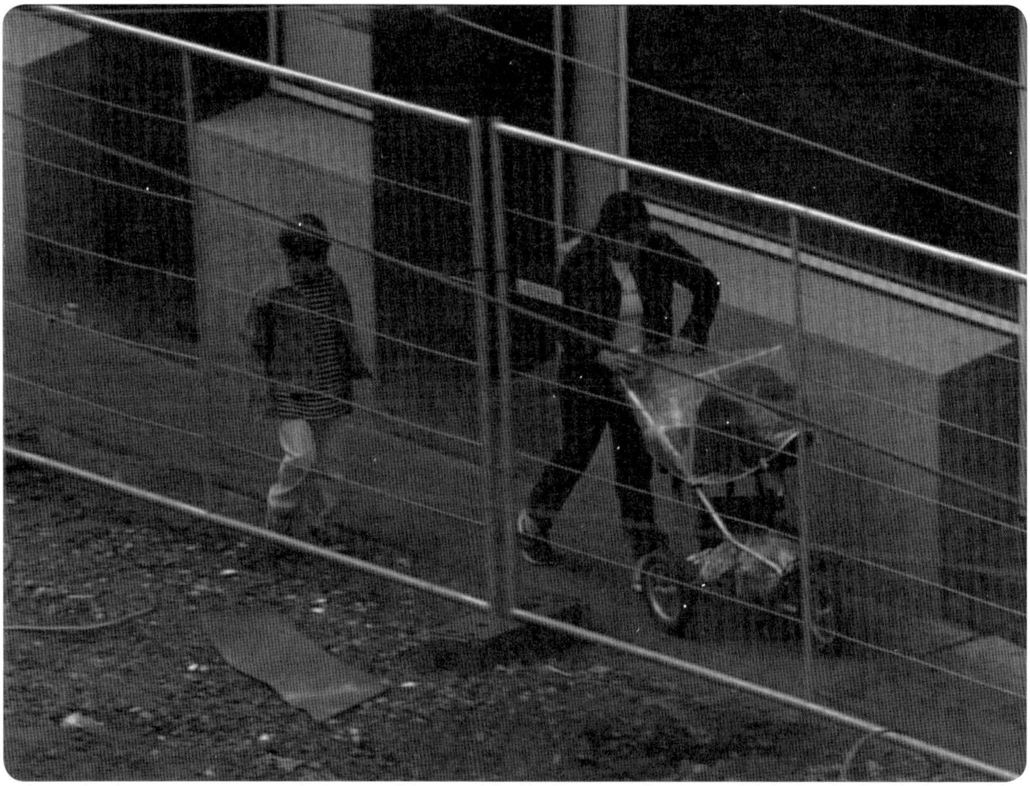

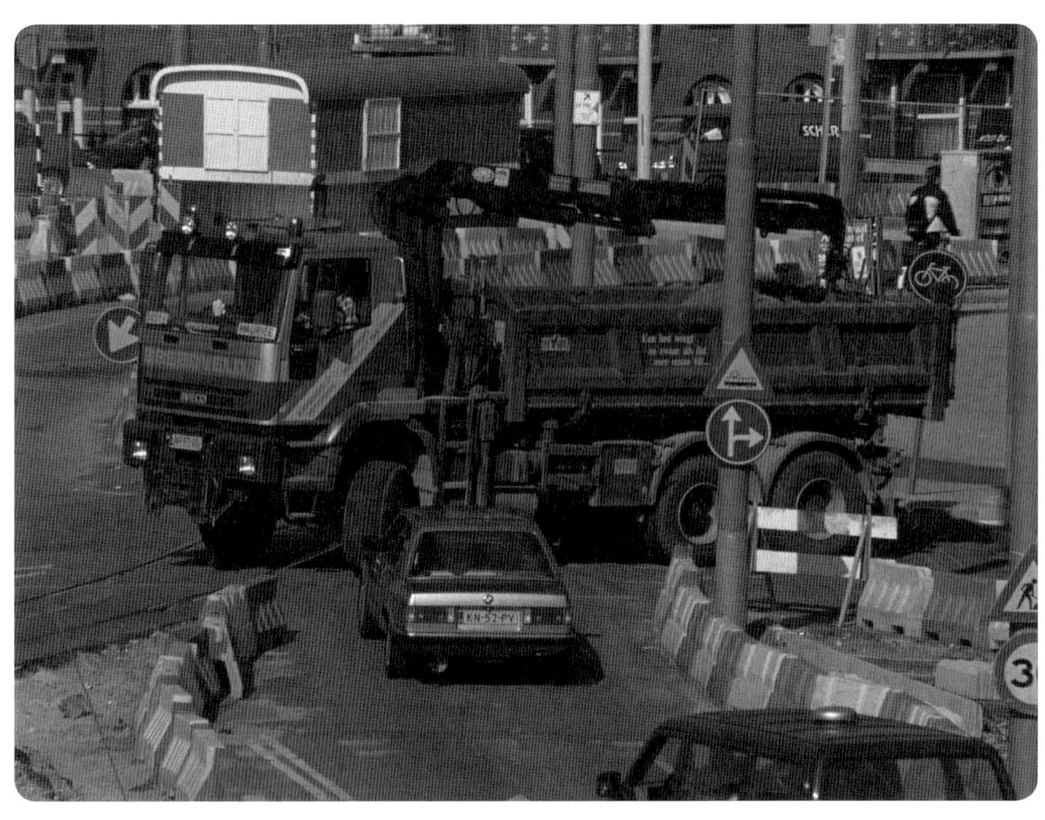

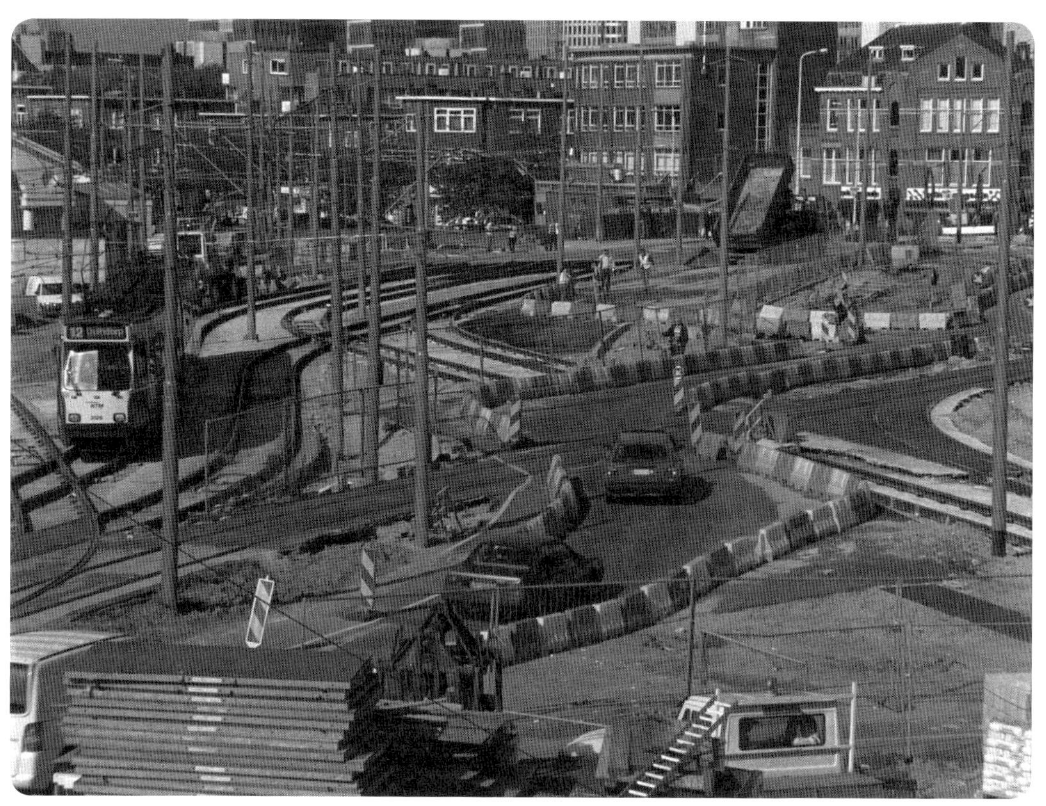

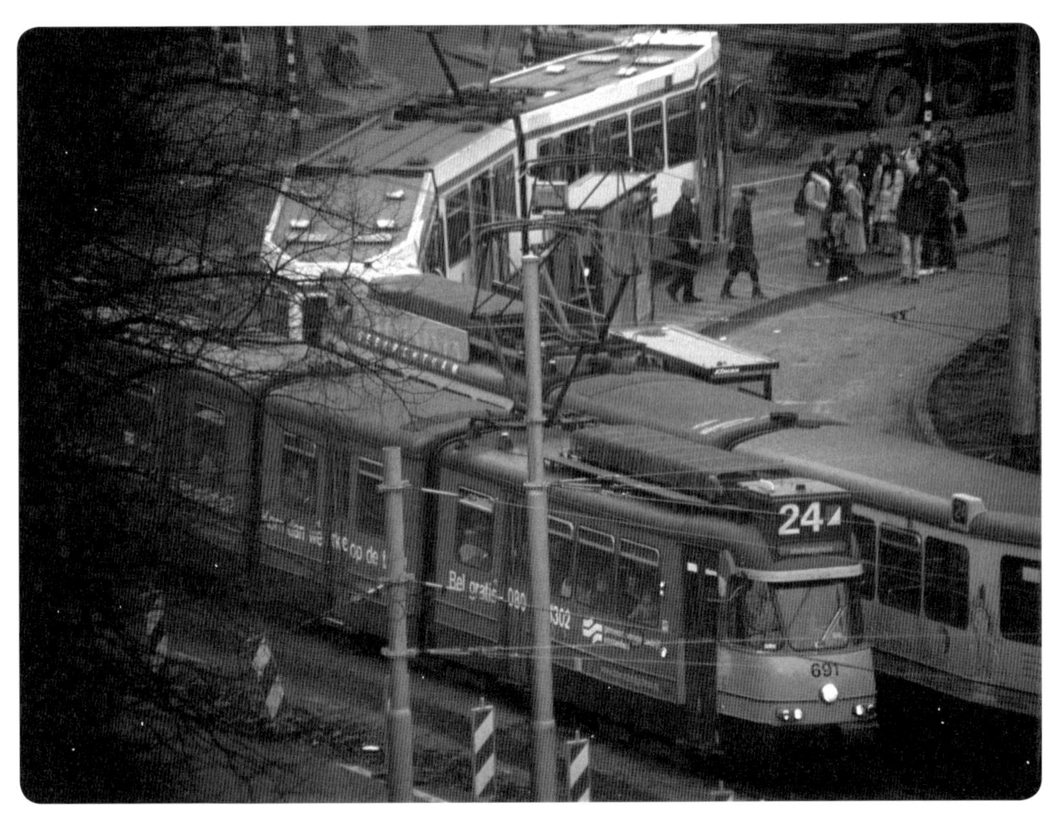
24
Bel gratis 080
691

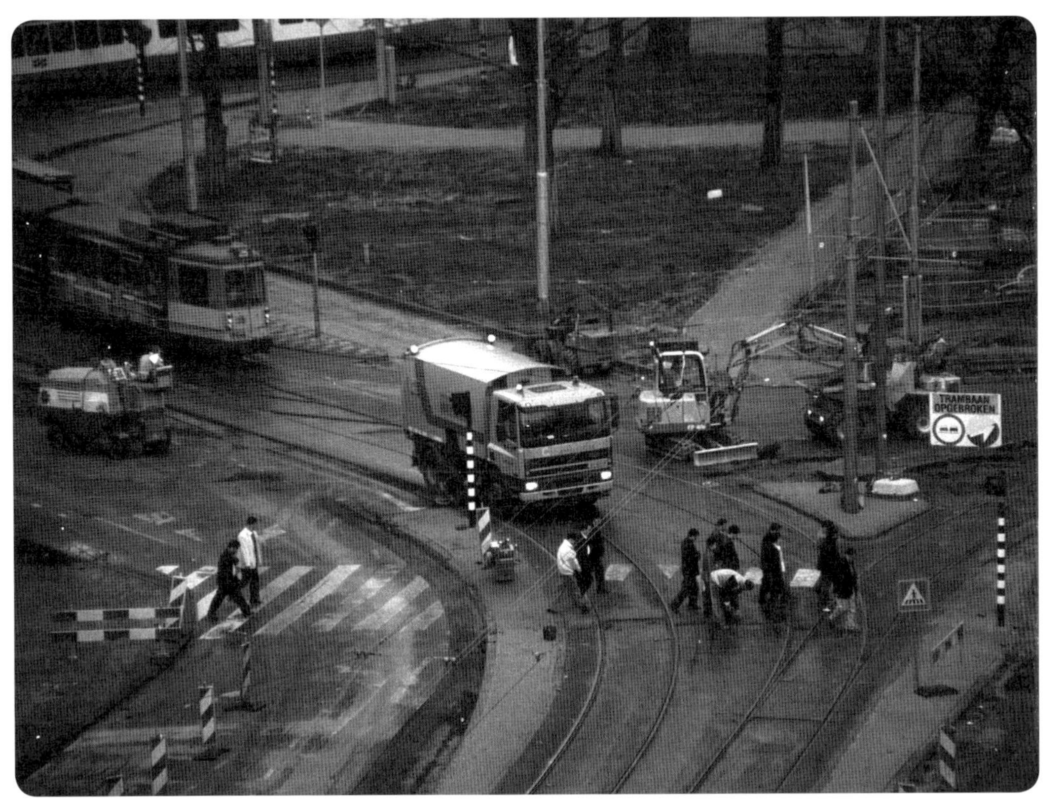

TRAMBAAN
OPGEBROKEN

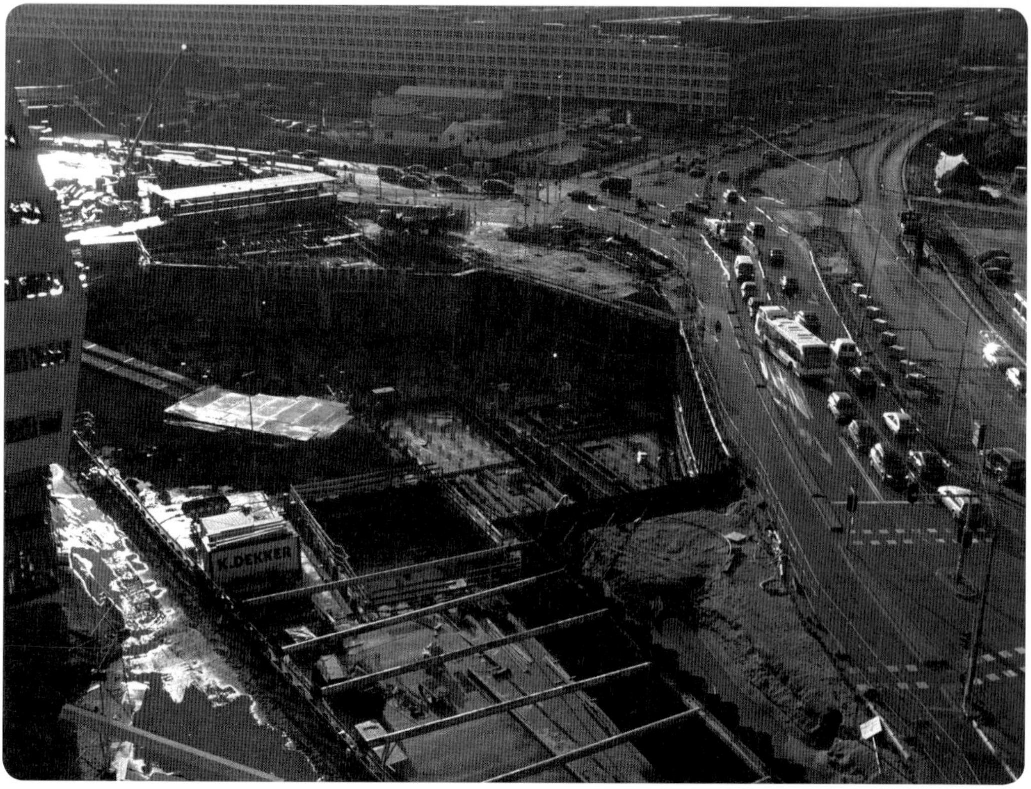

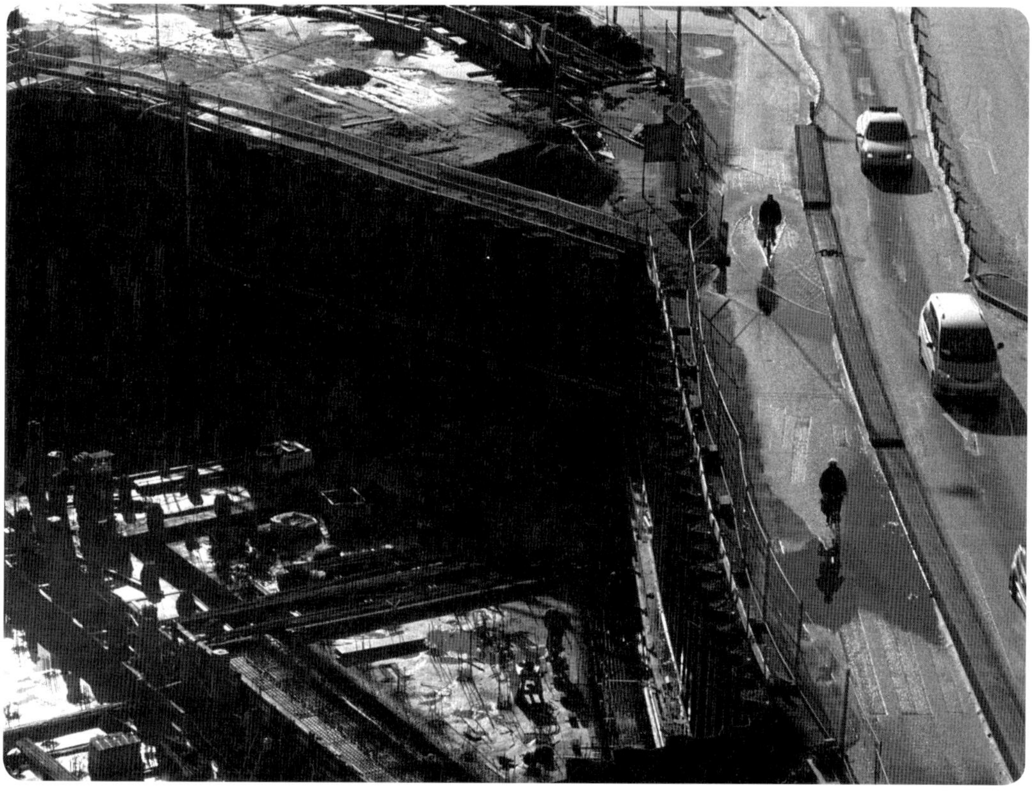

Grossraum (Borders of Europe)

35mm film, colour, silent, 35 minutes, 2004–2005
with publication *The Formal Trajectory* (40 pages)

THE FORMAL TRAJECTORY

The film triptych *Grossraum* (35mm, 2004/2005) explores the composition of the landscape along the fringes of Europe. Three outlying crossings are traced empirically by optical traveling. Divided landscapes are heavily guarded by the military and photography is forbidden without the permission of proper authorities. This publication is an expression of the formal trajectory that preceded filming. Phases in the application process are illustrated by a selection of correspondence with officials and associates at the different locations.

REQUEST FOR PERMISSION TO FILM THE BORDER LANDSCAPE

Dear Mr., Mrs.,

In my capacity as a visual artist, I am working on a series of film works on landscapes at the borders of Europe. The European territory is expanding: internal borders are taken down, external borders are reinforced. For many Europeans, 'Europe' nevertheless remains an abstract entity. The impact of the recent developments of the EU seems difficult to grasp. With a silent 35mm landscape film of three crossings in the European outline, I would like to give an impression of the wide range of landscapes and inhabitants Europe contains.

The series will cover the frontier post Hrebenne connecting Poland and Ukraine and the market area in Ceuta, at the border between Spain and Morocco. Anticipating Turkish membership of the European Union, I would like to include one of the Turkish border landscapes in the series. The exact location of this third chapter has not yet been decided.

I appreciate the delicacy of the request to film border crossings. Therefore, I would like to ask your assistance in acquiring the permission for making these recordings. The camera will observe the landscape from a high point of view at an appropriate distance from the frontier post, so that individual persons cannot be recognized. Of course, the precise perspectives can be conferred with the authorities involved. The crew consists of two persons: Siebren de Haan and I. I wish to emphasize that the footage is for artistic purposes only.

If you require additional information, please do not hesitate to contact me.

Yours sincerely,

Lonnie van Brummelen

Dear Mrs. van Brummelen,

I'm glad to inform you that hereby you are allowed to make film shots in Hrebenne,
just as you mentioned in your writing to the Polish Embassy in Den Haag.
Please feel free to immediately contact the Lt-col. who is the press spokesman of the
commander of Nadbuzanski District Unit of Polish Border Guard, for arranging all the
matters concerning organization of the shooting. Use rather a help of an interpreter for
the colonel doesn't speak English nor Dutch.

Best regards,

The spokesman for the Commander in chief of the Polish Border Guard

Beste Lonnie,

Ik heb met de kolonel gesproken. Een aardige man. Wij gaan zijn assistentie voor de draaiperiode krijgen. Er kwam echter een probleem naar boven. De Poolse grenswacht mag op basis van een bilateraal verdrag met de Oekraïne geen toestemming geven om Oekraïens grondgebied in beeld te brengen. Als de Poolse grenswacht toestemming aan een cameraploeg verleent om een grenspost te filmen, zijn ze verplicht te zorgen dat geen Oekraïens grondgebied op film komt staan. Deze eis komt van de Oekraïense autoriteiten. Ik denk dat de grensfilm deze beperking niet kan hebben. Dat zou betekenen dat je de camera alleen van de grens naar de Poolse kant mag richten. Het is een strikt formele eis en de Poolse grenswacht hecht daar zelf weinig belang aan, maar als Oekraïners ooit de film zouden zien, kunnen zij officieel Polen aanklagen voor overtreding van een internationaal verdrag. Dit risico wil de Poolse grenswacht natuurlijk niet lopen. Zij adviseren dan ook om toestemming aan te vragen bij de Oekraïense autoriteiten via de Oekraïense ambassade in Den Haag.

Als je dat doet, denk er dan aan dat Oekraïne niet gezien wil worden als een Aziatische wildernis die buiten de grens van Europa ligt. Zij zouden daarentegen zeker begrip hebben voor een groeiende interesse in de Oekraïne als buurland van de Europese Unie.

Goede reis!

Darek Szendel
ID Spot, Warsawa

Dear Lonnie,

I have spoken to the colonel. A nice man. We will have his assistance for the shooting
period. However, a problem did arise. The Polish border guard cannot grant permission to
film Ukrainian territory, because of a bilateral agreement with the Ukraine. If the Polish
border guard grants permission to shoot the border, they have to ensure Ukrainian territory
will not be visible in the image. This demand comes from the Ukrainian authorities.
I think the concept of the border film does not allow this restriction. It would mean that
you could only point the camera from the border towards the Polish side. It is a strictly
formal request, but if the Ukrainians would ever see the film, they could officially indict
Poland for violation of an international treaty. The Polish border guard cannot take this
risk of course. They suggest you ask permission of the Ukrainian authorities through the
Ukrainian embassy in The Hague.

When you do that, remember the Ukraine does not want to be seen as an Asian wilderness
outside the borders of Europe. They will on the other hand certainly appreciate the
growing interest in the Ukraine as a neighbor of the European Union.

Happy travels!

Darek Szendel
ID Spot, Warsaw

Toen we eind april vertrokken, was Polen nog geen lid van de Europese Unie. Volgens de officiële richtlijnen behoorden we onze camera uitrusting uit te klaren bij de Pools-Duitse grens, maar de Kamer van Koophandel van Amsterdam had omfloerst geopperd toch maar geen carnet aan te vragen. Ze vreesde dat we bij terugreis geen bemand douanekantoor bij deze grens zouden aantreffen waar we de benodigde stempels konden krijgen. Een vermoeden dat niet ongegrond bleek. Toen we bij de overgang aan de Oder aankwamen, waren de voorbereidingen voor het opheffen van de grenspost in volle gang. Er was weinig meer te merken van de voorheen zo strikte en tijdrovende procedure waarbij iedere passant ondervraagd werd over het doel van de reis en de geringste hapering aanleiding kon zijn voor een doorzoeken van de lading. Poolse en Duitse douaniers zaten ontspannen achter één loket en hielden elkaar afwisselend paspoorten voor. Onderwijl verwijderden slopers het golfplaten dak van de grenspost. Ondanks een flinke EU injectie voor de aanleg van snelwegen, bleek de weg naar de hoofdstad nog altijd een 'secundaire' tweebaansweg, die door zware spoorvorming bijna onbegaanbaar was. De route, dwars door landelijk en bosrijk Polen, werd continue gebruikt door voortdenderend vrachtverkeer, dat ingehaald moest worden via de tegenliggende weghelft. Zeer inspannend en niet zonder levensgevaar, getuigden de vele waarschuwingsborden, kruizen en kransen langs de kant van de weg. Warschau doemde op als een vesting. Horden anders-globalisten hadden zich aangemeld voor de speciale top ter gelegenheid van de uitbreiding. Uit vrees voor een herhaling van de veldslag in Göteborg waren alle vensters op straatniveau hermetisch dichtgetimmerd en waakte bij iedere putdeksel een agent. In aaneengesloten cordons scheurden tientallen politieauto's met loeiende sirenes door de stad; alsof we in een *Blues Brothers* film verzeild waren geraakt. In dit afgeschermde en

When we left at the end of April, Poland was not a member of the European Union yet. According to the official guidelines, we had to export our camera equipment at the Polish-German border, but the Chamber of Commerce in Amsterdam suggested indirectly not applying for a permit. They feared we would find the customs office empty upon our return. This suspicion turned out to be grounded. When we arrived at the passage at the Oder, the preparations for the removal of the borderpost were in full gear. One noticed very little of the former strict and time consuming procedures in which every traveler was interviewed about the goal of their trip and the smallest hesitation was cause to search the cargo. While the demolishers were taking off the corrugated roof of the frontier post, Polish and German custom officers sat together behind one window and took turns showing each other passports. Despite a large European subsidy to build new freeways, the road to the capital turned out to be only two lanes and almost impassable because of heavy track formation. This route through rural and forested Poland is used continuously by industrial traffic. We could only pass trucks in front of us by going on to the other lane with opposite traffic speeding towards us. Judging by the many warning signs, crosses and wreaths along the road, driving here has always been stressful and dangerous. Warsaw appeared as a citadel. Groups of opposing globalists had signed up for the special summit on the occasion of the expansion of the European Union. For fear of a repetition of the battle in Gothenburg, all windows at streetlevel were hermetically closed off and every lid in the street was guarded by a police officer. Tens of policecars raced through the city with screaming sirens. It was as if we had stepped into a *Blues Brothers* movie. In this screened off and heavily guarded setting a wealth of ceremonies would take place. The sober memorial of the Jewish uprising in the

zwaarbeveiligde décor zou zich een keur aan ceremonies afspelen. Eerst de stemmige herdenking van de Joodse opstand in het Warschause getto. Gevolgd op 1 mei door de viering van de Dag van de Arbeid ter nagedachtenis van een werknemersopstand in Chicago: in Polen nog altijd een heuse nationale feestdag. Op dezelfde dag zouden een groots vuurwerk en een Eurovisieshow de Poolse toetreding tot de Unie inluiden. Op 3 mei, opnieuw een nationale feestdag: ditmaal de dag van de Poolse constitutie. De week van plechtigheden werd afgesloten met de verkiezing van een nieuwe premier. Wij verlieten de zich voor de feestelijkheden opmakende hoofdstad en togen over bevlagde binnenwegen via Lublin en Zamosc, naar Hrebenne: een klein lintdorp aan de veelgebruikte landweg naar de Pools-Oekraïense grens. Hier zouden we op 1 mei de statusverandering vastleggen van nationale naar Europese grens. We hadden Hrebenne al eerder bezocht. Tijdens dat locatiebezoek waren we direct opgepakt door oplettende grenswachten, die ons hadden gespot terwijl we vanaf een verre heuvelrug het panorama bestudeerden van bossen, meren en grensverkeer. Pas na urenlang wachten in de sneeuw en een streng verhoor door een kolonel in gevechtstenue werden we weer in vrijheid gesteld. Dezelfde kolonel bleek aanzienlijk coöperatiever nu wij toestemming hadden van het hoofdkwartier in Warschau. We werden vriendelijk ontvangen en kregen twee behulpzame militairen toegewezen, die echter al snel weer afdropen. Uren stilzitten op een akker in afwachting van het juiste licht of tot de mis-en-scène van de wachtende vrachtwagens optimaal was, werd zelfs deze geroutineerde wachters te veel. Polen is vaak van vorm en omvang veranderd. Het land was op zijn grootst toen het van de zestiende tot en met de achttiende eeuw samen met Litouwen een gemenebest vormde dat ook het huidige Wit-Rusland, de Oekraïne en een deel van Rusland besloeg.

Warsaw ghetto was the beginning. It was followed on May 1 by the celebration of Labor Day in remembrance of the labor-revolt in Chicago: in Poland still a true national holiday. On this same day, grand fireworks and a Eurovision show would celebrate the Polish entrance into the Union. On May 3, again a national holiday: this time the day of the Polish constitution. The week of festivities was closed off with the election of a new Prime Minister. We left the capital while it was still preparing itself for the festivities, and drove over inner roads with flags, through Lublin and Zamosc, to Hrebenne: a small but stretched out town on the busy rural road to the Polish-Ukrainian border. Here we would film the change of status of national to European border. We had visited Hrebenne before. During that scout we were immediately arrested by alert borderguards, who had seen us while we studied the view of woods, lakes and border traffic from a faraway hill. Only after hours of waiting in the snow and a stern interrogation by a colonel in war-garment they let us go. The same colonel turned out much more cooperative now that we had permission of headquarters in Warsaw. We were received in a friendly manner and assigned two soldiers to help us, though they disappeared soon. Waiting for hours for the right light or for the optimal placing of the waiting trucks was too much, even for these experienced guards. Poland has changed often in shape and size. The country was at its largest when it formed a commonwealth with Lithuania from the sixteenth until the eighteenth century that also encompassed the present White Russia, the Ukraine and a part of Russia. During the entire nineteenth century, the country did not show up on the map due to annexations by Russia, the "Habsburger Reich" and Prussia. After the Second World War, the Polish territory was replaced about 200 kilometers to the west at the request of Stalin. The country was expanded to the

Gedurende de hele negentiende eeuw stond het land echter niet eens op de kaart door annexaties van Rusland, het Habsburgse Rijk en Pruisen. Na de Tweede Wereldoorlog werd het Poolse grondgebied op verzoek van Stalin zo'n tweehonderd kilometer naar het westen verschoven. Het land werd uitgebreid tot aan de Oder en de Neisse, maar moest zelf een reep in het oosten afstaan aan de toenmalige Sovjets; een ingreep die een volksverhuizing met zich mee bracht. Nog altijd bezoeken dagelijks Poolse touringcars de beruchte vestingstad Lwow, nu gelegen in de Oekraïne. Omgekeerd reizen ook veel Oekraïners naar de Poolse grensstreek voor inkopen of als goedkope arbeidskracht. De strikte voorschriften voor grensoverschrijdend personenverkeer zijn voor de Polen dan ook een ongemakkelijke bijkomstigheid van het EU lidmaatschap. Zij pogen de visumprocedure zo pijnloos mogelijk te maken voor hun oosterburen en stellen het verplichte 'entréebewijs' voor Europa kosteloos ter beschikking. De muur van wachtend vrachtverkeer die eerder bij de Oder stond, had zich inmiddels naar de Poolse oostgrens verplaatst. De wachttijd naar 'het land aan de grens' (de letterlijke betekenis van Oekraïne) was inmiddels opgelopen tot drie etmalen. Hrebenne leek nog maar nauwelijks voorbereid op haar nieuwe functie als poort naar Europa. Er waren geen eindeloze bermprullenbakken; zelfs geen tippelaarsters die aan gestrande vrachtwagenchauffeurs hun diensten aanboden. De infrastructuur bestond slechts uit wat schuren, *kawiarna's*, keetjes en een sporadisch hotel; alle opgetrokken uit flexibele bouwmaterialen als profielplaat en board, en omsloten door prefab sierhekken, alsof de hele grensnederzetting ieder moment weer gedemonteerd en verplaatst kon worden. Wel was men begonnen met de aanleg van een uitgestrekte parkeervlakte. Een metalen schutting langs de rand van dit parkeerterrein en de weg voorkwam, zo vertelde de kolonel, dat "de wachtenden

Oder and the Neisse, but had to give a strip from the east to the Soviets; an operation that caused a resettlement. Daily Polish tourist busses are still visiting the infamous stronghold Lwow, now in the Ukraine. In addition, many Ukrainians travel to the Polish border area to buy things or to work as cheap labor. The strict regulations regarding border-crossing travelers are to Poland a difficult consequence of the EU membership. They attempt to ease the visa procedures for their eastern neighbors by supplying the obligated 'entry ticket' to Europe free of charge. The wall of trucks that used to be near the Oder has replaced itself to the Polish eastern border. The waiting time to 'the country at the border', the literal meaning of the word Ukraine, had increased up to three days. Hrebenne seemed hardly prepared for her new function as gateway to Europe. There were neither roadside trashcans, nor streetwalkers offering their services to stranded truckdrivers. The infrastructure consisted of a few sheds, *kawiarna's* and a sporadic hotel, all built from adaptable material, enclosed by prefab ornamented gates as if to ensure that the entire bordertown can be taken apart and moved. One did begin the construction of a vast parkingplace. The colonel mentioned that the metal fence between this parking place and the road existed to "protect waiting travelers from sand blowing into their eyes". The fence also prevented that the building site could be used as a short cut to avoid border patrol. While the entry got closer and travelers were waiting around their cars, Radio Lublin played *The Final Countdown* of the rockgroup *Europe*.

stuifzand in de ogen zouden krijgen".
De schutting belette echter ook dat de vlakte in ombouw als short-cut gebruikt werd om de grenscontrole te omzeilen. Terwijl het moment van toetreding naderde, hingen de reizigers rondom hun auto's en schalde Radio Lublin *The Final Countdown* van rockband *Europe.*

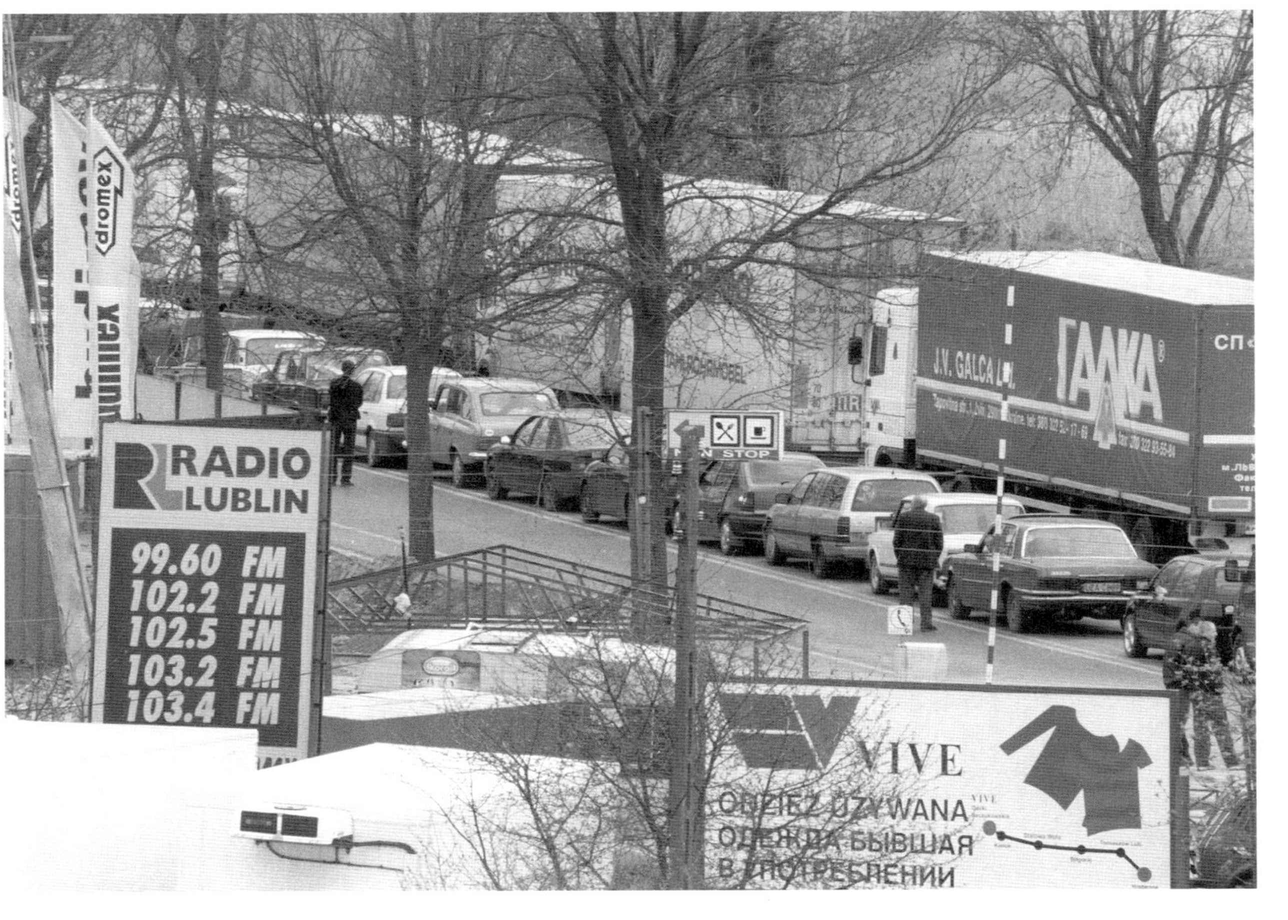
dromex
RADIO LUBLIN
99.60 FM
102.2 FM
102.5 FM
103.2 FM
103.4 FM
J.V. GALCA L.H.
ГАЛКА
STOP
VIVE
ODZIEZ UŻYWANA
ОДЕЖДА БЫВШАЯ
В УПОТРЕБЛЕНИИ

Beste Lonnie,

Ik heb gebeld. De prensa man van de Ayuntamiento de la Ciudad Autonoma de Ceuta
stuurde me door naar iemand van de Delegacion del Gobierno. Een aardige man.
Hij vertelde: voor de grens filmerij (8,5 kilometer grens) moet je in Madrid zijn.
De markt in Ceuta kan ter plekke geregeld worden, dat is geen probleem, maar voor
de Frontera moet je toestemming hebben van de Direccion General de la Guardia Civil
dep. Cabinete de Prensa.

En schrijf dan dat je deze stappen zet op advies van de Delegacion del Gobierno en Ceuta.

Het zal nog wel wat heen en weer gedoe vragen, vrees ik.
Stuur maar alvast een fax!

Dick Verdult

Dear Lonnie,

I called. The press representative of the Municipality of the Autonomous City of Ceuta sent me to the spokesperson of the Delegation of the Spanish Government. A friendly man. He explained that to film the border (8.5 kilometers) you have to contact Madrid. Permission to film the market area in Ceuta can be organized when you are there, that should be no problem, but for the Frontera you need authorization of the Director of the Press Department of the Guardia Civil.

You should tell them you are writing them at the suggestion of the Delegation of the Spanish Government in Ceuta.

It will take some back and forth I am afraid.
Just start out by sending a fax!

Dick Verdult

En contestación a su correo, dirigido a la D.G. de la Guardia Civil, para el rodaje de paisajes en la frontera entre España y Marruecos de la localidad de Ceuta, le comunico que deberá de ponerse en contacto con la OPC de la Comandancia de la Guardia Civil en Ceuta.

Reciba un cordial Saludo,

Comandante Jefe de Protocolo de la Guardia Civil

In response to your request, sent to the General Director of the Guardia Civil, regarding filming the landscape near the border between Spain and Morocco at the town of Ceuta, I inform you that you must contact the Local Communications Department of the Commanding Post of the Guardia Civil in Ceuta.

Sincerely,

Commander in Chief of Regulations of the Guardia Civil

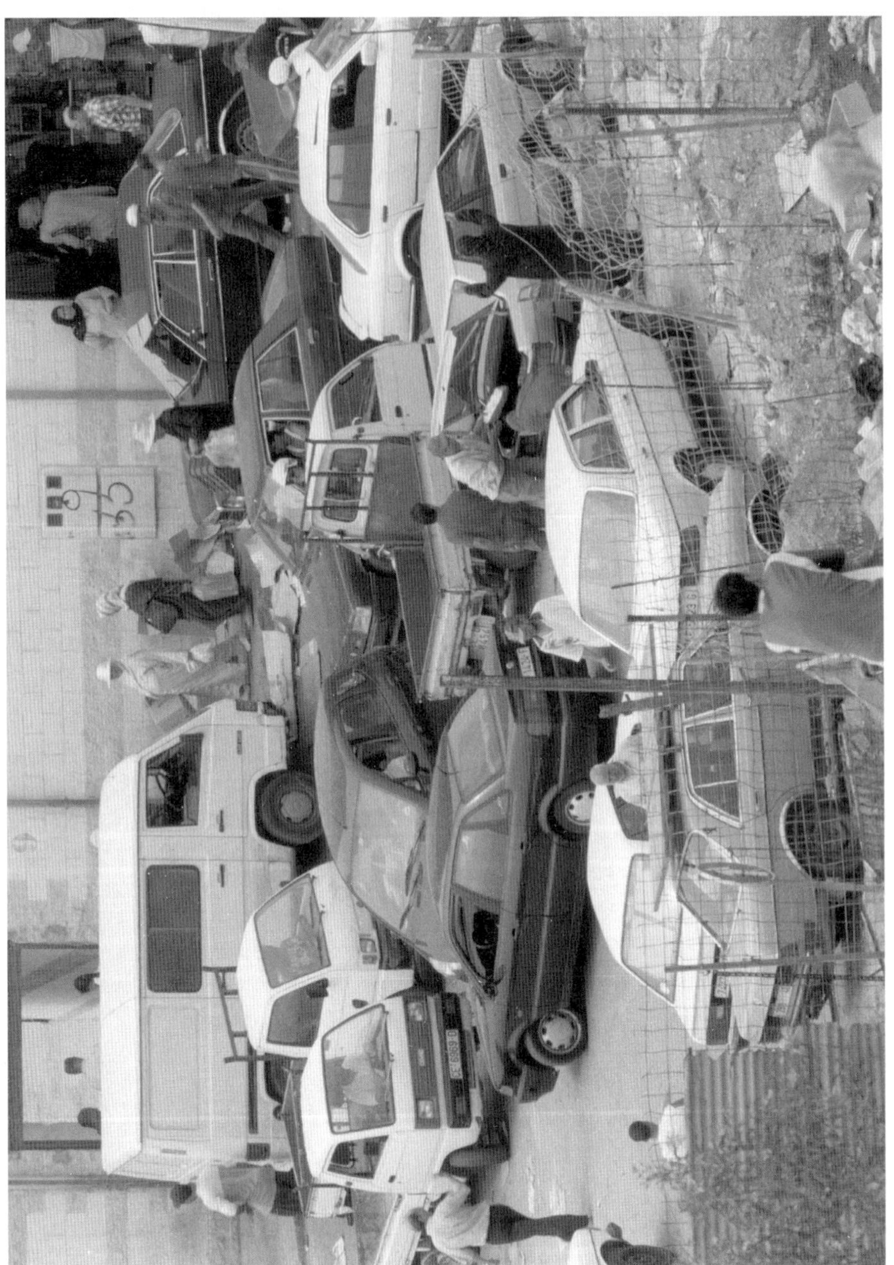

De staatskundige indeling van Spanje in autonome districten en provincies maakt het voor een buitenstaander moeilijk om uit te vinden wie waarvoor verantwoordelijk is. Moet een aanvraag voor filmopnamen van de grens worden gericht aan de centrale regering in Madrid, aan de provincie Cadiz, of aan het stadsbestuur van Ceuta? Omdat Ceuta sinds 1995 een autonome status bleek te hebben als stadstaat schreven wij eerst het bestuur van de 'Ciudad Autónoma de Ceuta' aan. Weken gingen voorbij zonder enig bericht. Toen Madrid op 11 maart getroffen werd door een reeks aanslagen, gepleegd door terroristen van Marokkaanse origine, rees het vermoeden dat filmen van het Spaans-Marokkaanse grensgebied gevoelig zou liggen. Direct na de val van Aznar en zijn Partido Popular werd echter contact met ons opgenomen door een welwillend Ceutisch gemeentebestuur, dat in bijna onverstaanbaar Engels aangaf druk bezig te zijn met het vertalen van de aanvraag. We bezochten Ceuta aan het begin van de zomer. Het rotsachtige schiereiland ligt ten zuiden van de Straat van Gibraltar. Hoe verder we vorderden op onze lange autorit naar het zuiden van Spanje, hoe meer afgeladen busjes en personenauto's we passeerden met grote blauwe pakken op het dak. Ter hoogte van Granada reden we een vroege hittegolf in: 47 graden. Bij opendraaien van het raam kwam een walm van gekookte groenten ons tegemoet, veroorzaakt door oververhitte bermvegetatie. Her en der doken inmiddels obscure kantoortjes op waar boottickets naar Tanger en Ceuta gekocht konden worden. Arabisch leek de hoofdtaal te worden, met nog maar af en toe een Spaanse ondertitel. Het kon niet lang meer duren, of we zouden de zuidgrens van Europa bereiken. Een hardnekkige mythe wil dat Europa en Afrika eerst met een berg: de 'Gibraltar' aan elkaar verbonden waren. Hercules zou de berg gespleten hebben om zo de Middellandse Zee en de Atlantische Oceaan met elkaar in verbinding te stellen. Zou dit de

The composition of Spain in autonomous districts and provinces makes it difficult for an outsider to determine who is responsible for what. Should a request to film the border be addressed to the federal government in Madrid, to the province of Cadiz, or to the city of Ceuta? Since Ceuta has been an autonomous citystate since 1995 we first wrote the government of the 'Ciudad Autónoma de Ceuta'. Weeks passed without any reply. When Madrid was bombed on March 11 by terrorists of Moroccan origins, we worried that filming the Spanish-Moroccan border got too sensitive. However, right after the fall of Aznar and his Partido Popular we were contacted by a willing Ceutic municipal council that in almost incomprehensible English told us they were translating our request. We visited Ceuta at the beginning of summer. The rocky peninsula is located to the south of the Street of Gibraltar. The farther we got on our long drive from the Netherlands to the south of Spain, the more vans and cars we passed with big blue packs on the roof. Around Grenada we drove into an early heat wave of 47 degrees Celsius. When we turned down the windows the smell of cooked vegetables entered from the overheated vegetation along the road. Obscure offices selling boattickets to Tangiers and Ceuta appeared. Arabic became the main language, a Spanish subtitle now and then. It would not be long before we would reach Europe's southern border. A persistent myth claims that Europe and Africa used to be connected by a mountain: the 'Gibraltar'. Hercules split the mountain to connect the Mediterranean and the Atlantic Ocean. Could this be why Spain sees the tip of the rock Ceuta as an obvious part of her territory? The Spanish identity of Ceuta is far less evident to Morocco. Repeatedly the Moroccan embassy refused to react to our request for permission to film her border with Europe. After long circumspect questioning it turned out that Morocco still considers the peninsula as Spanish

reden zijn dat Spanje de rotspunt Ceuta als een vanzelfsprekend deel van haar territorium ziet? Gedurende het voorbereiden van de opnamen in Ceuta was duidelijk geworden dat dit voor Marokko minder evident is. Keer op keer had de Marokkaanse ambassade geweigerd in te gaan op ons verzoek om toestemming te verlenen voor het filmen van haar grens met Europa. Na lang omzichtig doorvragen bleek dat Marokko het schiereiland nog altijd als door Spanje bezet gebied beschouwt. Medewerking kon dan ook niet door haar autoriteiten verleend worden, maar er werd gesuggereerd dat unilaterale Spaanse permissie voldoende zou zijn. Ceuta oogde als een curieuze mix tussen politie- en vrijstaat. Het bergachtige landschap was bezaaid met oude en nieuwe observatieposten en fortificaties; gevolg van een eeuwenlange strijd tussen Vandalen, Visigoten, Byzantijnen, Portugezen, Spanjaarden en verschillende dynastieën van Arabieren. Uniformen domineerden het straatbeeld, want een substantieel deel van de bevolking is op één of andere manier betrokken bij de beveiliging van de enclave. Toch leek de aanwezigheid van een Europese buitengrens met bijbehorende patrouilles en prikkeldraad ter voorkoming van illegale migratie, de clandestiene handel nauwelijks te belemmeren. Op alle hoge punten stonden 'Muzelmannen' op de uitkijk, die met mobiele telefoons hun collega's melden waar en wanneer grenscontroles omzeild konden worden. Pal langs de grenshekken schreeuwden en zwaaiden jongens, opzichtig in de weer met hun *contrabando*. In de achterliggende Marokkaanse heuvels werd voortdurend heen en weer gependeld door mannen overladen met plastic zakken en vrouwen met zoveel mogelijk koopwaar in touwkorsetten om hun lichaam gesnoerd. Tijdens het Franco-regime was Ceuta de enige plaats waar vrij met Spanje gehandeld kon worden, maar na het einde van de dictatuur raakte de economie van de stad in het slop. Met een nieuwe *polygono*, een uitge-

occupied. Thus Moroccan authorities could not cooperate. In the end, they suggested however that unilateral Spanish permission would be sufficient. Ceuta looked like a strange mix between a police state and a free state. The mountainous landscape was covered with old and new observation posts and fortifications; relics from the many battles through the centuries amongst the Vandals, Visigoths, Byzantines, Portuguese, Spaniards and various Arabic dynasties. People in uniforms dominated the streets, because a substantial part of the population is involved with the security of the enclave. The presence of a European border with patrols and barbed wire to prevent illegal migration seemed to barely slow illegal trade down. On all high points 'Mussulmen' were standing on the lookout, informing their colleagues with cellular phones where and when to avoid border patrols. Right along the border, boys yelled and waved, showy and busy with their *contrabando*. In the Moroccan hills in the back, there was continuous peddling; men loaded with bags and women with as many goods as they could carry in corsets of rope tied around their bodies. During the Franco regime Ceuta was the only Spanish city free to trade with other countries, but after the dictatorship the economy of the city collapsed. With a new *polygono*, a vast bazaar build from section-board, Ceuta attempts to stimulate the trade with the neighboring country. The market is right next to the busy *Frontera del Tarajal*. Thousands use this border passage daily, among them many women. Cheap Moroccan *domesticas* are wanted in the Spanish enclave. To film this layered transit we needed permission of various authorities. For the market, we had to go by the municipal council. No formalities were needed; a business card of the responsible official was enough. Next, we were sent to the Guardia Civil. Headquarters in Madrid had announced our visit and we were treated with regard. A Moroccan

strekte uit profielplaat opgetrokken bazaar, proberen de Ceuties de handel met het buurland te stimuleren. De markt is tegen de grenshekken aangebouwd, direct naast de drukke *Frontera del Tarajal*. Dagelijks maken tienduizenden gebruik van deze grensovergang, waaronder zeer veel vrouwen. Goedkope Marokkaanse *domesticas* zijn gewild in de Spaanse enclave. Om deze gelaagde transito te kunnen verfilmen waren permissies nodig van verschillende instanties. Voor opnamen van de markt moesten we langs bij het gemeentebestuur. Formaliteiten waren hier niet nodig; als vrijbrief volstond een eenvoudig visitekaartje van de betreffende ambtenaar. Vervolgens werden we doorgestuurd naar de Guardia Civil. Onze komst was aangekondigd door het hoofdkantoor in Madrid en we werden met alle égards behandeld. Er werd een Franssprekende Marokkaanse ingeschakeld en we kregen een ruige Jeeprit aangeboden langs slingerende prikkeldraad afrasteringen. Een vreemde takkenstapeling bleek de dagelijkse oogst geïmproviseerde ladders, net stevig genoeg om één maal over de grenshekken te klimmen. Zwarte, vuistgrote gummikogels rond de afrasteringen getuigden ervan dat veel van deze nachtelijke transgressies niet onopgemerkt bleven. Van de commandant van de Guardia Civil kregen we geen document, zelfs geen visitekaartje. Hij verzekerde echter dat het noemen van zijn naam zou volstaan, mochten zich eventueel kwesties voordoen met grenswachten of andere gezagsdragers. Wel werden we verzocht ons nog te vervoegen bij de douane in de haven, verantwoordelijk voor alles wat de grens overgaat, dus ook voor onze grensoverschrijdende camerabewegingen. Ditmaal kregen we wel Spaanse formulieren met stempels, maar, zo benadrukten de beambten, deze waren slechts "voor de vorm". Ons lijstje met de namen van alle betrokkenen was belangrijker. Met onze documenten en filmuitrusting vatten we uiteindelijk post op een uitstekende rots.

woman fluent in French was assigned to us and we were taken on a rugged ride with a Jeep along the wavering barbed fence. A strange pile of sticks turned out to be the daily harvest of improvised ladders, just strong enough to climb the border fence once. Black rubber bullets the size of a fist around the fencing showed that many of these nightly transgressions did not go unnoticed. The commander of the Guardia Civil did not hand us any document, not even a business card. He assured us that if there would be any issues with border patrols or other officials, mentioning his name would suffice. Our last obligation was to visit the customs office in the harbor; responsible for everything that crosses the border, including our border crossing camera movements. This time we did receive Spanish forms with stamps, but, as the officials stressed, these were mere "formalities". Our list of names of everyone involved was more important. With our documents and equipment we finally set up on a protruding rock. We joined several scouts, who presented themselves spontaneously as *amigos* and offered to guard our equipment. It turned out to be a strategic spot, from where one could oversee almost the entire assemblage of the market, fences, posts, patrols and the Moroccan hilly landscape with all its hidden routes and hiding places.

We sloten ons aan bij enkele verkenners, die zich spontaan als *amigo's* presenteerden en aanboden over onze spullen te waken. Het bleek een strategische plek, vanwaar vrijwel de gehele constellatie van markt, grenshekken, wachtposten, patrouilles en het Marokkaanse heuvellandschap met al haar sluiproutes en schuilplaatsen kon worden overzien.

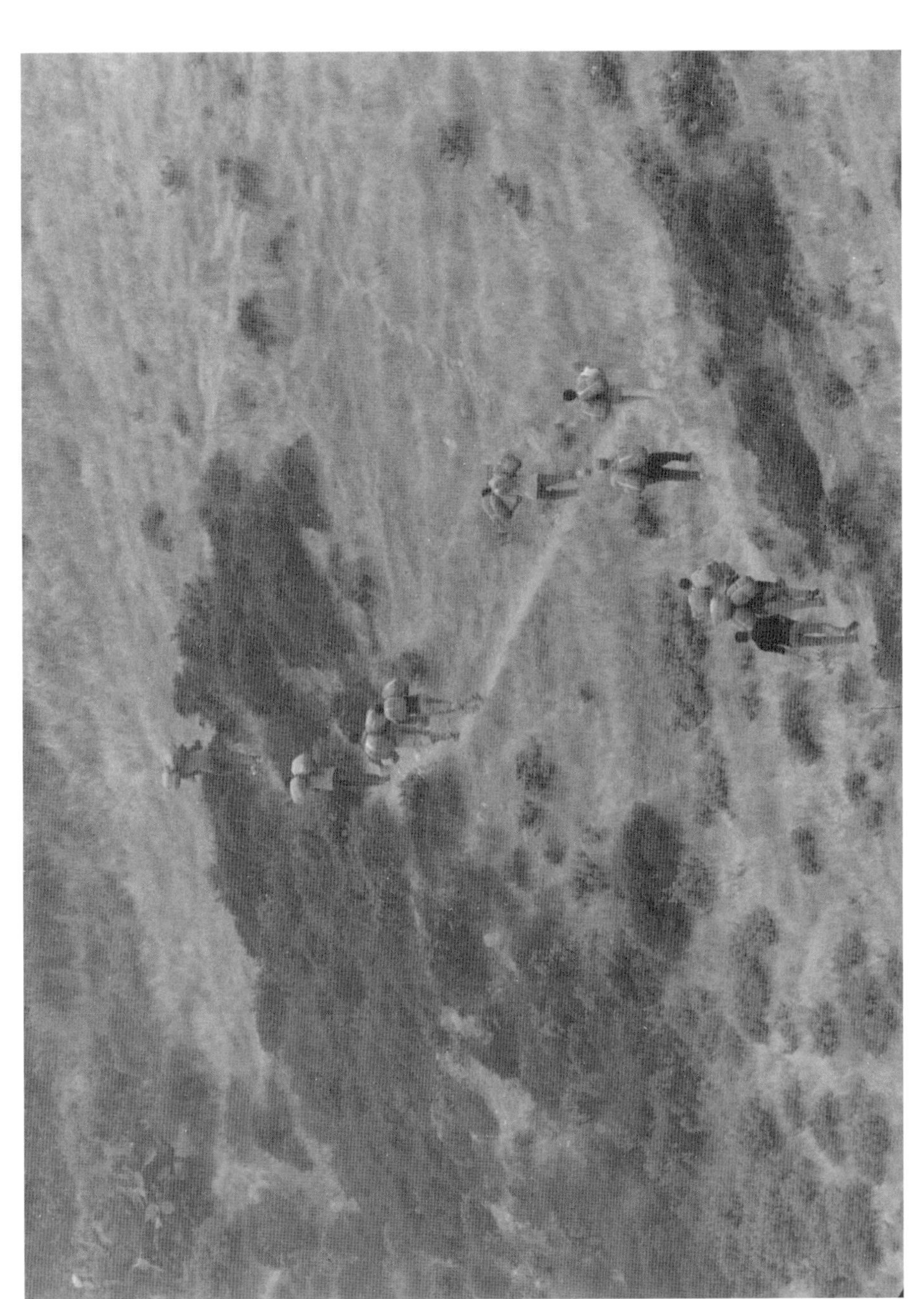

Dear Lonnie,

Thanks for replying so quickly. First of all, the eastern part of Turkey has different conditions than the western part. The population is Kurdish and some years ago, there was an inner war between the Turkish army and Kurdish guerillas. The war is over now, but the Turkish army still has control of the area and there are many army checkpoints. Each time they stop and ask questions to the people passing, why they are there, for what, etc. For as far as I know, it was worse before and there should be less control now.
To shoot the borders in that area will be more difficult than other regions and of course countries. I advise you to contact the Turkish Embassy in the Netherlands.

To have a small team is always an advantage, less equipment and less people, not to attract too much attention during the shooting. I advise you to have someone with you to help you, to organize a car, accommodation. Accommodation is not so easy either, because there are hotels only in cities and not many possibilities.

Your budget is really limited! The planning has to be done very carefully.
I think you should raise it.

That's all for now. I am looking forward to hearing from you.

Best Regards,

Güliz Saglam

De optie van een toekomstige Europese grens met Armenië werd door alle diplomatieke instanties omzichtig ontweken. Wegens het ontbreken van goede betrekkingen adviseerde het Nederlandse Ministerie van Buitenlandse Zaken om ook af te zien van de grens met Syrië. Het land was immers "in oorlog" en er golden "noodwetten". Bovendien zou het zich schuldig maken aan de "import en export van een bepaald soort mensen en materieel". We besloten ons te concenteren op het meest oostelijke deel van Turkije: het Van District, grenzend aan Iran, Irak en Azerbaijan. Dit woeste landschap herbergt de ruim vijf kilometer hoge berg Ararat, waar volgens de oud-testamentische overlevering de Ark van Noach zou zijn gestrand. Ook ontspringen hier de Eufraat en de Tigris, essentiële levensaders voor het middenoosten, die, tot frustratie van de omringende landen, door de nieuwe grote Ataturkdam worden gereguleerd. Het oost-Turkse grensgebied wordt wel omschreven als een maanlandschap vol illegale migranten die zich van grenzen niets aantrekken, waar smokkelen aan de orde van de dag is. Om de noodzakelijke permissies te verkrijgen, hebben we verschillende trajecten onderzocht. Eerst volgden we de standaard procedure. Voor alle leden van de crew moest een uitgebreid formulier met vier recente pasfoto's worden opgestuurd naar de *Kültür ve Turizm Bakanligi Telif Haklari ve Sinema Genel Müdürgügü* in Ankara. Deze aanvraag werd uiteindelijk na twee maanden afgewezen als 'inconvenient'. We besloten de diplomatieke weg te proberen. Met een aantal referentiebrieven van culturele instanties benaderden we de Turkse ambassade, die direct haar volledige medewerking toezegde. De ambassadeur ontving ons persoonlijk. Hij liet ons identieke formulieren invullen om deze wederom met pasfoto's en met een speciale aanbeveling naar Ankara te sturen, ditmaal naar het invloedrijkere Turkse Ministerie van Buitenlandse Zaken. Ondanks zijn inspannin-

All diplomatic authorities carefully avoided the possibility of a future European border with Armenia. The Dutch Foreign Ministry also advised us to forego Syria because of the lack of a positive diplomatic relationship. The country was "at war" and "emergency rules were in force". It would also be guilty of "the import and export of certain characters and material". We decided to focus on the most eastern part of Turkey: the Van District, bordering Iran, Iraq and Azerbaijan. This rugged landscape was home to mount Ararat, over five kilometers high, where according to the Old Testament Noah's Ark stranded. The Euphrates and the Tigris, important sources of life to the Middle East, stream down from here, and are now regulated by the large new Ataturk dam, to the frustration of surrounding countries. This border area is known as a moonscape full of illegal immigrants that do not adhere to any borders, and where smuggling is a daily activity. To receive the necessary permits, we researched various trajectories. First, we tried the standard way. This required filling out an intricate form for each crewmember and sending these with four recent passport photos to the *Kültür ve Turizm Bakanligi Telif Haklari ve Sinema Genel Müdürgügü* in Ankara. The application was denied after two months with a simple 'inconvenient'. We decided to try the diplomatic option. With several letters of reference from cultural organizations we went to the Turkish embassy. The embassy welcomed our proposal as a support of their entry into the European Union and right away promised their full cooperation. We had to fill out similar forms and again provide pictures. The ambassador himself sent these with his recommendation to Ankara, this time to the more influential Turkish Foreign Ministry. All these efforts in vain, once more the application was rejected. On the advice of the ambassador, we sent a last package of forms, this time regarding the border to Georgia at Sarp, a fishing village

gen werd de aanvraag toch weer afgewezen. Op advies van de ambassadeur verzonden we nog een laatste formulierenpakket voor de grensovergang naar Georgië bij Sarp, een vissersdorp aan de Zwarte Zee. Deze Turkse grens naar een prille democratische natie was wellicht minder problematisch dan de Van regio met haar instabiele buren. Maar welk traject we ook volgden en welke grensplaats we ook opperden, alle verzoeken bleken uiteindelijk terecht te komen bij dezelfde hoge militair, die zonder opgaaf van redenen iedere aanvraag voor filmopnamen van een grensgebied afwees.

on the Black Sea. This Turkish eastern border next to a young democratic nation was perhaps less problematic than the precarious Van area with its unstable neighbors. But whatever trajectory we chose and whatever border town we suggested, all requests ended up with the same military commander who rejected every request for filming at the border and never shared his reasons.

Dear Ms. Lonnie van Brummelen,

With reference to our correspondence and pleasant meeting in the Embassy concerning your precious project called "Borders of Europe", I regret to inform you that the Embassy has just been informed by the Turkish Ministry of Foreign Affairs that the relevant Turkish authorities have refused your request to film the border points located at Gürbulak, Kapıköy, Esendere and Habur in the East and the Southeast parts of Turkey.

Please be assured that the Embassy had fulfilled its duty to convey the contents of your project and your request to the Turkish authorities in a clear and timely manner and with a positive advice.

No motivation or reason was communicated to the Embassy regarding the decision.

Wishing you success in your endeavors, I remain,

Yours sincerely,

Turkish Embassy in The Hague

Ondanks een welwillende Turkse diplomatie leek het niet mogelijk om Turkije bij ons Europa-project te betrekken. We besloten uit te wijken naar een locatie in de 'Turkse invloedsfeer': Cyprus. Door haar strategische ligging op slechts tientallen kilometers van de Turkse, Syrische en Libanese kust fungeert het eiland sinds mensenheugenis als *cross-over* tussen oost en west. Mede hierdoor is het uitgegroeid tot een zwaar gemilitariseerde regio. Op strategische locaties aan haar zuid- en westkust bevinden zich twee grote Britse soevereine legerbases; resultaat van de onderhandelingen met de voormalige kolonisator over onafhankelijkheid. Maar het meest ingrijpend is de zwaar bewaakte niet internationaal erkende 'grens', die het noorden en het zuiden van elkaar scheidt. Hierdoor moest Cyprus op 1 mei 2004 als gedeeld eiland tot het Europees territorium toetreden. In het noorden werd de invoering van de Europese regelgeving opgeschort. Concrete aanleiding voor de opsplitsing was een militaire coup van de Griekse junta in 1974, die de democratisch gekozen regering van Turks- en Grieks-Cyprioten poogde af te zetten en *énosis* (eenwording) met Griekenland wilde bewerkstelligen. Het Turkse leger greep in om de minderheid van Turks-Cyprioten te beschermen. De Griekse coup werd verijdeld maar de Turkse bezetting bleef in het noorden van Cyprus tot op de dag van vandaag. Om te voorkomen dat de strijd tussen de nog altijd in *cease-fire* verkerende partijen weer oplaait, is al decennialang een substantiële VN troepenmacht gestationeerd in een *Green Line* die het hele land doorkruist. Deze verlaten overwoekerde bufferzone verdeelt de hoofdstad Lefkosia en snijdt cruciale verkeersaders af. De destijds gloednieuwe internationale luchthaven wordt door de zone ingesloten en staat er verweerd bij, compleet met een vliegtuig dat in 1974 niet op tijd kon vertrekken. Eén van de startbanen is ingericht als skeltertrack voor recreërende VN-ers; en de omliggende

Despite a willing Turkish diplomacy, it did not seem possible to include Turkey in our European project. We decided to change our plan, and to opt for a location in the 'Turkish sphere of influence': Cyprus. Because of its position only tens of kilometers of the Turkish, the Syrian and the Lebanese coast, the island has always functioned as a go-between the east and the west and as a strategic spot in military actions. There are Sovereign Base Areas of the United Kingdom on the South and West Coast, a remnant of the time that Cyprus was a colony of Great Britain. Even more disturbing is the presence of a heavily guarded, non-internationally recognized 'border', that separates the north from the south. This caused Cyprus to join the European territory on May 1, 2004 as a divided island. In the northern part the introduction of European regulations was suspended. The concrete cause for the division was a military coup of the Greek junta in 1974 that attempted to remove the elected government of Turkish and Greek Cypriots and wanted to establish *énosis* (unification) with Greece. The Turkish army intervened to protect the minority of Turkish Cypriots. The Greek coup was prevented but the Turks stayed in the north of Cyprus until this day. To prevent breaking of the cease-fire, a substantial UN force has been stationed for decades in a buffer zone cutting through the entire country. This abandoned overgrown Green Line has divided the capital of Lefkosia and cut off crucial roads. The international airport has been enclosed in the zone, complete with an airplane that got trapped in the conflict. One of the runways has been turned into a kart-track for UN recreation; and the surrounding fields are used as a golf course and a meadow for goats. Nothing points at a change in this deadlock being near. Nonetheless, the Cypriots are under growing international pressure to solve their *"rich man's problem"*. The Turks are put on the screw too. The negotiations about

velden worden gebruikt als golf court en als graasvlakte voor geiten. Niets wijst erop dat de patstelling binnenkort doorbroken zal worden. De Cyprioten worden echter steeds meer door de internationale gemeenschap onder druk gezet om hun *"rich mans problem"* op te lossen. Ook bij de Turken worden diplomatiek de duimschroeven aangedraaid. Zo kunnen de onderhandelingen over Turkse toetreding pas aanvangen na Ankara's bekrachtiging van het EU douane verdrag, dat door alle lidstaten en dus ook door Cyprus ondertekend is. Met ondertekening van dit verdrag wordt Cyprus impliciet als ongedeelde staat erkent. Dit wetende, lag het voor de hand dat permissie voor het verfilmen van deze omstreden scheidslijn, flink wat tactisch gelaveer zou vereisen. De ambassade van Cyprus in Den Haag adviseerde om de formuleringen zorgvuldig te wegen. De kans op medewerking zou aanzienlijk toenemen wanneer het zuiden van het eiland als 'government controlled' zou worden aangemerkt en het noorden als 'occupied'. Voor de zekerheid besloten we de mogelijk aanstootgevende werktitel *Frontline* definitief te veranderen in het in onze ogen neutralere *Borders of Europe*. Snel werd echter duidelijk dat de situatie zo gecompliceerd lag, dat deze vlieger niet opging. Juist de 'neutrale' titel bleek een zenuw te raken; de aanvraag werd ook hier door een hoge militair afgewezen.

Turkish entry to the European Union can only begin after Ankara's confirmation of the new EU customs treaty, which would be an implicit recognition of Cyprus as a unified autonomous state. Knowing this, to get permission to film this embattled division was going to demand tactical maneuvering. The embassy of Cyprus in The Hague advised us to carefully choose our words. The chance at cooperation would grow considerably if the south of the island would be described as 'government controlled' and the north as 'occupied'. For the same reason we decided to avoid the working title *Frontline* and to rename the project *Borders of Europe*. It became clear quickly that the situation was so complex that this did not work. The neutrality of this title turned out to actually hurt the application. It was again denied by a military leader.

Dear Mr., Mrs.,

The European territory is expanding. For many Europeans the impact of these recent developments seems difficult to grasp. With a series of silent 35mm film works, I would like to give an impression of the wide range of landscapes and inhabitants Europe contains. Since Cyprus is the most south-eastern European location, has a strategic position at the crossroads of three continents, a miscellaneous landscape which was the setting for numerous enticing myths, battles and ancient civilizations, and because of the exceptional situation of the Green Line caused by the Turkish invasion in 1974, I would like to explore its rich landscape in a film work.

In my previous proposal, I asked permission to make film recordings of the Green Line in Cyprus for the artistic documentary *Borders of Europe*. The Embassy of Cyprus in The Hague told me, that the *Press and Information Office* in Cyprus could not give a positive answer to my request because the film might give the wrong impression to European viewers that the Green Line is an official European border in stead of the result of the Turkish invasion of 1974. I can understand these objections to the initial proposal. Therefore, I would like to adjust the plan so that any possible misunderstanding of the Green Line as an official border will not occur.

Because of its specific circumstances, the Cyprus recordings will *not* be included in the the film *Borders of Europe*. The recordings will be presented as a portrait of a unique, remote European location. To avoid misunderstanding as much as possible, historical backgrounds of the Green Line will be given in a text with these film images.

I would like to ask permission to make the film recordings for this artistic document. The recordings will show the Green Line and one of its crossings embedded in the remarkable Cyprus landscape. The camera will take a high point of view at an appropriate distance from the checkpoint, so that individual persons cannot be recognized. Of course, the precise perspectives can be conferred with the authorities involved. The crew consists of two persons: Siebren de Haan and I. I wish to emphasize that the footage is for artistic purposes only.

Please contact me if you are feeling the need for more information or supplementary adjustment of the film plan.

With friendly regards,

Lonnie van Brummelen

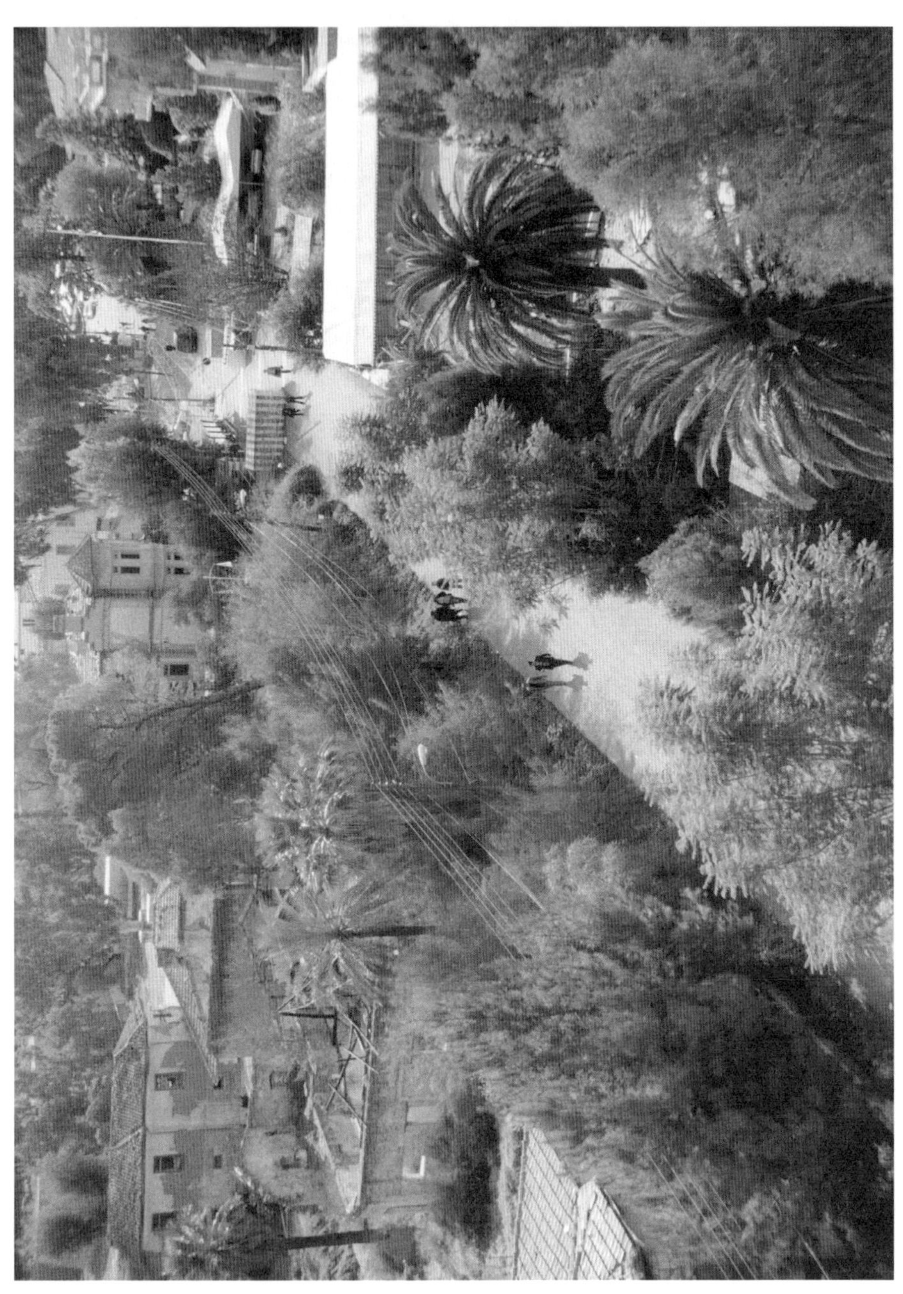

We leerden Cyprus kennen via het *Press and Information Office* (PIO) in de hoofdstad Lefkosia. Hier werden we gastvrij onthaald door een medewerkster van *International Press & Mass Media* die ons, na een kort doorspreken van de procedures, meenam naar een depot vol lectuur over 'the Cyprus question'. We kregen een PIO-tas vol recente uitgaven mee. Om ons in te lezen. Aangezien we zelf vanwege overgewicht op onze vlucht geen boek hadden kunnen meenemen, brachten we onze avonden door met studies als: *Turkish Colonisation: A Threat for Cyprus and its People, Resolutions Adopted by the United Nations on the Cyprus Problem 1964-2001, The Judgement of the European Court of Human Rights in the Case of Cyprus v. Turkey, The Continuing Violation of Human Rights by Turkey in Cyprus, The illegal declaration of the "TRNC" and Turkey's objectives, The Consequences of the Turkish Invasion and Occupation in Facts and Figures - map of distribution of population by ethnic group & positions of the invading Turkish forces.* Hieruit leerden we onder meer dat het 'illegale Turkse regime onder leiding van Mr. Denktash' 142.000 Grieks-Cyprioten heeft uitgezet, 118.000 kolonisten heeft geïmporteerd om de demografische samenstelling te veranderen, 11.000 jaar culturele en historische erfenis systematisch wil uitroeien, 77 kerken heeft omgebouwd tot moskeeën, 13 kerken in gebruik heeft genomen als hooischuur en zich in 1983 unilateraal tot TRNC heeft uitgeroepen: de Turkse Republiek van Noord Cyprus. De TRNC, zo lazen we verder, wordt alleen door Turkije erkend en is economisch volledig afhankelijk. Zelfs water moet uit het 'moederland' komen, in eerste instantie nog aangevoerd in grote onbemande drijfzakken die door de stroming vanzelf naar het eiland spoelden, maar inmiddels wordt water het land ingepompt via een lange buis over de zeebodem. Overdag probeerden we te onderzoeken waar en hoe het Cyprische dilemma

We got to know Cyprus through the Cypriot *Press and Information Office* (PIO) in the capital Lefkosia. A female associate of the *International Press & Mass Media* received us hospitably. After a briefing on procedures she took us to a depot packed with literature on 'the Cyprus question'. To read up we received a PIO-bag filled with recent editions. Since we had not been able to bring any books because of overweight charges on our flight, we spent our evenings with studies like: *Turkish Colonisation: A Threat for Cyprus and its People, Resolutions Adopted by the United Nations on the Cyprus Problem 1964 - 2001, The Judgement of the European Court of Human Rights in the Case of Cyprus v. Turkey, The Continuing Violation of Human Rights by Turkey in Cyprus, The illegal declaration of the "TRNC" and Turkey's objectives, The Consequences of the Turkish Invasion and Occupation in Facts and Figures - map of distribution of population by ethnic group & positions of the invading Turkish forces.* We learned from this among others that the 'illegal Turkish regime led by Mr. Denktash' has deported 142.000 Greek Cypriots, has imported 118.000 colonists to change the demographic composition, has attempted to systematically destroy 11.000 years of cultural and historical legacy, has turned 77 churches into mosques, 13 churches into hay sheds and in 1983 has unilaterally declared the TRNC: the Turkish Republic of Northern Cyprus. The TRNC, as we read on, is only recognized by Turkey and is completely economically dependent. Even water has to come from the 'motherland', at first transported in large unmanned floating sacks that drifted along with the current to the island, but nowadays water is pumped into the country through a long tube over the seabottom. During the day we tried to discover how the Cypriot dilemma manifests in public space. This was not a simple thing. Taking photographs turned out to be strictly forbidden nearly everywhere.

zich in de publieke ruimte manifesteerde, wat niet eenvoudig was. Fotograferen bleek vrijwel overal ten strengste verboden. Er was altijd wel een vlag in zicht van één van de vele militaire uitkijkposten. Na veel wachten en heen en weer gebel, lukte het om van de verschillende partijen medewerking te krijgen voor opnamen op drie locaties langs het breukvlak in Lefkosia. We begonnen bij de Lidra Street, een drukke winkelpromenade die halverwege doorsneden wordt door de bufferzone. Aan Grieks-Cypriotische zijde is een oude verdedigingsstelling omgebouwd tot 'toeristische attractie'. De barricade is geschilderd in frisse kleuren en opgefleurd met kindertekeningen. Kijkgaten bieden zicht op de overwoekerde ruïnes in de voormalige gevechtslinie. Een monument en een mini-museum herdenken de slachtoffers. Dit alles wordt dag en nacht bewaakt door militairen. Met een flinke delegatie van militairen en officials vertrokken we van de verdedigingsstelling naar een warenhuis, om via de dampende keuken van een restaurant uit te komen op het dak van de Shakolas Tower. Onze zware uitrusting werd gedragen door jonge Grieks-Cypriotische recruten, die met hun officier gedurende de opnamen voortdurend aanwezig bleven om 'assistentie te verlenen' maar vooral ook om op te letten of alles volgens protocol verliep. Vanaf de Shakolas Tower ontvouwde zich een wirwar van daken. De strikte opdeling van de stad werd slechts verraden door wat vlaggen, enkele dichtgemetselde vensters, en een rij roestige oliedrums op een dakrand. Op de achtergrond verrees het 'Vijfvinger' gebergte met op haar helling een mega-mosaïk van witte kiezels in de vorm van de TRNC vlag, de Turkse vlag in omgekeerde kleuren. Dit omnipresente 'logo', aangebracht door Turks-Cypriotische weduwen bij de oprichting van hun republiek, wordt door Grieks-Cyprioten nog altijd als een onverdraaglijke provocatie ervaren. Daarna bezochten we Ledra Palace midden in de bufferzone: een

There was always some military object within sight: a bunker, a roadblock, or a flag of one of the observation posts. After much waiting and calling around, we succeeded to receive the cooperation of the various parties to film in three locations along the fracture in Lefkosia. We started at Lidra Street, a crowded shopping promenade cut in two by the demarcation line. On the Greek Cypriot side an old defense position has been turned into a 'tourist attraction'. The barricade is painted in bright colors and cheered up by drawings of children. Peepholes offer a view of the overgrown ruins in the buffer zone. A memorial and a mini-museum commemorate the victims. All these attractions are guarded by military. With a delegation of military and PIO-officials we walked through the shopping street, a department store, the steamy kitchen of a restaurant, to end up on the top of the Shakolas Tower. Our heavy equipment was carried by young Greek Cypriot recruits that stayed on continuously with their officer during our shoot to 'assist us', but also to take care that we followed protocol. From the roof of the department store a jumble of roofs unfolded. The division of the city was only visible in a few flags, closed-off windows and a single line of rusty oil barrels and piled bags of sand on the edge of a roof. In the background rise the 'Five fingered' mountains with on their slope a grand mosaic of white pebbles in the shape of the TRNC flag, the Turkish flag in reverse colors. This omnipresent 'logo', put in by Turkish Cypriot widows at the foundation of their republic, is experienced by the Greek Cypriots as an unbearable provocation. The next morning, we went to Ledra Palace: a former chic hotel in the middle of the buffer zone, just outside the old Venetian city wall. Nowadays, the hotel functions as a UN headquarters. For decades only diplomats could travel back and forth at Ledra Palace, but now there is a civilian crossing, used mostly by Turkish Cypriots, that work

voorheen chic hotel net buiten de oude Venetiaanse stadsmuur dat fungeert als VN hoofdkwartier. Decennia lang konden hier alleen diplomaten oversteken, maar inmiddels is er een *civilian-crossing*, waar vooral gebruik van wordt gemaakt door Turks-Cyprioten, die als goedkope arbeidskrachten in het rijke zuiden werken. De meeste Grieks-Cyprioten weigeren nog altijd de oversteek, omdat dit in hun ogen zou suggereren dat zij de situatie als 'genormaliseerd' beschouwen. Opnieuw werden we vergezeld door een PIO-official en Grieks-Cypriotische militairen. Bij de slagboom voor de VN sector ontstond een protocolair dilemma. De Grieks-Cypriotische militairen mochten volgens de VN voorschriften niet worden toegelaten, maar moesten ons desalniettemin van hun superieuren escorteren. Het werd een heikel compromis. De uniformen moesten uit en verruild worden voor vrijetijdskleding. De lift van Ledra Palace bleek al dertig jaar defect, maar ook deze keer konden we gebruik maken van de spierkracht van jonge soldaten. Wel had de aanwezigheid van de verschillende groepen militairen consequenties voor de bewegingsvrijheid van de camera. Het was nog net niet als bij documentairemaker Joris Ivens, toen iedere opname die hij maakte van de Chinees-Japanse oorlog, exact werd nagefilmd met een 16mm camera door iemand van de Chinese censuur. Pas nadat de identieke 16mm opnamen waren ontwikkeld en goedgekeurd, mocht Ivens' 35mm negatief het land verlaten. Bij ons keken twee Britse VN-ers voortdurend van achter de camera mee of niet iets in beeld kwam dat de indruk van partijdigheid in het conflict kon wekken. Regelmatig werden we op de vingers getikt en werd ons vriendelijk, maar dringend verzocht het statief te verplaatsen of de camera wat de draaien. De neutraliteit van de VN moest immers gewaarborgd worden, zeker nu afgevaardigden van het Grieks-Cypriotische leger toekeken. Pas toen tegen het middaguur vanuit de

as cheap labor in the rich south. Most Greek Cypriots still refuse to visit the north, because in their eyes it would suggest that they consider the situation normal. Again we were accompanied by a delegation of the Greek Cypriot military and a PIO-official. The UN had granted us permission, but at the entry gate to the UN sector, a dilemma about procedures arose. The Greek Cypriot soldiers were not allowed entrance into the sector according to UN regulations. They nevertheless had orders from their superiors to escort us. It became a precarious compromise. The soldiers had to change their uniforms for plain clothes. The elevator of Ledra Palace turned out to be defective for the past 30 years. Fortunately we again had young energetic soldiers at our disposal. The presence of various groups of military had significant consequences for the free mobility of our camera. It came close to the situation of documentary filmmaker Joris Ivens, when every shot he took of the Chinese-Japanese war was copied exactly by the Chinese censor with a 16mm camera. Only after the identical 16mm shots were developed and approved, was Ivens's 35mm negative allowed to leave the country. In our situation, two British UN soldiers watched continuously from behind the camera to make sure nothing came into our frame that could give the impression of partiality in the conflict. Regularly we were admonished and told in a friendly though pertinent manner to move our tripod or turn the camera. The neutrality of the UN had to be safeguarded, especially now that delegates of the Greek Cypriot army were watching. Only when around noon imams from the many minarets in the north bellowed over the divided city, was there some space for the coming together of parties. A UN soldier began to talk about his recent employment in a buffer zone in Baghdad, and by the time it got dark the whole company of British UN soldiers and Greek Cypriot militaries in civil clothes were talking animatedly about

vele minaretten in het noorden een imam-canon over de gedeelde stad begon te schallen, ontstond er ruimte voor toenadering tussen de partijen. Eén van de VN-ers vertelde over zijn recente stationering in de bufferzone in Bagdad en tegen de avond zat het hele gezelschap van Britse blauwhelmen en Grieks-Cypriotische soldaten in burger geanimeerd te keuvelen over de laatste nieuwtjes uit de *Cyprus Weekly* en het saaie en dure uitgaansleven in Lefkosia. Als laatste locatie bezochten we Agios Dometios aan de rand van de stad; één van de schaarse doorgangen waar autoverkeer mocht passeren. Wegens een recent incident waren de mogelijkheden beperkt. Beschonken Grieks-Cypriotische soldaten hadden Turkse soldaten in een naburige observatiepost beschimpt, waar zij meer dan de twee toegestane wachters hadden zien patrouilleren. Van dit voorval waren wij toevallig getuige geweest tijdens ons eerste bezoek aan de locatie. Hoewel de VN zich van een uitleg onthield, werd voor deze locatie uiteindelijk geen medewerking verleend. We kregen wél toestemming van de Grieks-Cypriotische autoriteiten om vanuit hun grondgebied de autodoorgang en de checkpoint te filmen. Onder begeleiding van een PIO-official en enkele militairen installeerden wij ons aan de rand van de bufferzone. We werden onmiddellijk gespot door drie Turkse soldaten in een observatiepost, die het op een fanatiek schreeuwen zetten. Eén voor één verlieten onze begeleiders de set om "de verhitte gemoederen tot bedaren te brengen", maar zonder resultaat. De Turkse soldaten brulden hun kelen schor en zwaaiden woest met hun vuisten en geweren. Terwijl we inpakten kwamen de officials weer te voorschijn en excuseerden zich voor het wangedrag van de bezetter. Nu hadden we "met eigen ogen gezien hoe vreselijk het is niet vrij te zijn in eigen land". We zwegen, knikten en bedankten, maar vroegen ons af of we ons hier niet hadden laten inzetten in een politiek machtspel.

the latest news in the *Cyprus Weekly* and the boring and expensive nightlife in Lefkosia. As a final location we visited Agios Dometios on the edge of the city; one of the rare passages where cars are allowed to cross. Due to a recent incident our options were limited here. Drunkenly singing Greek Cypriot guards had insulted soldiers at a nearby Turkish observation post, where three instead of the two allowed guards had been patrolling. We accidentally witnessed this incident during our first visit to the checkpoint. Though the UN did not explain itself, we did in the end not receive cooperation for this location. Despite the tensions, the Greek Cypriot authorities did give permission to film the car passage and the checkpoint, from their territory. Again accompanied by a PIO official and several soldiers we set down along the edge of the buffer zone. Three heavily armed Turkish soldiers spotted us instantly and began to howl at us. One by one our guides left the set to 'calm the situation', but with no effect. The Turkish soldiers shook their fists, waved their guns, and screamed fanatically till they were coarse. We decided to withdraw. While we packed, the officials returned and apologized for the misbehavior of the occupier. Now we had seen "with our own eyes how terrible it is not to be free in one's own country". We remained quiet, nodded and thanked them. Had we just been used in a political game?

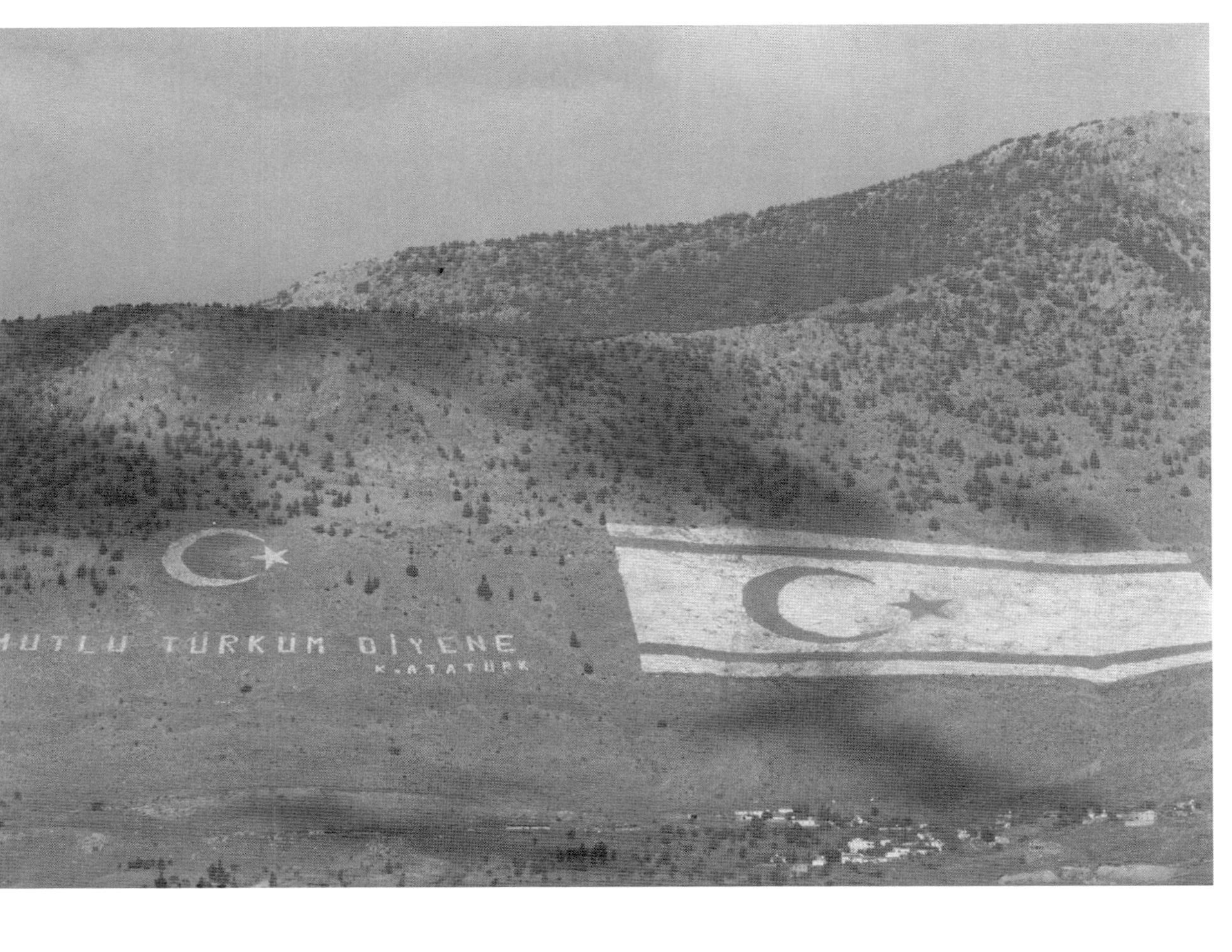
MUTLU TÜRKÜM DİYENE
K. ATATÜRK

THE FORMAL TRAJECTORY

Images: 35mm film stills from *Grossraum*, 2004/2005 | Text and layout: Lonnie van Brummelen | Final editing: Siebren de Haan
Corrections: Jan van Adrichem | Translation: Ellen Verhoeff | Typeface: Times New Roman | Paper: 135 grs. Go mat naturel 1.3
Edition: 500 | ISBN 90 807 380 34 | Contact: vriza@xs4all.nl

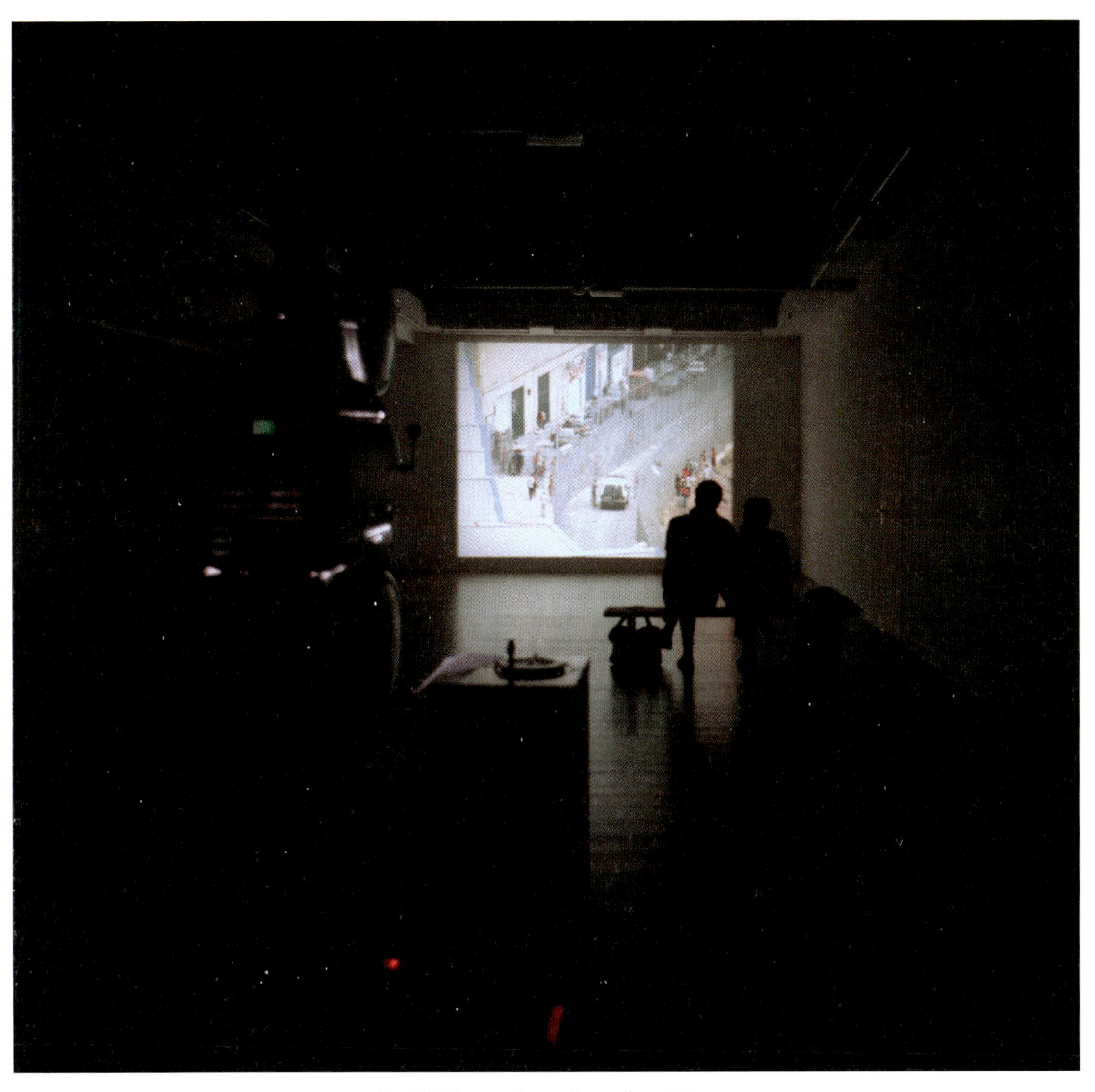

Stedelijk Museum Bureau Amsterdam, 2005

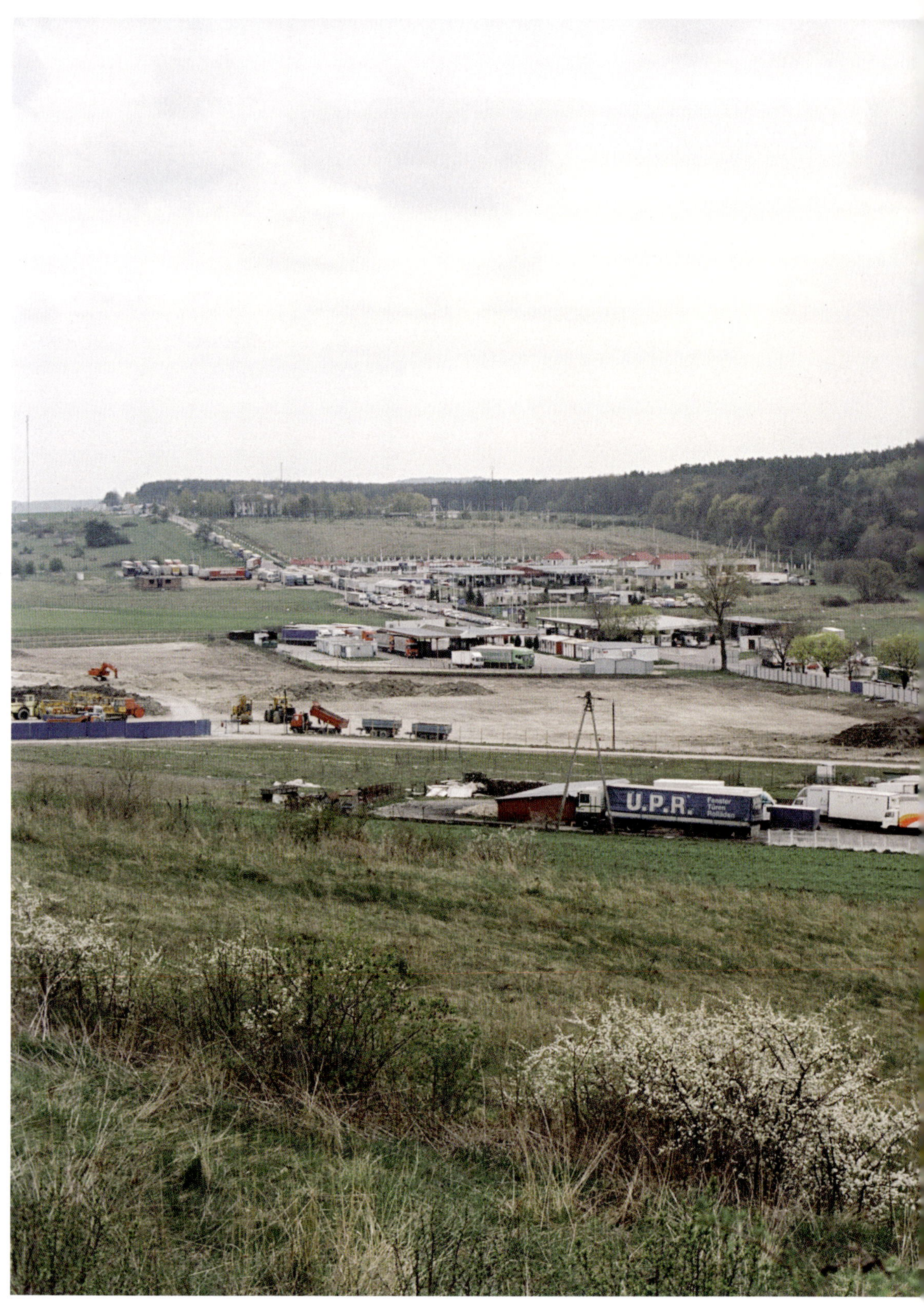
U.P.R.
Fenster
Türen
Rolläden

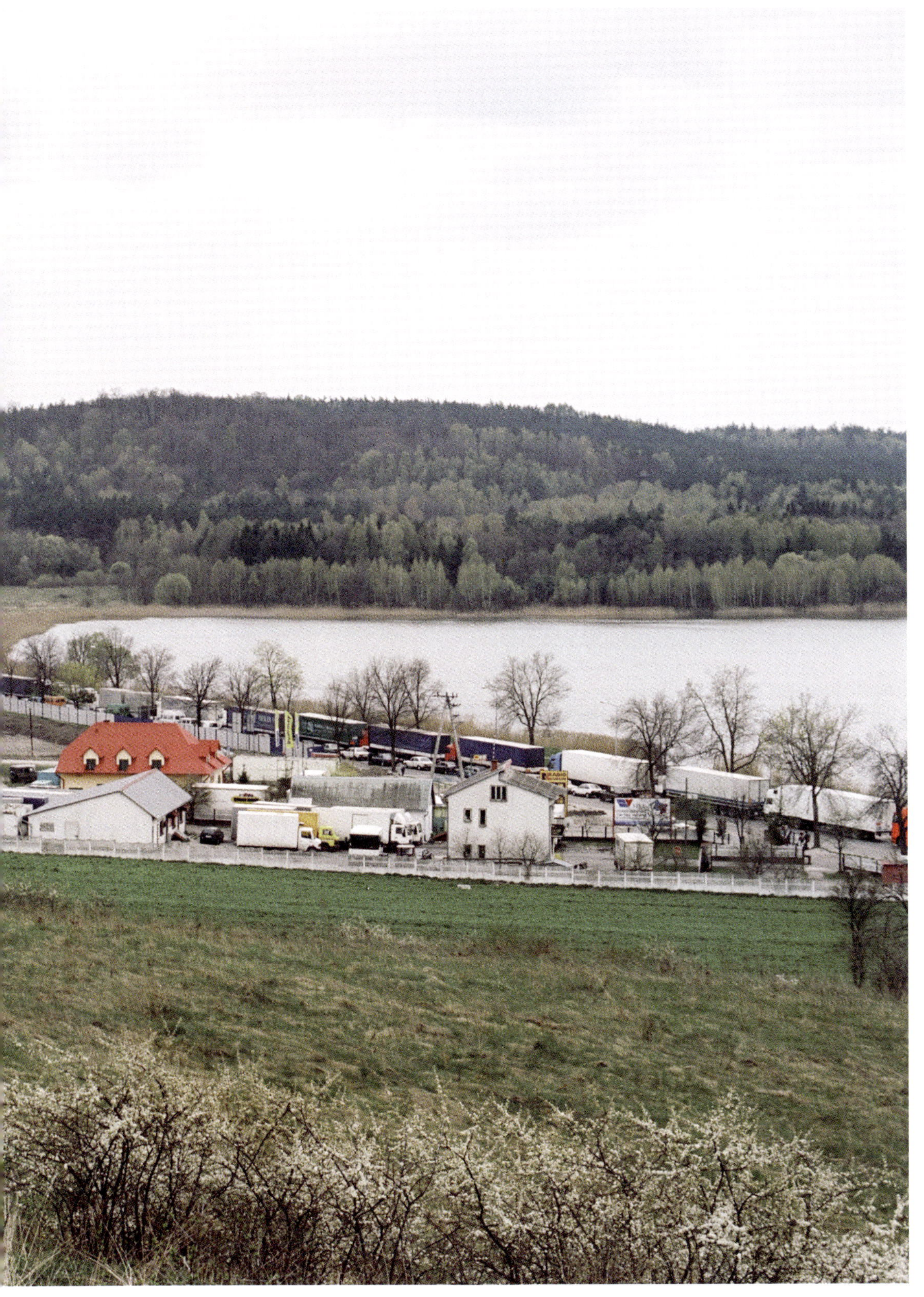

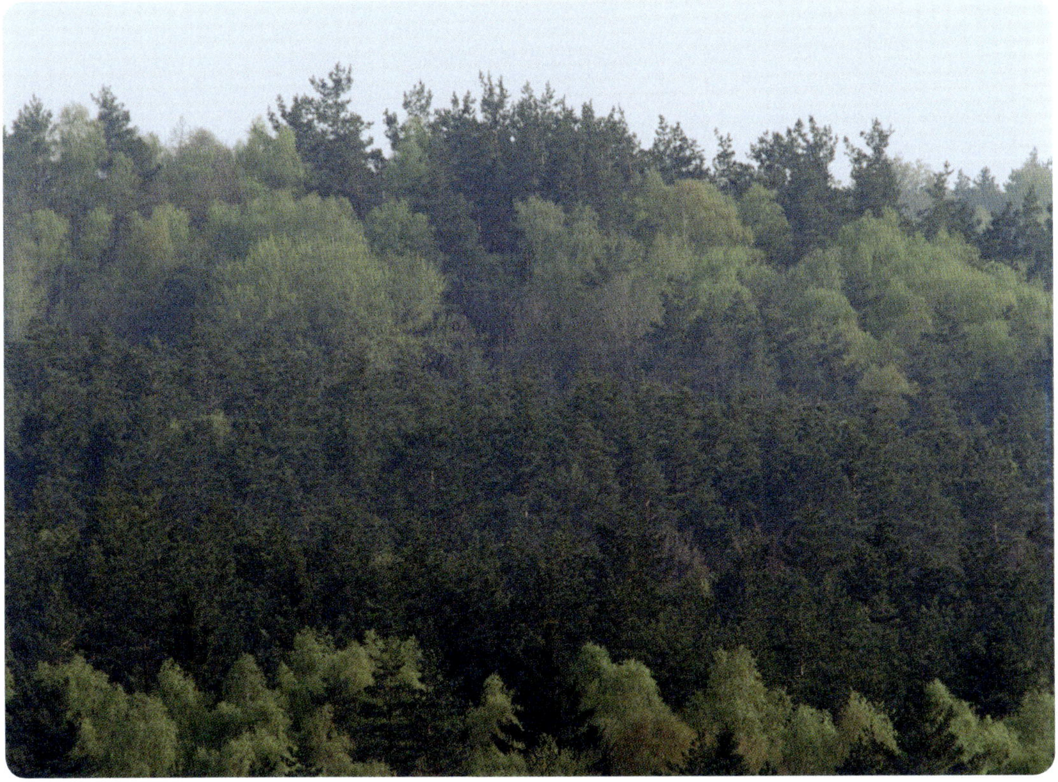

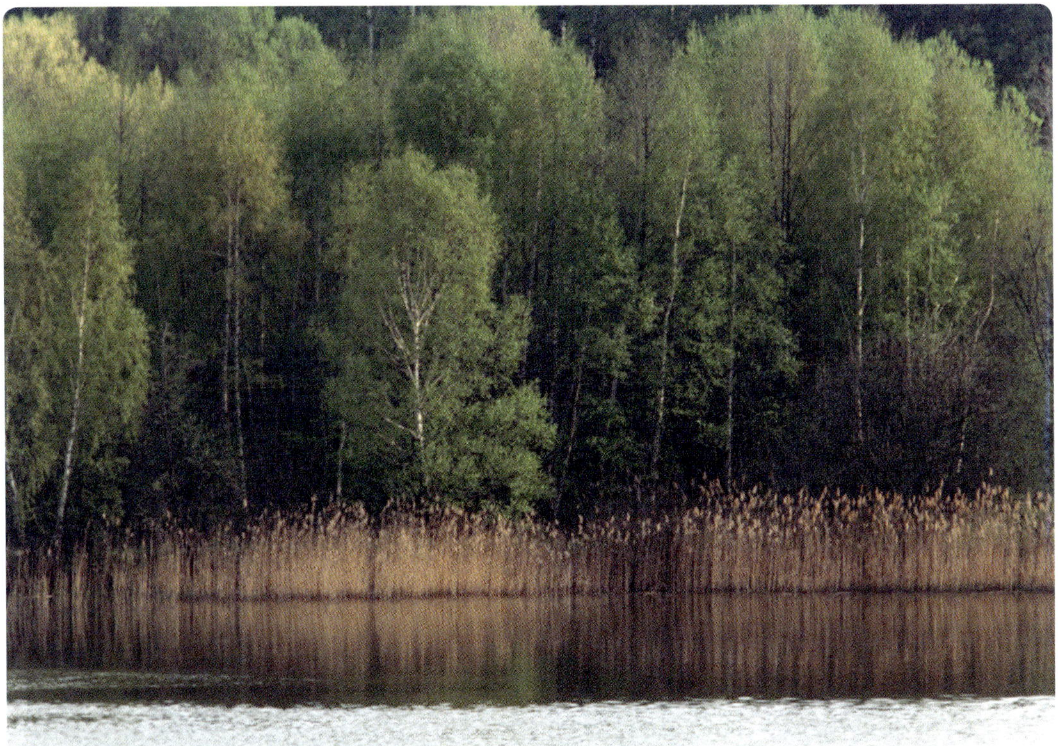

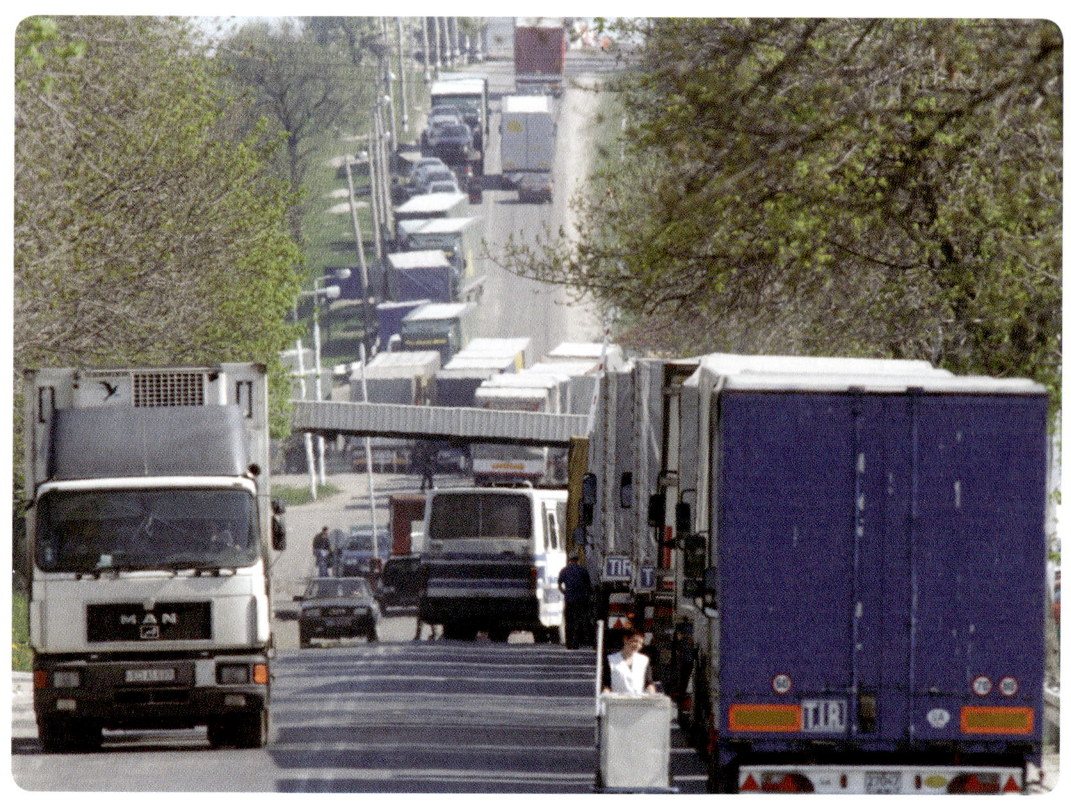

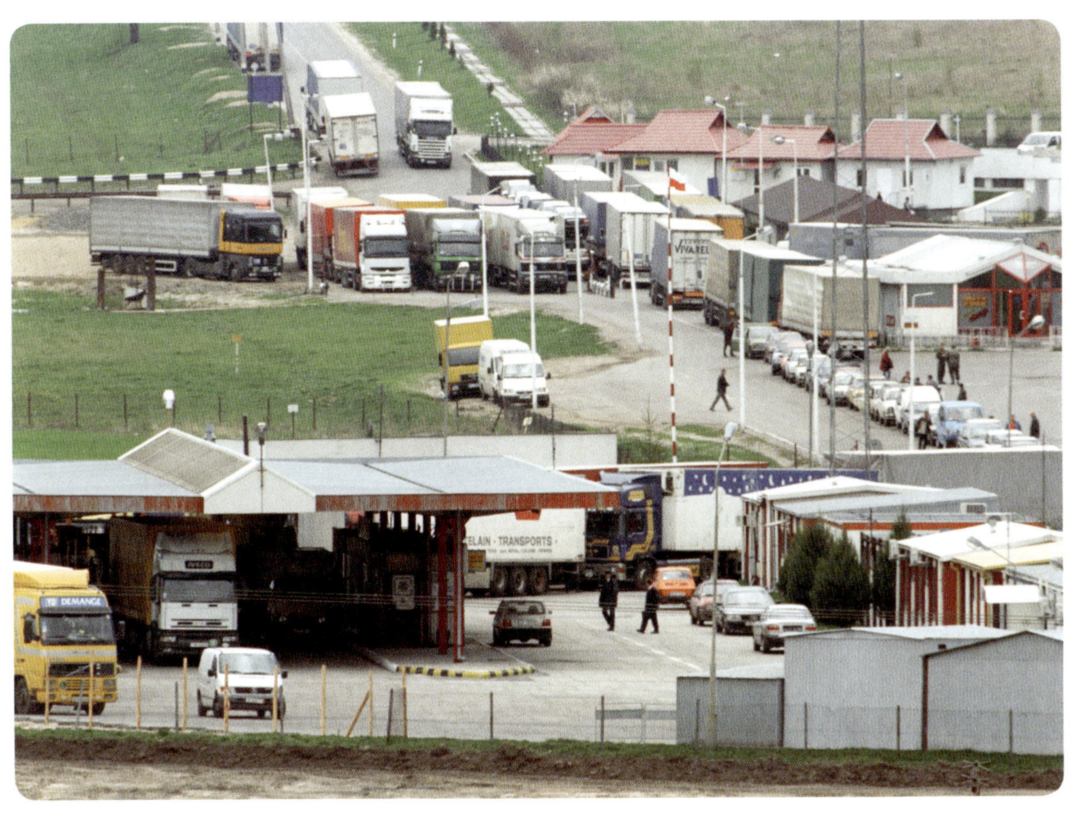

Grossraum (Borders of Europe) . Hrebenne

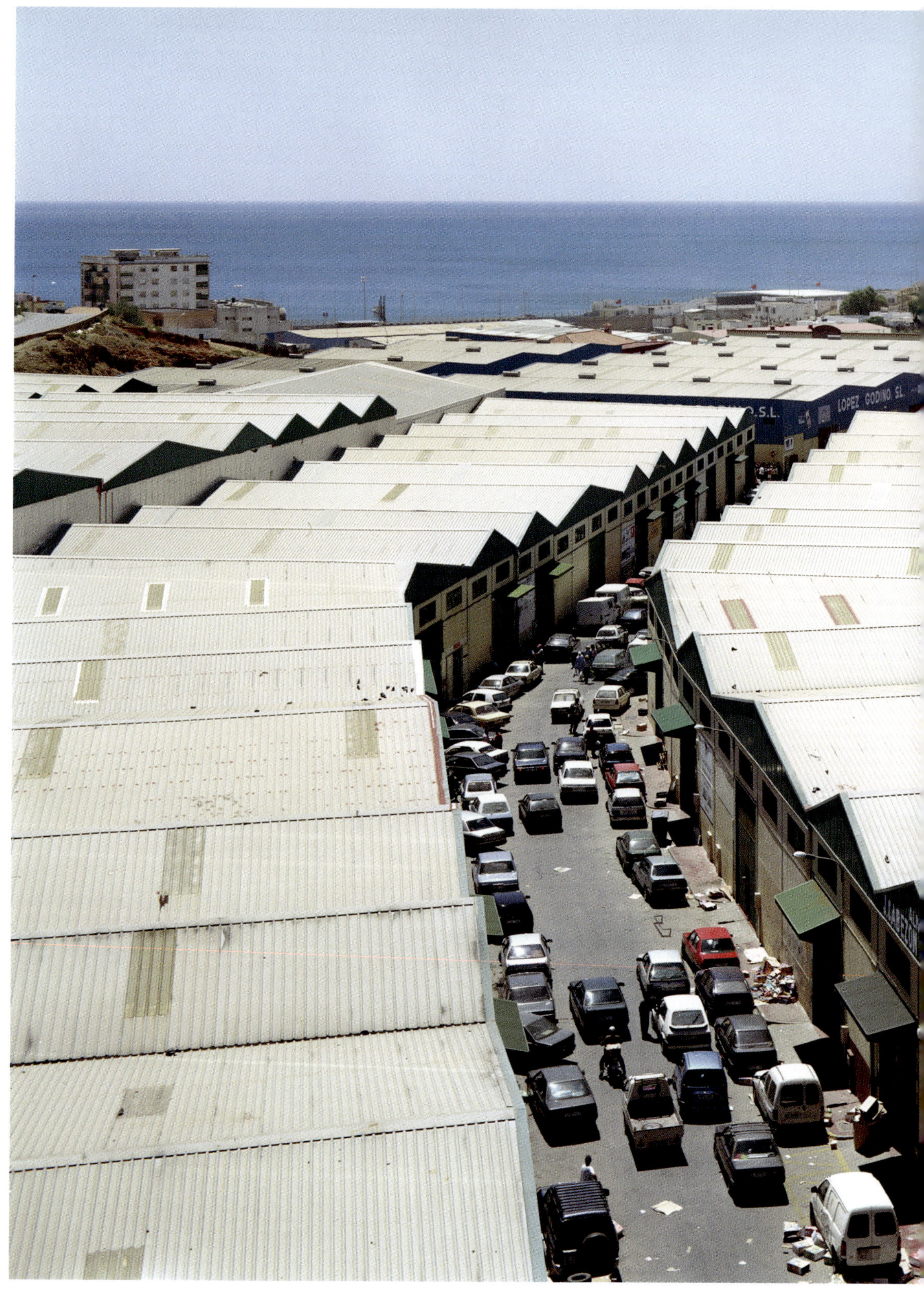

LOPEZ GODINO. SL

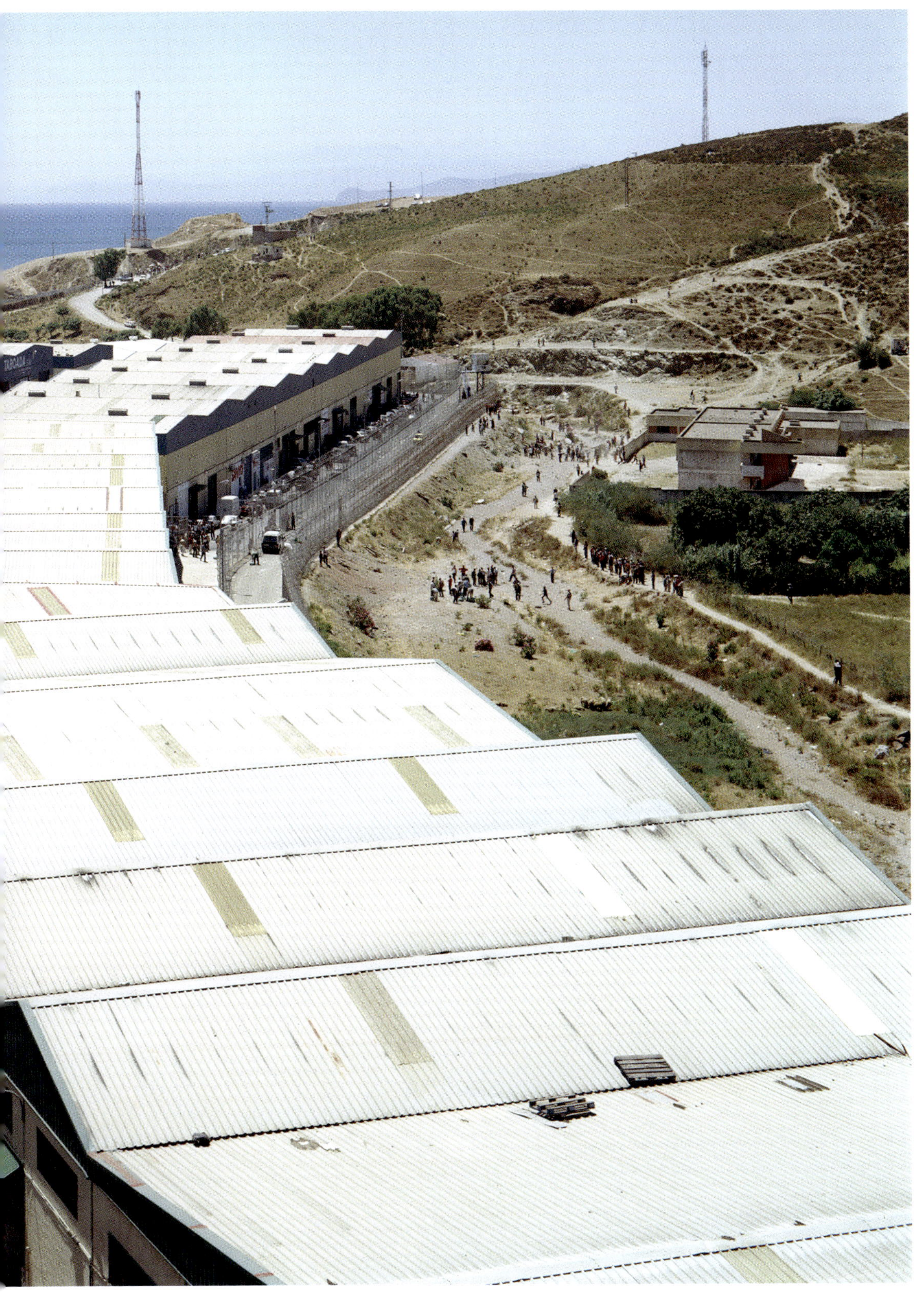

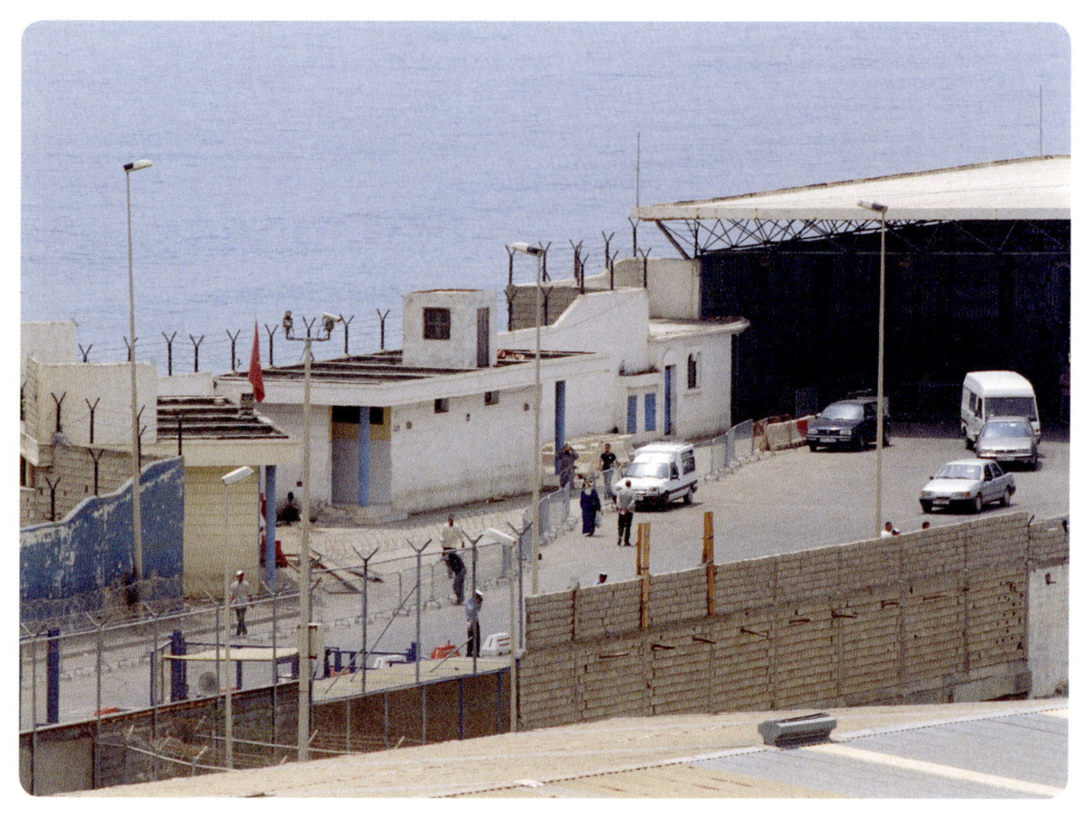

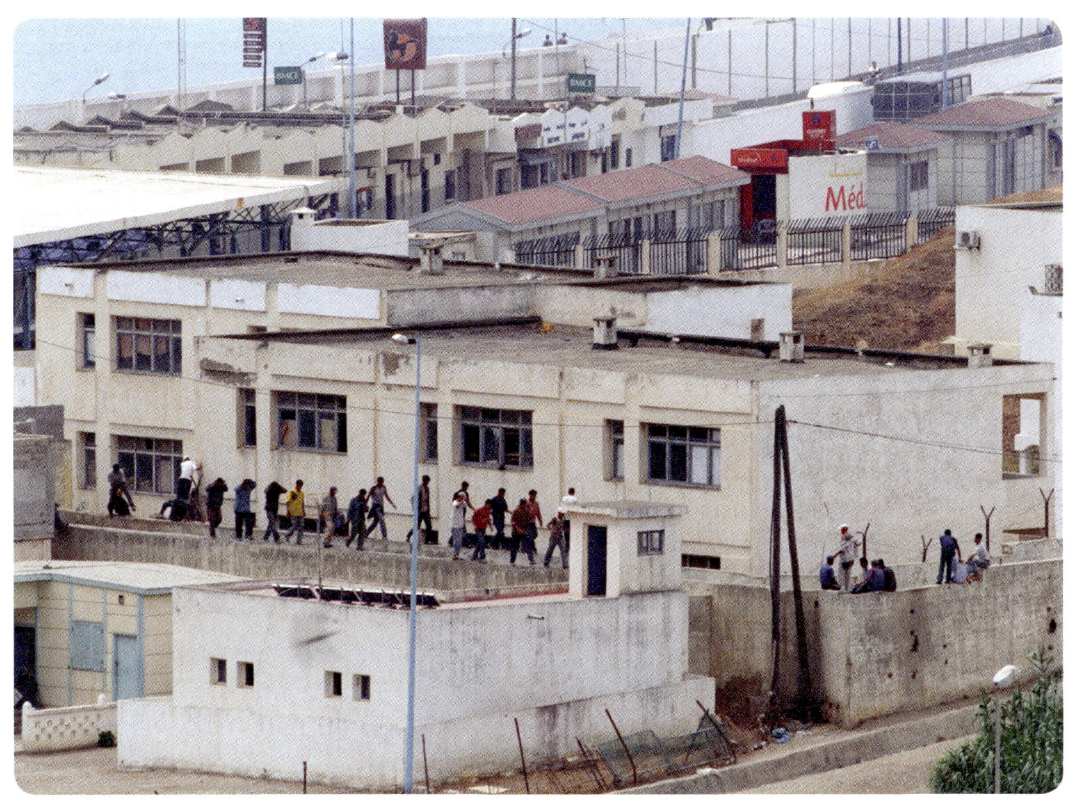

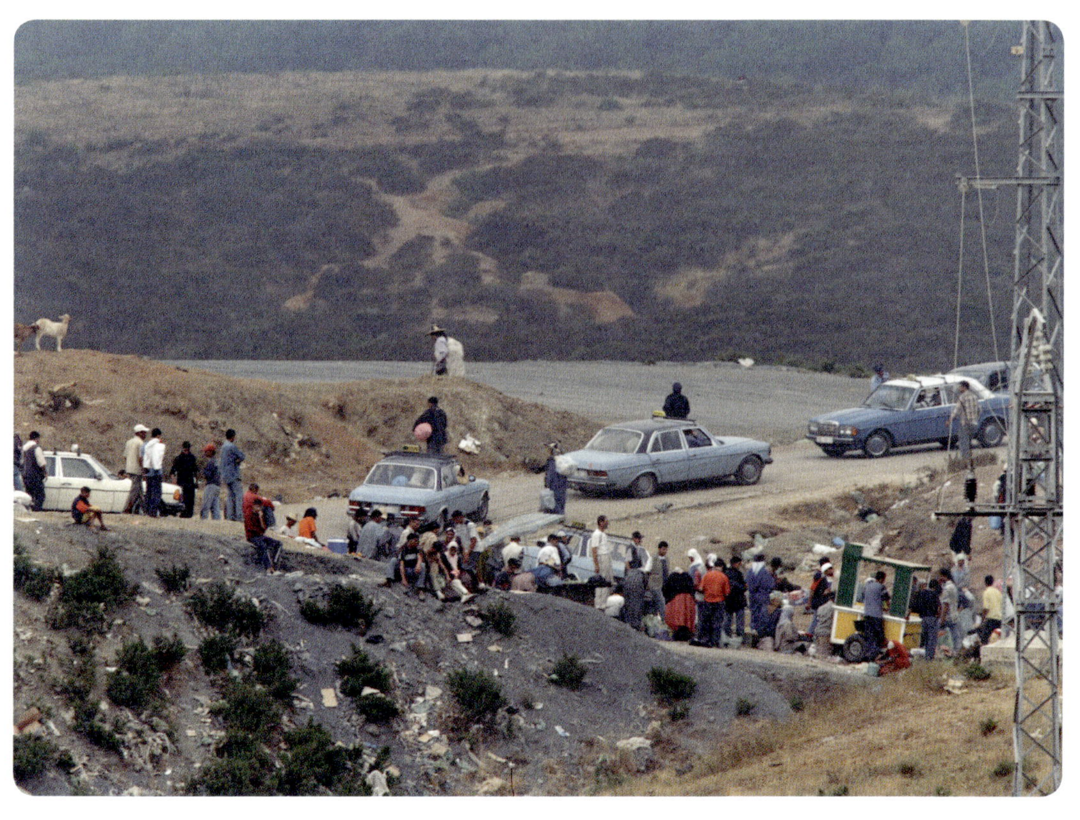

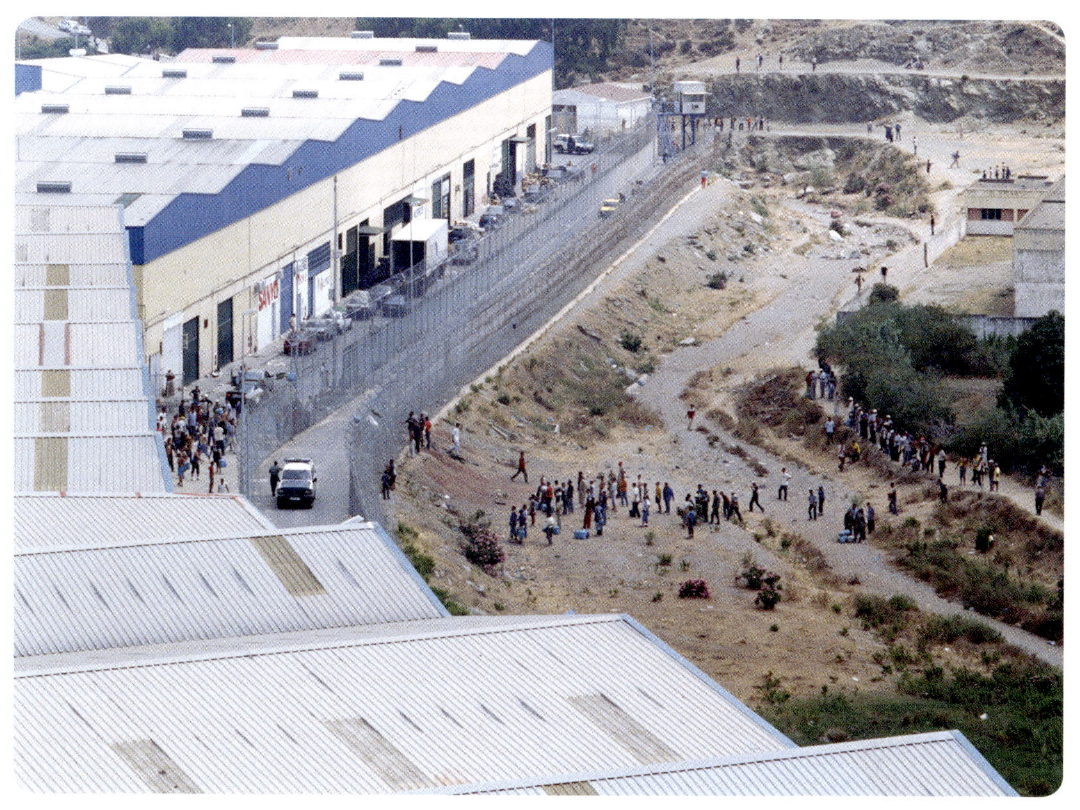

Grossraum (Borders of Europe) . Ceuta

77

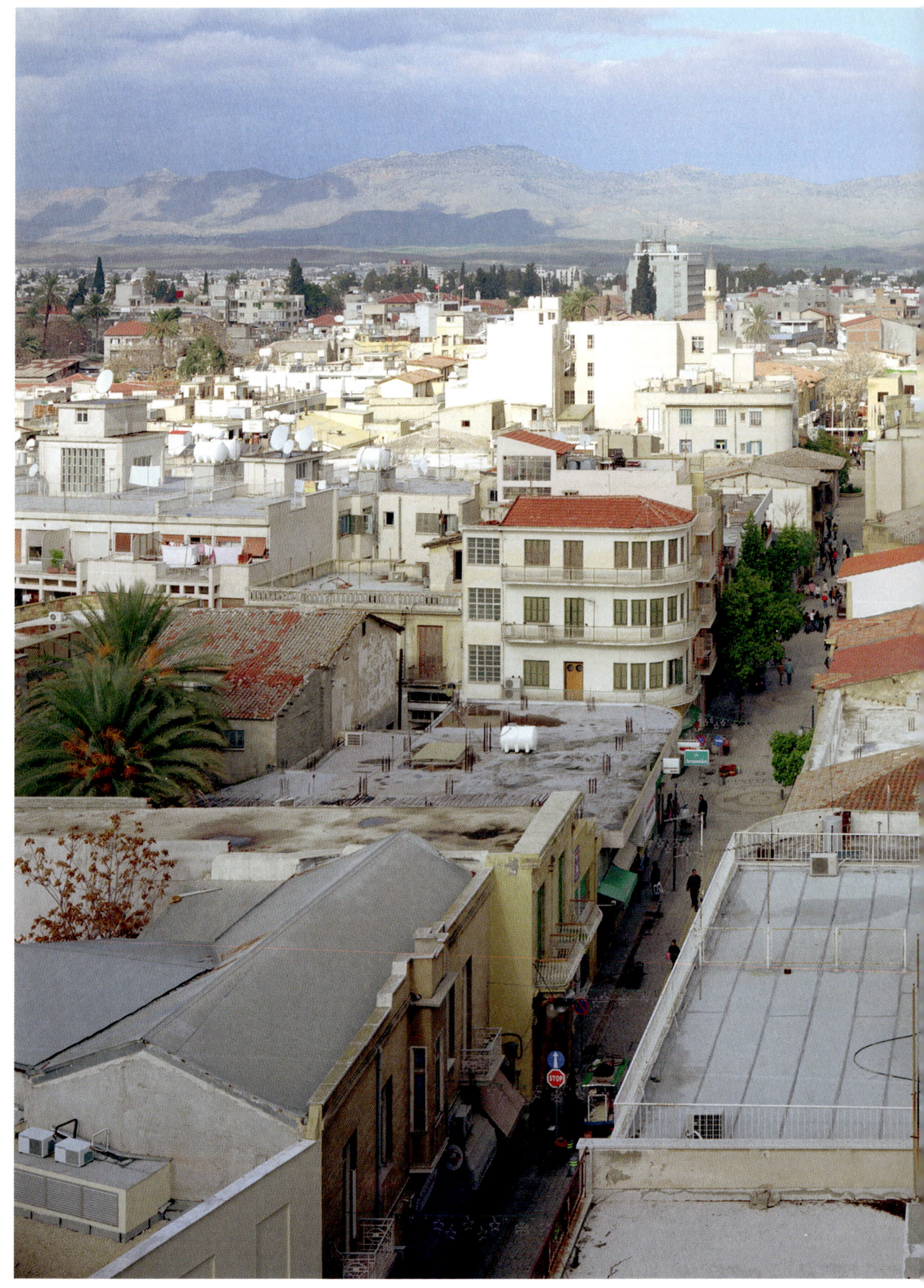

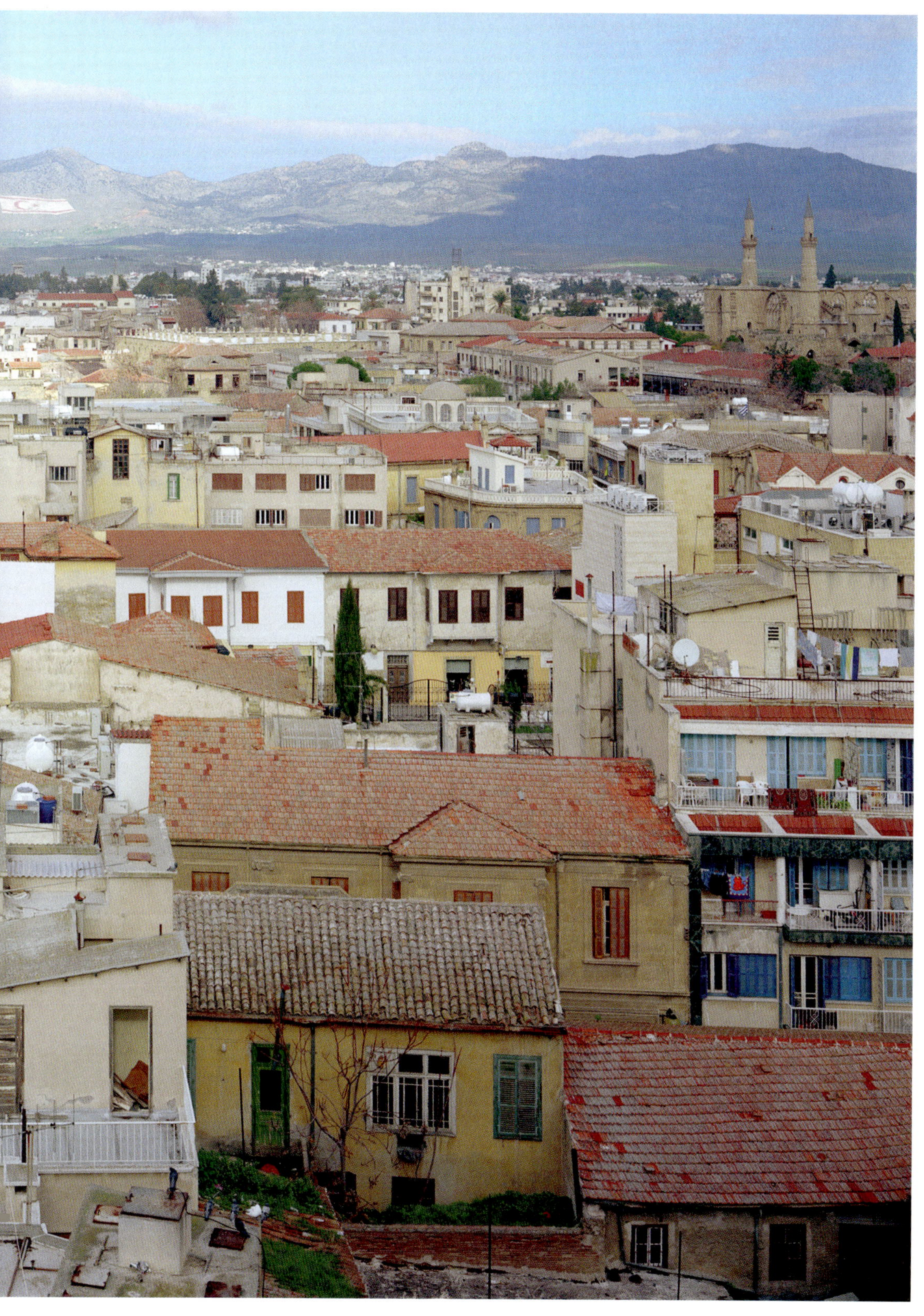

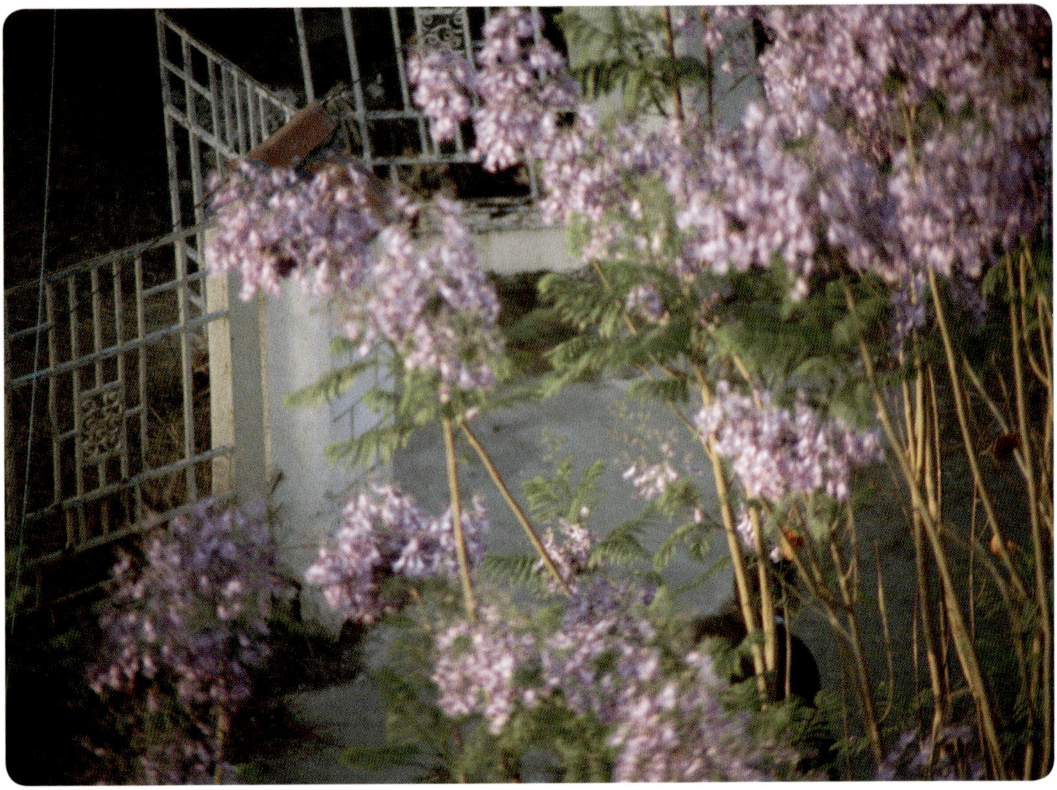

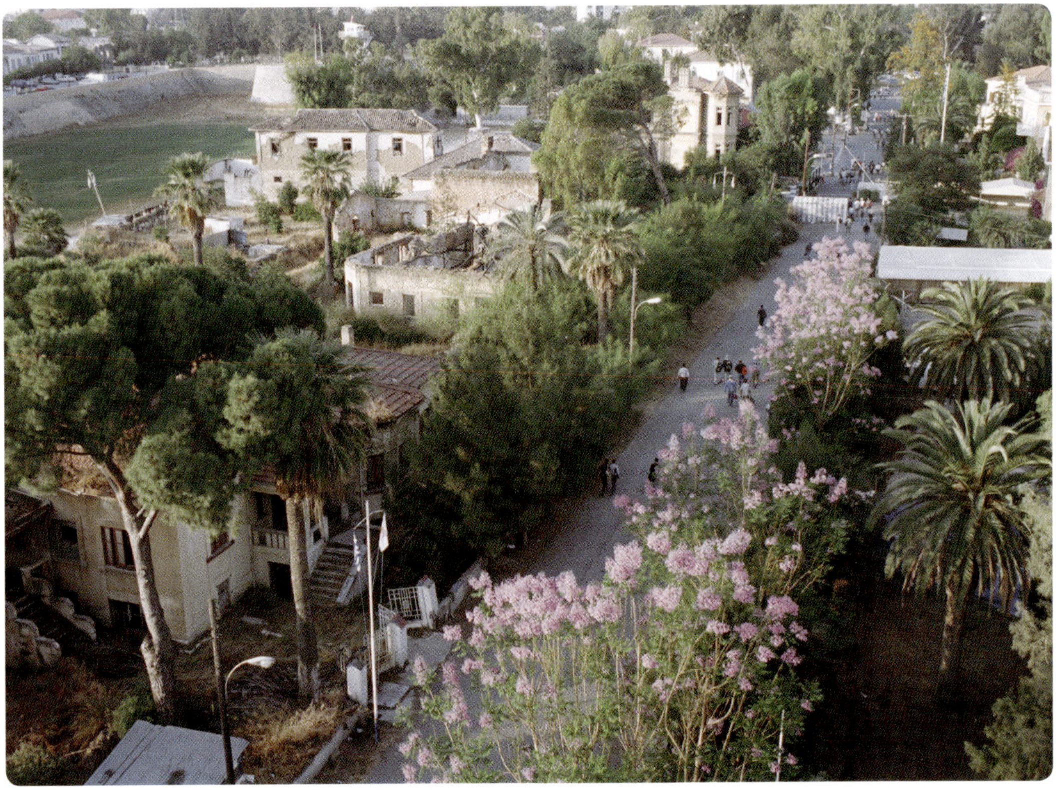

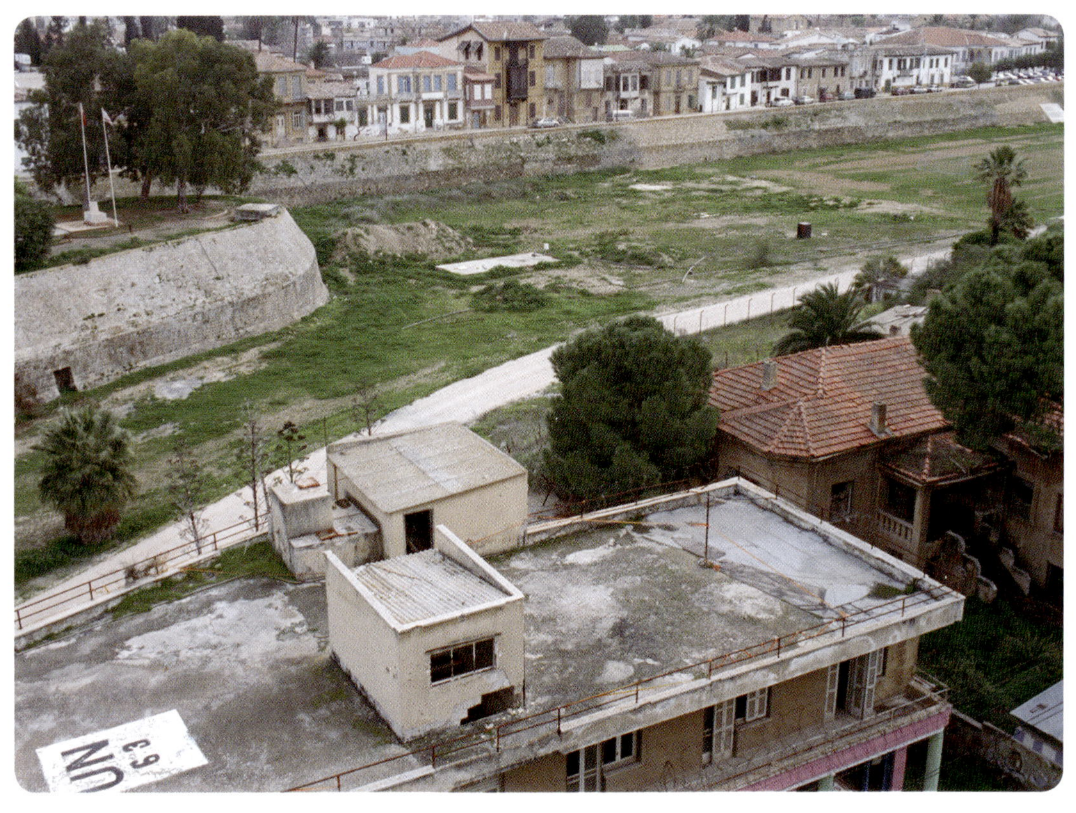

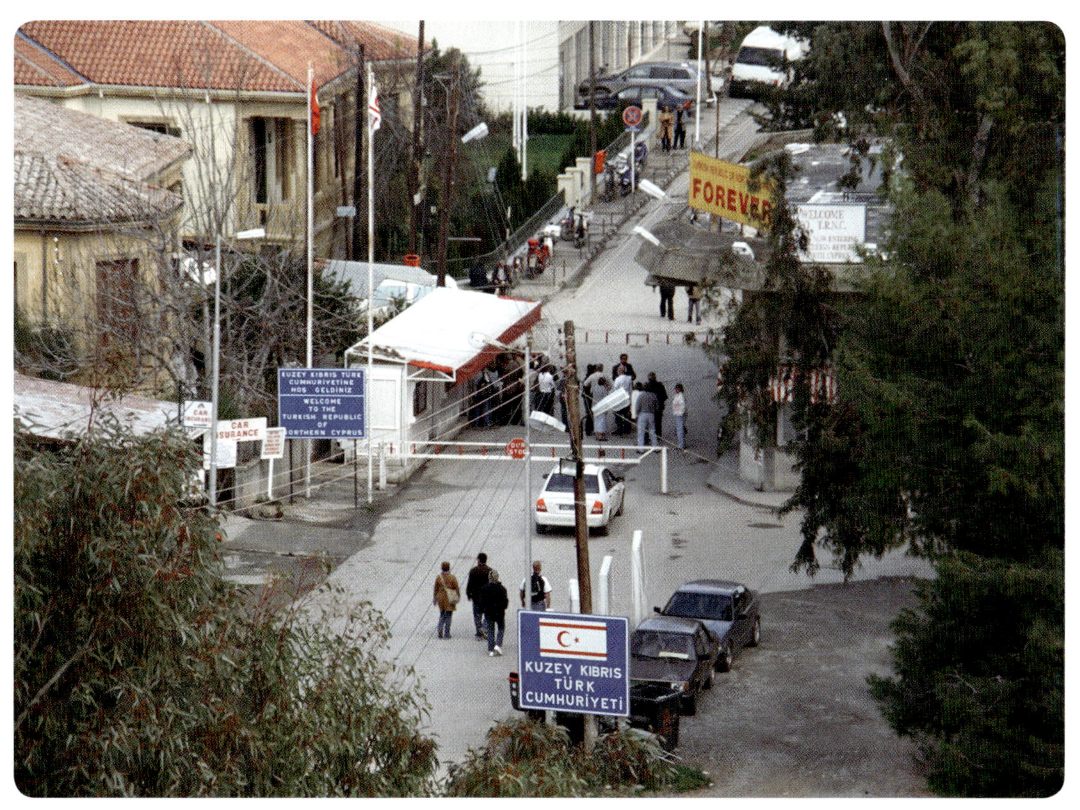
KUZEY KIBRIS TÜRK
CUMHURİYETİNE
HOŞ GELDİNİZ
WELCOME
TO THE
TURKISH REPUBLIC
OF
NORTHERN CYPRUS
CAR INSURANCE
FOREVER
WELCOME T.R.N.C.
KUZEY KIBRIS
TÜRK
CUMHURİYETİ

Monument of Sugar—
how to use artistic means to elude trade barriers

16mm film, colour, silent, 67 minutes, 2006–2007
with publications of the film's English running titles and translations into French and Chinese (32 pages)

MONUMENT EN SUCRE

COMMENT UTILISER DES MOYENS ARTISTIQUES POUR ÉCHAPPER AUX BARRIÈRES DOUANIÈRES

MONUMENT OF SUGAR, HOW TO USE ARTISTIC MEANS TO ELUDE TRADE BARRIERS

LA CONQUÊTE DE L'OCCIDENT
Reclaiming the Occident

RELATIVE AUTONOMIE
Relative Autonomy

MODÉLISER LE STANDARD
Modeling the Standard

RECHERCHE IN SITU
Research in Situ

INTERVENTION MINIMALE
Minimal Intervention

ADIEUX AU SITE DE PRODUCTION
Farewell to the Production Site

RETROUVER LES CUBES BLANCS
Recovering the White Cubes

TRAVAIL D'ATELIER AU LONG COURS
Drifting Studio Practice

Van Brummelen & De Haan
Paris - 2007

Les pancartes et le générique français du film 16mm
French translation of the title sequences of the 16mm film

MONUMENT OF SUGAR

HOW TO USE ARTISTIC MEANS
TO ELUDE TRADE BARRIERS

Van Brummelen & De Haan - 2007

LE RETOUR DU MATÉRIAU
The Return of the Material

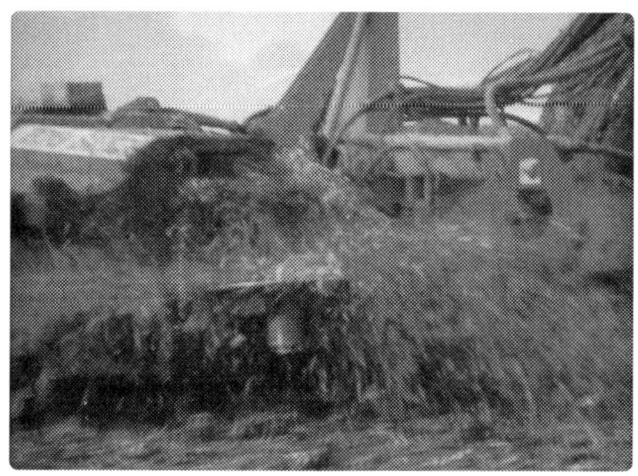

Il y a longtemps, la contrée sauvage des rives du Rhin fut partagée et distribuée à des groupes de paysans libres en échange d'une petite contribution annuelle. La construction d'un bon système de drainage était indispensable pour pouvoir exploiter les marécages. On transforma un bras de la rivière en canal et on creusa un système de fossés parallèles, à la perpendiculaire de cette première construction d'assainissement. Les parcelles ainsi récupérées avaient une largeur fixe de trente perches et une longueur de trois cents soixante perches, soit six voorlings. Le voorling correspondait à la distance que l'on pouvait labourer sans avoir à retourner la charrue. Une perche contenait douze pieds rhénans. Par décret du Roi de Hollande, le pied rhénan fut fixé à 0,3139465 mètre.

Long ago, the Rhineland wilderness was divided up and distributed to groups of freeholders in exchange for a small annual fee. Before the marshland could be used, a good drainage system had to be built. A branch of the river was turned into a canal and a system of parallel ditches was dug, running perpendicular to the reclamation work. The parcels of land thus created had a fixed width of thirty rods and a length of three hundred and sixty rods, or six voorlings. A voorling was the distance that could be plowed without having to turn the plough around. A rod contained twelve Rhineland feet. By decree of the King of Holland, the Rhineland foot was fixed at 0.3139465 of a meter.

Nous nous sommes rendus à Hrebenne, petit village rural à la frontière polono-ukrainienne, le jour où l'élargissement de l'Union européenne a pris effet. Tout en observant la file grandissante de voitures des deux côtés de la frontière, nous avons bavardé avec un paysan polonais. Il nous a offert des saucisses faites maison et du café. En nous passant le sucre, il dit en plaisantant que le *cukier* polonais sucrait deux fois plus depuis leur entrée dans l'Union européenne. Son prix avait flambé du jour au lendemain si bien que le sucre polonais était maintenant meilleur marché en Ukraine qu'en Pologne. Ce miracle commercial a été appelé le *phénomène de la 47e Rue*. Quel en est le mécanisme ? L'Europe protège ses producteurs de betteraves à sucre contre l'instabilité du marché des matières premières par une barrière douanière tenant les concurrents à distance. A l'intérieur des frontières douanières européennes, le marché du sucre est consolidé par un prix d'intervention fixé à une valeur bien plus élevée que celle du marché mondial. Les excédents en sucre sont liquidés sur le marché mondial grâce à une subvention à l'exportation.

Qu'est-ce qui justifie l'intervention de l'État ? Les agriculteurs européens mettent en avant la rigidité de l'agriculture liée à la lenteur de sa production et à sa dépendance aux conditions météorologiques. Ils soulignent l'importance en

We visited Hrebenne, a small rural village at the Polish-Ukrainian border, on the day the expansion of the European Union went into effect. While we observed the growing queue of cars on both sides of the border, we spoke to a Polish farmer. He offered us homemade sausages and coffee. When he handed us the sugar, he joked that the Polish *cukier* had become twice as sweet since their entry into the European Union. The price had multiplied from one day to the next. As a result, Polish sugar was now even cheaper in the Ukraine than in Poland itself. This market miracle is also called the *47th-Street-photo-phenomenon*. How does this phenomenon work? Europe protects her sugar beet growers against the instability of the international commodities market with a tariff wall, keeping out foreign competitors. Within the European trade block, the sugar market is consolidated with an intervention price that is several times higher than the world market price. Surplus sugar is unloaded onto the world market with additional export restitution.

What legitimizes intervention of the state? European farmers point to the inflexibility of agriculture, with its slow production and dependence on the weather. They stress Europe's high demands in environmental and labour protection, which foreign producers rarely have to deal with. Since sugar beets produce

Europe des exigences élevées en matière d'environnement et de protection des travailleurs que ne connaissent pas la plupart des producteurs non européens. De plus, les betteraves à sucre produisant quatre fois plus d'oxygène par hectare que les forêts, leur culture participe largement à la compensation des émissions de dioxyde de carbone. Dans l'avenir, lorsque les carburants fossiles seront épuisés, le sucre pourrait constituer une matière première cruciale permettant de produire du bioéthanol, et ce serait une erreur stratégique que de dépendre des producteurs non européens. Toutefois, l'Organisation mondiale du commerce a condamné la politique du sucre européenne qu'elle considérait comme de la concurrence déloyale ou du dumping.

four times more oxygen per hectare than forests do, their cultivation makes an important contribution to the compensation of carbon dioxide emissions. In the future, when we run out of fossil fuels, sugar could play an important role in the alternative energy market in the form of raw material for bio-ethanol, and it would not be strategic to depend on foreign producers. Nevertheless, the World Trade Organization condemned European sugar politics as unfair competition, or dumping.

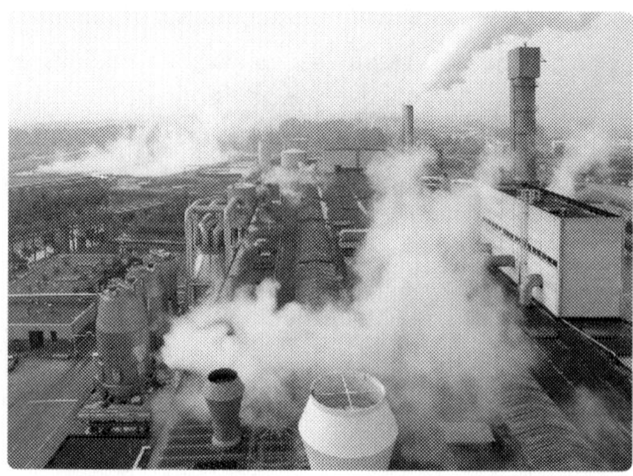

Un ami portugais nous a raconté un jour que les Maures, lors de leur conquête de la Péninsule ibérique, avaient introduit le sucre et l'esclavage. Les marins ibériques ont à leur tour apporté le sucre en Amérique du Sud où ils ont mis en place des plantations de cannes à sucre et des usines sucrières où travaillaient des esclaves. Un roi yoruba proposa à des commerçants portugais d'organiser dans le port maritime de Lagos, sur la côte ouest de l'Afrique, un marché d'esclaves qui fournit par la suite de la main d'œuvre à presque toute l'industrie sucrière transatlantique, bien après l'abolition de l'esclavage. Ce fut le début d'un flux transatlantique important de sucre de canne vers l'Europe. Ce n'est qu'à la fin du XVIIIe siècle qu'on découvrit qu'outre la canne à sucre, les betteraves poussant sous le climat froid de l'Europe

A Portuguese friend once told us that when the Moors conquered the Iberian Peninsula, they introduced sugar and slavery. Iberian sailors brought Moorish sugar to South America, where they set up sugarcane plantations and sugar factories that were manned by slaves. A Yoruba king invited Portuguese traders to set up a slave market in the seaport of Lagos, on the West Coast of Africa, which provided almost the entire transatlantic sugar industry with manpower until long after slavery was abolished. A large flow of cane sugar across the Atlantic to Europe was inaugurated. The fact that sugar could be obtained not only from tropical sugarcane, but also from beets grown in Europe's chilly climate was not discovered until the end of the eighteenth century, when a pharmacology student from Berlin succee-

pouvaient fournir du sucre, grâce aux recherches d'un étudiant en pharmacologie de Berlin qui réussit à cultiver les premières betteraves à haute teneur en sucre à partir de la betterave fourragère blanche. La première usine de betterave à sucre, subventionnée par le gouvernement prussien, a été mise en service en Silésie. La toute nouvelle industrie sucrière bénéficia d'un coup de pouce inattendu lorsque les Français et les Anglais mirent en place un blocus commercial dans leur combat pour la domination coloniale. Le système continental et le blocus anglais gelèrent quasi totalement le commerce international, rendant impossible l'importation du sucre des colonies. Avec le soutien de Napoléon, un grand nombre d'usines de betteraves à sucre furent installées en France, sur les territoires allemands, dans ce qui est la Belgique actuelle et aux Pays-Bas. Par la suite, à la levée des blocus, cette industrie s'effondra. Après l'abolition de l'esclavage, la culture de la betterave à sucre redevint à nouveau rentable, mais depuis la mécanisation de la production, elle ne peut survivre sans protection politique, parce que l'arrachage des betteraves des sols argileux et le long processus de raffinage requièrent trop d'énergie.

ding in cultivating the first beets with high sugar content, from the white mangold-wurzel. The first sugar beet factory, subsidized by the Prussian government, was put into operation in Silesia. The young sugar beet industry received an unexpected boost when the French and English set up trade blockades in their struggle for colonial power. Napoleon's Continental System and the English Blockade brought international trade to a virtual standstill, making it impossible to import sugar from the colonies. With support of the French emperor, countless sugar beet factories were built in France, the Netherlands, Germany and Belgium. When the trade blockades were subsequently lifted, the sugar beet industry collapsed. The abolition of slavery made beet sugar profitable again, but ever since production became mechanized, sweet beets cannot survive without political protection, because their uprooting from clay soils and longer refining process take too much energy.

RELATIVE AUTONOMIE

En tant qu'artistes néerlandais, nous avons l'habitude de la participation de l'État à nos productions. Les subventions nous permettent, de même qu'aux producteurs sucriers européens, de travailler dans une relative autonomie et de faire face à la concurrence sur le marché international. Nous apprécions naturellement notre position privilégiée, mais il nous arrive parfois de ressentir une certaine ambivalence. Nos réserves à l'égard de notre indépendance subventionnée nous ont poussés à fouiller plus profond dans la matière première du sucre.

Being Dutch artists, we are familiar with governmental involvement with our production. State support enables us, just as it does European sugar growers, to work in relative autonomy and compete in the international market place. Although we enjoy our privileged position, we sometimes sense some ambivalence. Reservation about our subsidized independence incited us to dig deeper into the raw material of sugar.

MODÉLISER LE STANDARD

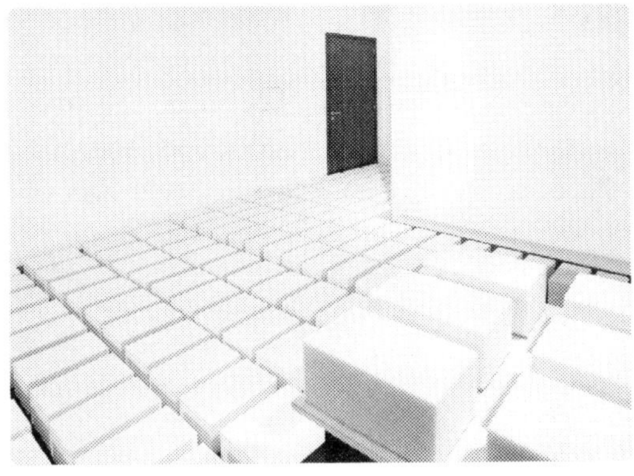

Nous étions intrigués par le fait que le sucre que nous achetions dans nos magasins puisse être proposé pour trois fois rien en dehors de l'Europe. Toutes les statistiques commerciales concernant le cash flow indiquaient que la majeure partie du sucre européen était exportée au Nigeria. Nous étions surpris d'apprendre que l'Europe écoulait ses excédents en sucre dans cette région, d'autant plus que la côte de l'Afrique de l'Ouest bénéficie des conditions climatiques idéales pour la culture de la canne à sucre. Nous sommes partis pour Lagos, munis de ces informations. L'idée était de renverser le flux de sucre en achetant l'excédent européen, bon marché, au Nigeria et en l'embarquant à nouveau pour l'Europe. Pour échapper aux barrières douanières européennes contre les importations de sucre, nous avions prévu une intervention

It intrigued us that the same sugar we could buy in our local store would be offered for a trifle outside of Europe. All the trade statistics that charted cash flow indicated that the bulk of European sugar was being exported to Nigeria. We were surprised to learn that this region was where Europe was dumping its surplus sugar, especially since the African West Coast has the perfect climatic conditions for growing sugarcane itself. With data in hand, we departed for Nigeria. The plan was to turn the flow of sugar around, by purchasing Europe's cheap surplus sugar in Nigeria and shipping it back home. To elude the European trade barrier against sugar imports, we would make use of a minimal artistic intervention to turn the sugar crystals in situ into sculptural blocks, bringing them into Europe as a

artistique minimale consistant à transformer les cristaux de sucre in situ en blocs sculpturaux et de les rapporter en Europe sous la forme de « monument en sucre ». Nous pouvions ainsi déposer notre demande d'importation selon le Code commercial uniforme de la Loi 9703, qui s'appliquait à « tous les monuments et sculptures originaux, quel qu'en soit le matériau de fabrication ».

'monument of sugar'. In this way, we could submit our import application under the Uniform Commercial Code Law 9703, which applied to 'all monuments and original sculptures, regardless of the material in which they are produced'.

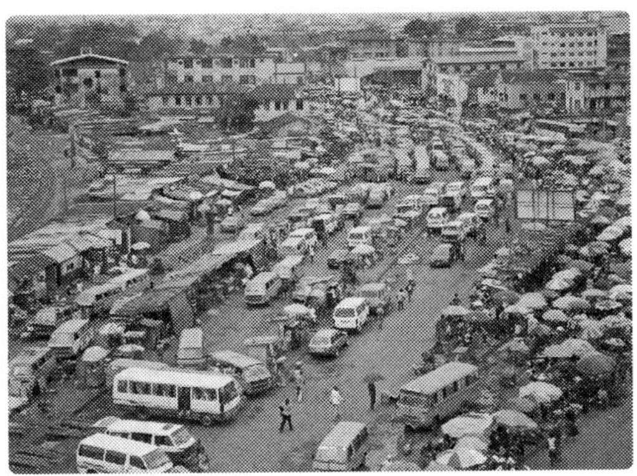

A notre arrivée à Lagos, tout était différent de ce que nous avions imaginé. L'infrastructure déficiente de la métropole grouillante, où l'eau et l'électricité sont sans arrêt coupées, où la circulation est paralysée par les embouteillages, où la plupart des quartiers ne figurent pas sur la carte, où pratiquement tout le monde fait du marché noir et où la police est si corrompue qu'elle inspire plus de crainte que les voyous du coin, tout cela rendait notre recherche quasiment impossible. Le personnel des monopoles nationaux et des sociétés multinationales qui contrôlent les importations était méfiant et peu communicatif. Les autorités portuaires étaient également inaccessibles, mais de toutes façons, il est peu probable qu'elles aient pu nous aider : le flux gigantesque de marchandises dépassait déjà les capacités de leur administration.

When we arrived in Lagos, nothing was as we had imagined it to be. The inadequate infrastructure in the teeming metropolis, where water and electricity services continually break down, traffic grinds to a complete halt, large numbers of residential districts are not on the map, practically everyone works on the black market and the police are so corrupt that they inspire more fear than the area boys, all of this made our research nearly impossible. The personnel at national monopolists and multinational firms that control the import economy were suspicious and uncommunicative. The Port Authority was also unapproachable, but they probably could not have helped us much anyway. The enormous flow of goods was already more than they could administratively handle. Calling around for

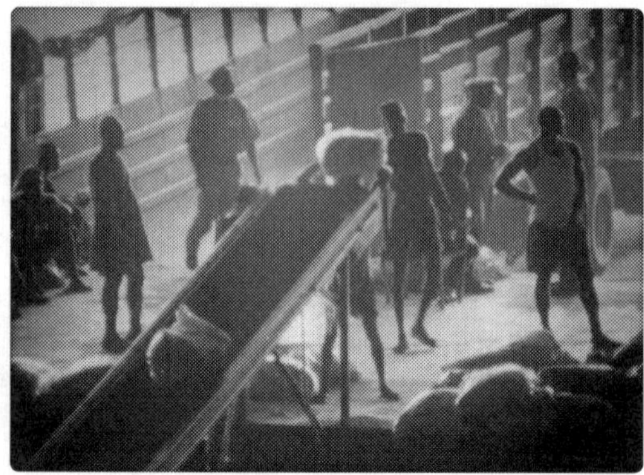

Impossible également d'envisager de chercher des informations par téléphone. Le réseau de téléphone portable était en panne la plupart du temps et lorsqu'il fonctionnait, la communication était si mauvaise que le pidgin, un mélange d'anglais et de langues indigènes parlé avec beaucoup de volubilité, se transformait en braillements inaudibles dont il était impossible de distinguer les mots. Le seul moyen de communiquer consistait à rendre visite personnellement à ses interlocuteurs, en taxi. Nous alternions les longues heures passées dans des files de camions délabrés avec de courtes visites aux différentes sociétés portuaires. Dans ces conditions, notre progression se limitait à un pas par jour.

Après des semaines de travail sur le terrain, l'énorme flux de sucre européen que suggérait notre documentation restait information was hardly an option. The mobile network was down most of the time, and when it did work, the connection was so distorted that the Pidgin, a mixture of English and indigenous languages spoken with considerable spirit, became a drowning blare, in which separate words could no longer be distinguished. The only way to communicate was to visit every-one in person, by taxi. Endless crawling in queues of ramshackle trucks alternated with brief visits to the various port companies. Under the circumstances, our progress was just one step a day.

After weeks of fieldwork we had still found no trace of the huge flow of European bulk sugar that our data had suggested. One reputedly reliable shipping agent recalled having seen a ship carrying French St. Louis sugar a few

introuvable. Un agent maritime réputé digne de confiance se souvint d'avoir vu quelques années auparavant un cargo français transportant du sucre Saint Louis. Mais d'après lui, les importations de sucre européen se faisaient essentiellement sur papier, pour empocher des subventions à l'exportation. Tout à fait par hasard, nous avons rencontré un employé du plus grand importateur de sucre du Nigeria : Dangote. Cette société monopoliste avait la réputation d'utiliser des méthodes sans scrupules pour chasser les concurrents de ses marchés : attaque des camions, confiscation des cargaisons et pots-de-vin aux douaniers pour qu'ils fassent du zèle et provoquent ainsi des retards coûteux. Nous avons été invités à visiter l'usine sucrière Dangote, située dans une enceinte gardée comme une forteresse. Par une température atteignant des pics de 50°C, le directeur général nous déclara, en s'égosillant pour couvrir le vacarme des machines, que le sucre de betterave européen n'était plus compétitif depuis des années. En dépit des subventions, son prix restait trop élevé parce que le sucre blanc européen était soumis à des taxes à l'importation bien plus élevées que le sucre non raffiné. C'était pourquoi Dangote importait tout son sucre du Brésil en vrac.

A notre grande surprise, le sucre n'était absolument pas bon marché au Nigeria, ce qui était apparemment dû aux years ago and suggested that nowadays, European sugar imports primarily took place on paper, in order to rake in export subsidies. By chance, we happened to meet an employee of Dangote, Nigeria's largest importer of sugar. This monopolist was known to use unscrupulous tactics to scare competitors away from its markets. Trucks were held up, cargoes confiscated and customs officials bribed into meticulously sticking to the rules in order to generate costly delays. We were invited for an excursion through the Dangote plant, in a heavily guarded compound in the harbour. Over the roaring noise of the machinery and with the temperature peaking at 50°C, the General Manager shouted that European beet sugar had not been competitive for years. Despite the subsidies, its price was too high, because Europe's white sugar was taxed much more heavily on import to Nigeria, than raw sugar. He claimed that all sugar in Nigeria was raw bulk coming from Brazil.

Much to our surprise, Dangote's sugar was by no means cheap. After overseas transport, a good many levies and the obligatory vitamin A fortification, the price was as high as in Europe. It turned out that our 1000 euros could only buy bulk material for 144 sugar blocks, bringing the Nigerian sugar to the equivalent of 16 blocks more expensive than our European benchmark, and 273

stocks importants de *Bonny Light* dans le pays. Les profits élevés obtenus en exportant cette huile avaient entraîné une surévaluation du *Naira* et l'importation des denrées était devenue plus économique que leur production. Pendant des années, les autorités tentèrent en vain de renverser la tendance en soumettant tous les produits étrangers à de fortes taxes, ce qui fit grimper les prix des produits de base. Une fois ajouté les taxes, le coût de l'enrichissement en vitamine A, le transport maritime et la marge bénéficiaire, le prix du sucre avait atteint le niveau européen. En fin de compte, nos 1000 euros suffisaient tout juste à acheter le matériau en vrac de 144 pains de sucre, si bien que le sucre nigérian s'avérait 16 pains plus cher que le standard européen et 273 pains plus cher que le prix du marché mondial. En nous serrant la main au moment de notre départ, le directeur général de Dangote nous conseilla vivement de nous dépêcher d'acheter de grandes quantités de sucre, parce que le prix allait monter en flèche à l'approche de la Fête du Sucre, ce que d'ailleurs notre chauffeur de taxi musulman nous avait déjà signalé à plusieurs reprises. Le sucre avait effectivement disparu des rayons. En fin de compte, pour renverser l'énorme flux de sucre provenant d'Europe, nous devions compter sur du matériau brut en vrac du Brésil, raffiné et enrichi au Nigeria.

blocks more expensive than the world trading price. The country's large stocks of *Bonny Light* were said to be the primary cause. The high earnings generated from the export of this oil had led to overvaluation of the *Naira*, so that it had become cheaper to import commodities than to produce them. For years, the government has futilely attempted to turn the tide by imposing large levies on all foreign goods, making everyday life very expensive. When we shook hands to take our leave, the General Manager strongly advised us to make haste in buying large quantities of sugar, because the price would skyrocket as the Sugar Festival approached, something which our Islamic taxi driver had already mentioned several times. Shelves were indeed being emptied of sugar. It seemed that in order to reverse that enormous flow of sugar from Europe, we would have to rely on Brazilian sugar refined and fortified in Nigeria.

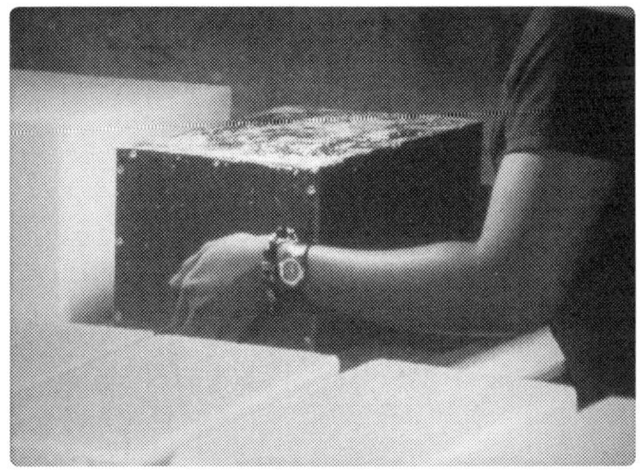

On nous donna l'autorisation de travailler dans l'ancien abri à voitures de la Galerie Nationale, situé au beau milieu d'un marécage et baptisé Universal Studios par trois sculpteurs sur bois : M. Bisi, M. Monday et M. Babatunde. Notre intervention minimale se transforma en opération de haute précision. Les cristaux du sucre nigérian étaient plus difficiles à modeler en une substance stable que ceux dont nous avions l'habitude en Europe. L'hypothèse selon laquelle l'enrichissement avait altéré les propriétés du matériau s'est avérée confirmée lorsque nous avons découvert que les usines de Coca-Cola locales se faisaient livrer du sucre sans vitamine, parce que cette adjonction changeait à la fois la couleur et le goût du produit et en réduisait la durée de conservation. Du fait de l'humidité tropicale, les pains de sucres déjà naturellement

We were given permission to work in the National Gallery's former carport, in the middle of a swamp and baptized as Universal Studios by three woodcarvers: Mr. Bisi, Mr. Monday and Mr. Babatunde. Our minimal intervention proved to be a painstaking procedure. Nigeria's sweet crystals were more difficult to shape into a stable substance than the ones we were accustomed to in Europe. Our deduction that the fortification had altered the material characteristics was confirmed when we found out that local Coca-Cola factories had their sugar delivered without vitamin, because it changed both the colour and the taste and reduced shelf life. Due to the tropical humidity, the already brittle sugar blocks refused to dry out, transforming themselves from sharp white cubes into grimy sagging lumps, with little trace of right angles.

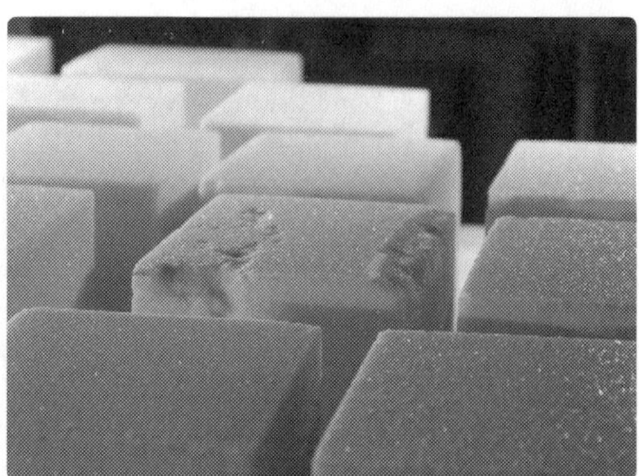

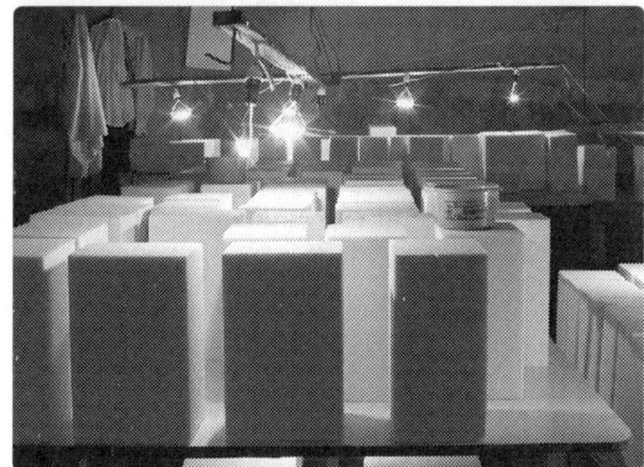

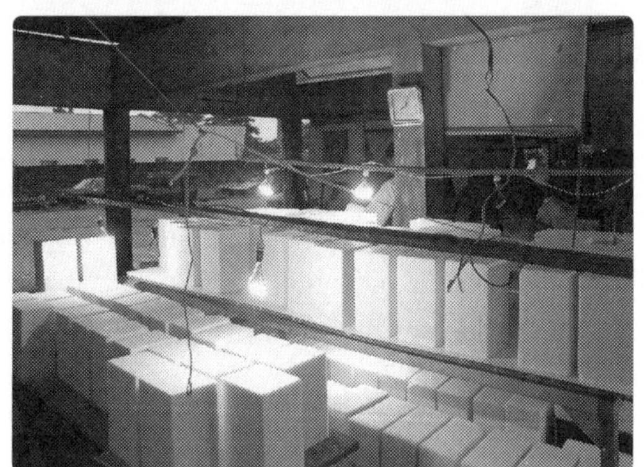

friables refusaient de sécher et les cubes blancs aux arrêtes tranchées se transformaient en grumeaux sales et flasques d'où tout angle droit avait disparu. La seconde saison des pluies venait juste de commencer et l'eau tombait à verse pratiquement chaque jour. Le toit en tôle ondulée fuyait de partout et au moindre moment d'inattention, les gouttes de pluies creusaient des trous brunâtres dans les surfaces blanches. Un soleil artificiel bricolé avec des lampes de chantier et du fil à souder permettait de pallier à ces inconvénients, mais il attirait des hordes d'insectes dont les restes calcinés formaient des fossiles dans le sucre. Le système de séchage cessait de fonctionner lorsque la Nigerian Electric Power Agency tombait en panne, ce qui arrivait quotidiennement. Elle avait d'ailleurs été surnommée *Never Expect Power Again* ce qui signifie en anglais « ne vous attendez plus jamais à avoir du courant ». On pouvait brancher la moitié du système sur un groupe électrogène, à condition d'avoir du carburant. En dépit de ses énormes champs pétrolifères, le Nigeria importait le pétrole et le prix en était assez élevé. Malgré les bons conseils et les nombreux coups de main dont nous bénéficiions, la transformation des blocs avançait à une lenteur exaspérante. Nous avons peu à peu commencé à comprendre pourquoi il était si difficile d'installer une chaîne de production dans ce pays.

The second rainy season had just begun, with water coming down in buckets almost every day. The corrugated roof leaked everywhere, and if we were not careful, raindrops bored brown holes into the white surfaces. An artificial sun, jerry-built from construction lights and welding wires, offered a solution, but it attracted hordes of insects, whose scorched remains were left in the sugar as fossils. The drying unit didn't work when the Nigerian Electric Power Agency system failed, which was on a daily basis. By now, the NEPA had been dubbed, *Never Expect Power Again.* Half of the unit could be hooked up to a generator, but this required fuel. Petrol was expensive and could only be obtained when it was not raining. Although there was always someone around to give us some good advice and helping hands were present in abundance, manufacturing the blocks progressed with agonizing slowness. Gradually, we began to comprehend why it was so difficult here to set up a production line.

« Vous avez réussi par la grâce de Dieu ». C'est ce qu'ils dirent tous quand le travail fut achevé. Les « sucres » étaient prêts pour le transport. Les Nigérians sont très religieux : la moitié d'entre eux sont chrétiens et l'autre moitié musulmans, mais ils perçoivent avant tout le monde en terme d'obtention ou de maintien de la prospérité. Les nouvelles acquisitions sont bénies par une prière commune et dûment célébrées. Conformément à cette coutume nigériane, nos créations en sucre furent lavées avec des poulets rôtis et de la bière brune. Notre chauffeur de taxi n'avait pas le droit de manger avec nous. Non seulement il faisait ramadan, mais de plus l'un de ses ancêtres paternels avait été sauvé autrefois, alors qu'il mourait de soif, par un coq qui l'avait conduit à un ruisseau. L'ancêtre reconnaissant avait déclaré la viande de coq taboue. Si des membres de sa famille en mangeaient, leurs bouches se mettraient à enfler.

Le système astucieux de transport du sucre en tant que « monument » du Nigeria vers l'Europe que nous avions imaginé pour éviter de payer les taxes s'est révélé beaucoup moins rentable que nous l'espérions. Au Nigeria, l'exportation d'œuvres d'art était soumise à des mesures légales destinées à endiguer l'exode des objets anciens et autres trésors artistiques, mais par souci de simplicité elles s'appliquaient à tous les artéfacts. Pour pouvoir quitter le pays, les œuvres d'art devaient avoir

"You succeeded with God's blessing," everyone told us when the work was done. The sugars were ready for transport. Nigerians are very religious, half of them Christian, half Muslim, but they above all perceive the world in terms of obtaining or maintaining prosperity. New acquisitions are blessed with a communal prayer and duly celebrated. In accordance with this good Nigerian custom, the sugar blocks were washed with roast chicken and extra stout beer. Our taxi driver was not allowed to eat with us, for not only was he observing Ramadan, but a forefather of his father's had once been saved from extreme thirst by a rooster that had led him to a creek. The grateful ancestor had declared a ban on rooster meat. If members of his family ate male chicken, their mouths would swell up.

Our clever scheme for transporting the sugar as 'monument' from Nigeria to Europe to elude paying duties proved less efficient than expected. In Nigeria, exportation of a work of art was subject to a statutory restriction, a protective regulation created to stop the exodus of antiques and other art treasures, but which for the sake of convenience, applied to all artefacts. Works of art could only leave the country with an *export permit* from the National Commission for Museums and Monuments. It took a full afternoon of haggling about

obtenu un *permis d'exportation* délivré par la commission nationale des Musées et Monuments. Nous avons passé tout un après-midi à épiloguer sur le statut artistique d'un bloc de sucre, avec quatre femmes du bureau des exportations. Elles ont fini par accepter nos arguments et nous avons été autorisés à payer leur commission, fixée selon l'humeur du jour. Ce n'est qu'après un long marchandage que nous avons réussi à la faire baisser à la valeur normale de dix pour cent de la valeur de l'œuvre.

Habituellement, le transport longue distance des œuvres d'art se fait par avion, mais notre budget d'artistes ne nous le permettait pas. Pour pouvoir transporter les pains de sucre, qui grâce aux efforts répétés de nombreuses personnes étaient enfin secs et relativement uniformes, nous devions compter sur un mode de transport plus lent, le bateau, qui est généralement utilisé pour transporter les matières premières à travers les océans. On nous conseilla d'éviter les multinationales trop chères et de nous adresser à un petit transporteur nigérian. Le directeur en personne organisa en un tour de main la totalité du transport de l'atelier jusqu'au port. Il nous assura que nous n'avions aucune raison de nous inquiéter. Nous aurions notre propre conteneur de 20 pieds, parce que le Nigeria n'autorise pas le système LCL de groupage des marchandises. Vu les difficultés gigantesques

the artistic status of a sugar block with four women at the export office. They finally agreed, and we were permitted to pay their mood-dependent service charge, which we managed to bargain down, again after long negotiations, to the normal rate of ten percent of the value of the work.

The usual means of transporting works of art across long distances is by air, but our artists' budget was too meagre for that. In order to transport the sugar blocks, which thanks to so much effort on the part of so many were finally dry and reasonably uniform, we had to rely on slow transport, by boat, in the same way that commodities generally move around the world's oceans. We were advised to avoid expensive multinationals and use a smaller Nigerian freight forwarder. With the help of some high-pitched incantations, the director organized the entire transport from door to port in a wink. He assured us that we need have no worries at all. We would have our own 20-foot container, because Nigeria did not allow LCL (Less than a Container Load). Given the enormous difficulty that the Port Authority already had managing whole containers, splitting up the contents of containers into separate loads was probably one bridge too far. We would be able to follow the progress of our container at any time, by way of an ingenious tracking system. He

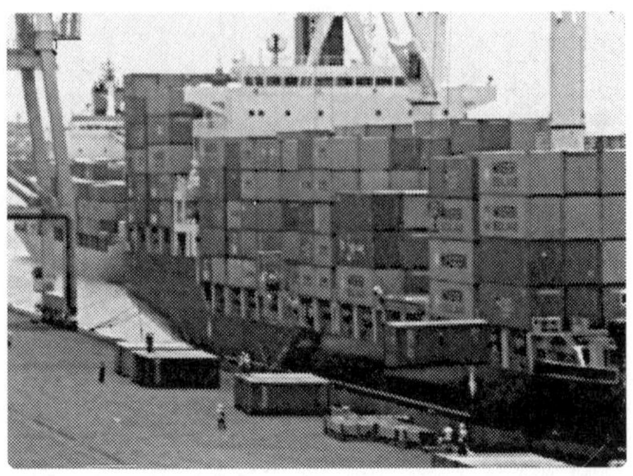

qu'avaient déjà les autorités portuaires à organiser le transport de conteneurs entiers, il était visiblement hors de leur portée de dégrouper les marchandises des conteneurs en fonction de leur destinataire. Nous pourrions suivre la progression de notre conteneur à tout moment grâce un ingénieux système de traçage. Il nous montra fièrement le serveur équipé d'un système UPS (alimentation électrique continue), qui contrôlait en permanence toutes les cargaisons en mer. Nous avons placé notre commande en toute confiance.

proudly showed us the server connected to Uninterruptible Power Supply, which permanently monitored all cargoes at sea. With total confidence we placed our order.

ADIEUX AU SITE DE PRODUCTION

Nous n'avons jamais vu fonctionner le fameux système de traçage. Au cours des premières semaines, nos pains de sucre firent un voyage administratif le long des diverses autorités portuaires de Lagos, et pendant cette période aucun traçage ne fût possible. Puis, quand le navire transportant notre conteneur quitta enfin le port, le système tomba en panne, ennonçent une erreur fatale à chaque tentative de connexion. L'armateur nous annonça que le traçage s'était effectivement buté à un problème insurmontable pendant le Festival du Sucre, le jour même où le navire prenait la mer avec nos pains de sucre. Personne n'avait la moindre idée du point de l'océan où pouvait bien se trouver notre cargaison, ni du port et de la date de son arrivée en Europe. Plusieurs semaines s'écoulèrent sans le moindre éclaircissement, jusqu'au jour où arriva un message nous annonçant que le navire avait été signalé dans les environs d'Anvers.

We never saw the famous tracking system at work. During the first few weeks, our sugar blocks made an administrative journey along all the various harbour authorities of Lagos, a stage during which nothing could be tracked. Then, when our container ship finally left the harbour, the system suffered a blackout, crashing on a fatal error whenever we logged on. The transport firm reported that the tracking had indeed suffered an irresolvable problem since the Sugar Festival, the very day the ship set out to sea with our sugar. No one had any idea where on the world's oceans our shipment might be, or where and when it might arrive in Europe. More weeks went by with no further enlightenment, until we finally received notice that the ship had been sighted near Antwerp.

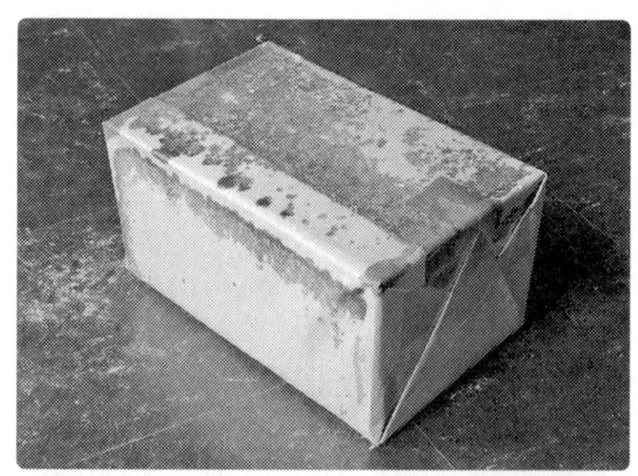

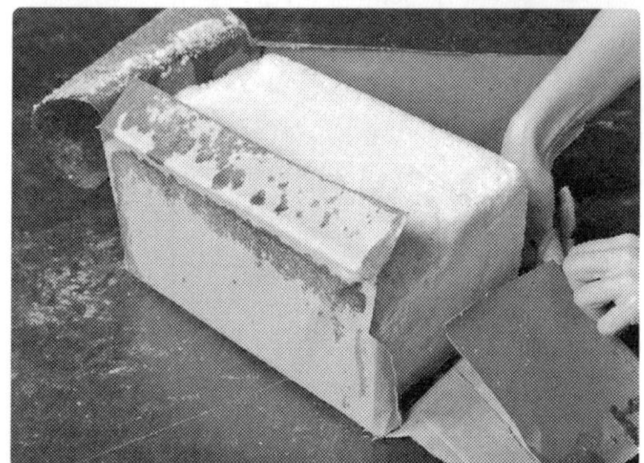

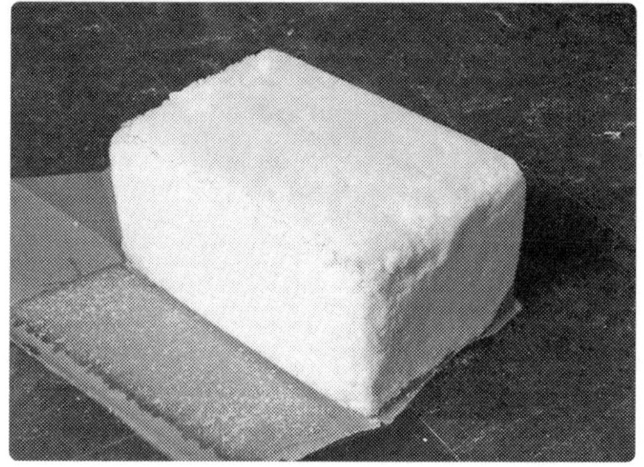

Nous avions déposé une grande quantité de silice dans le conteneur, pour absorber l'humidité, mais à l'ouverture, nous fûmes submergés par une forte odeur de moisi. Les pains étaient mous comme du beurre et quasiment impossibles à extirper de leur emballage. Comment toute cette humidité avait-elle pu pénétrer dans nos pains ? N'étaient-ils secs qu'en surface ? Ou peut-être que le conteneur n'était pas imperméable et avait laissé passer la pluie et l'eau de mer. Ou alors, était-il trop bien isolé, comme un cube de condensation, et l'air tropical était-il tombé en pluie sur la cargaison lors du refroidissement ? Nos questions restèrent sans réponse. Ce n'était pas une mince affaire que de renverser l'entropie qui s'était manifestée et d'empêcher la dissolution des blocs. Nous avons accompli en quelque sorte notre travail de deuil en épluchant le papier d'emballage collant de nos pains de sucre, puis en tentant une nouvelle fois de faire sécher les tas détrempés.

A generous quantity of silica gel had been put in the container to absorb excess moisture, but when it was opened, we were met with the heavy stench of mildew. The blocks were softer than butter and almost impossible to extricate from their packaging. How could all that moisture have gotten into our blocks? Had they only been dry on the surface? Maybe the container was not waterproof, and rain or ocean water had gotten in. Or had it in fact been too well insulated, like a condensation cube, with its sealed-off tropical air expelling moisture by raining onto the cargo when it started to cool down? The questions remained unanswered. It would be no easy matter to reverse the entropy that had set in and save the blocks from dissolving. Like *Trauerarbeiter*, we peeled the sticky packing paper away from our tormented sugar loafs and once again tried to dry out the soggy lumps.

Nous avions réussi à renverser le flux de sucre en en transportant du Nigeria en Europe tout en échappant aux barrières douanières européennes. Mais nous n'avons jamais trouvé de surplus européens vendus à prix bas. En fin de compte, les barrières douanières auxquelles nous nous étions heurtés étaient plus nombreuses que celles que nous avions réussi à esquiver, si bien que notre sucre était finalement plus cher qu'en Europe. Un Français philosophe tenta de nous consoler en affirmant qu'au cours de leur voyage, nos modules en sucre s'étaient transformés d'objets autonomes et modernistes en choses ayant noué une relation avec le monde. Mais forts de notre expérience, nous savions que si c'était à refaire, il nous faudrait suivre le matériau subventionné depuis son origine, sans le perdre de vue, et trouver un moyen d'éviter son imposition dans le pays d'importation. La solution consistait peut-être à installer un atelier à bord d'un navire sucrier européen prêt à partir.

We had succeeded in reversing the flow of sugar by transporting sugar from Nigeria to Europe and we also managed to avoid the European tariff barrier. We never did find any dumped European sugar. In the end, we fell prey to more tariff barriers then we succeeded in avoiding, so the sugar proved more expensive than at home. A philosophical Frenchman tried to console us with the argument that our sugar modules had been altered by their journey from autonomous, modernistic objects into things that had engaged in a relationship with the world. But we knew better. If we were to do it over we would follow the subsidized materials from their source, we would not lose sight of them, and we would find a way to avoid their taxation on reaching land. Perhaps we could arrange a studio on board an embarking European sugar ship.

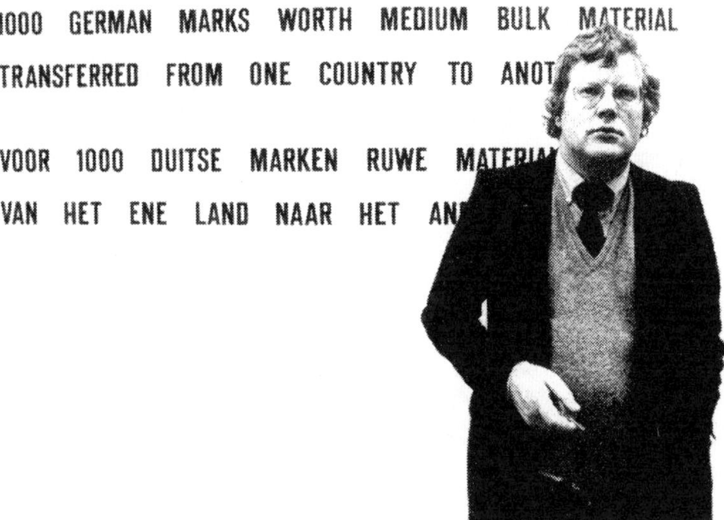

1000 GERMAN MARKS WORTH MEDIUM BULK MATERIAL
TRANSFERRED FROM ONE COUNTRY TO ANOT

VOOR 1000 DUITSE MARKEN RUWE MATERIA
VAN HET ENE LAND NAAR HET AN

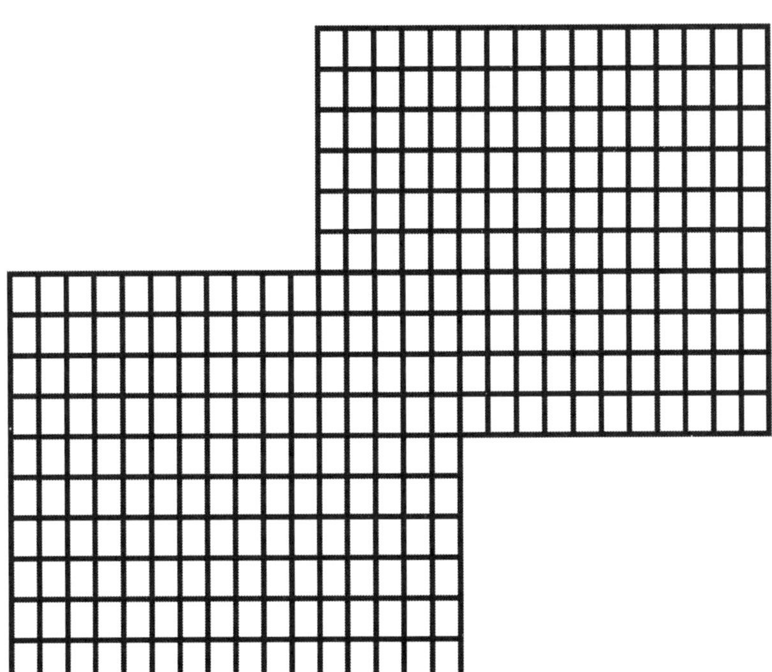

De: Ovbiebo Richardson et Diana Ubah
Objet: Juste à temps
Envoyé le: 30 novembre 2006
À l'attention de: Lonnie van Brummelen et Siebren de Haan

Nous déplorons vraiment ce qui s'est passé, mais nous espérons que c'est
pour le mieux. Cela ajoute du moins un élément de plus à l'histoire du voyage
de l'oeuvre d'art venant du Nigeria, en Afrique.
Remercions le ciel qu'elle soit arrivée à bon port.

Le séjour à béni

Richardson et Diana

Lonnie van Brummelen et Siebren de Haan ont écrit :

Chers Richardson et Diana,

Les cubes de sucre sont arrivés lundi dernier, juste à temps pour l'ouverture.
Ils ont voyagé en mer pendant presque deux mois et ont absorbé beaucoup
d'humidité pendant leur transport. Nos cubes bien formés se sont transformés
en amas informes. Espérons qu'ils sècheront pendant l'exposition et qu'ils
seront assez solides pour supporter un nouveau transport.

Bien amicalement,

Lonnie et Siebren

From: Obvwiebi Richardson and Ezinne Ubah
Subject: Just in time
Sent: 30 November 2006
To: Lonnie van Brummelen and Siebren de Haan

Well we are not too happy that this happened but we want to believe it is
for the best. At least it adds to the story of the work as travelling piece
from Nigeria. Let's thank God it arrived at all.

Stay blessed.

Richardson and Diana

Lonnie van Brummelen and Siebren de Haan wrote:

Dear Richardson and Diana,

The sugar cubes arrived this Monday, just in time for the opening. They were
travelling on the sea for almost two months altogether and somehow attracted
a lot of humidity during their journey. Our neat cubes turned into shapeless
lumps. Hopefully the sugars can dry during the exhibit, so that they will become
solid enough to be transported again later.

Best,

Lonnie and Siebren

COLOPHON

Les œuvres *European Benchmark* et *Fortified Nigerian Sugar weakened by second rainy season and overseas transportation* ont été produites respectivement à Paris, France et à Lagos, Nigeria, à l'automne 2006. Les deux quantités de sucre furent transportées sous forme de blocs des deux sites de production vers les Pays-Bas afin d'être montrés au Stedelijk Museum d'Amsterdam pour l'exposition *Just in Time*, à l'hiver 2006/2007. Après cette première installation, tous les blocs de sucre furent envoyés en France, pour être exposés au Palais de Tokyo à Paris. L'exposition *Monument en sucre* se tient au printemps 2007 dans le Module. Depuis Paris, les blocs de sucre seront acheminés vers Bruxelles en Belgique. Ils seront alors exposés à Argos - Centre for Art & Media pendant l'été 2007 dans l'exposition *Monument of Sugar*.

Cette publication contient les pancartes et le générique français du film 16mm *Monument of Sugar - how to use artistic means to elude trade barriers*, 63 min., muet, Van Brummelen & De Haan, 2006/2007.

Texte et photos de tournage du film 16mm : Siebren de Haan, Lonnie van Brummelen | Traduction du néerlandais vers l'anglais : Mari Shields, Jane Bemont | Traduction de l'anglais vers le français : Josiane Bardon | Corrections en français : Daria de Beauvais | Image : statement de Lawrence Weiner, *Conceptual art in the Netherlands and Belgium 1965-1975*, p. 33 *The obsession of a pure idea*, NAi publishers, Rotterdam, 2002 | Ouvrage composé en : Garamond, Franklin Gothic Extra Condensed | Impression : SSP Amsterdam | Edition 1000 | Sucre : CSM Suiker, Amsterdam et Dangote Sugar Ltd., Lagos, Nigeria | Pellicule film négatif couleur : Fuji, Amsterdam | Pellicule film négatif n/b : Kodak, Paris | Titres du film 16mm : Color by de Jonghe, Bruxelles, Belgique | Épreuve de tournage : Cineco, Amsterdam.

Publié à l'occasion de *Monument en sucre*, Palais de Tokyo, Module, 3 mai - 3 juin, 2007.

Dans le cadre de la Saison Néerlandaise en France. Avec le soutien de Dutch Culture Fund, de l'Institut Néerlandais et de Haut les Pays-Bas, VSB Fonds, Fonds BKVB, Filmfund, Cité des Arts Internationale de Paris.

Remerciements

Palais de Tokyo : Marc-Olivier Wahler, Claire Staebler, Daria de Beauvais, Institut Néerlandais : Marieke Wiegel, Argos - Centre for Art & Media : Katerina Gregos.

Pour plus d'informations, voir *Monument of Sugar, scenario*

European Benchmark and *Fortified Nigerian Sugar weakened by second rainy season and overseas transportation* were produced in respectively Paris, France and Lagos, Nigeria, in autumn 2006. The two quantities of sugar were transferred as blocks from these two production sites to the Netherlands, to be exhibited in Stedelijk Museum Amsterdam in the exhibit *Just in Time*, winter 2006/2007. After this first set up, all sugar blocks were transferred to France, to be exhibited in spring 2007 in Palais de Tokyo, Paris in Module 2: *Monument en Sucre*. From Paris, the sugar blocks will be transferred to Brussels, Belgium, to be exhibited in Argos - Centre for Art & Media during the summer 2007 in the exhibit *Monument of Sugar*.

This publication contains the French translation of the title sequences of the 16mm film *Monument of Sugar - how to use artistic means to elude trade barriers*, 63 min., silent, Van Brummelen & De Haan, 2007.

Text and 16mm filmstill: Siebren de Haan, Lonnie van Brummelen | Translation Dutch/English: Mari Shields, Jane Bemont | Translation english/french: Josiane Bardon | French corrections: Daria de Beauvais | Image: Lawrence Weiner statement, *Conceptual art in the Netherlands and Belgium 1965 - 1975* , p. 33 *The obsession of a pure idea*, NAi publishers, Rotterdam, 2002 | Typeface: Garamond, Franklin Gothic Extra Condensed | Printing: SSP Amsterdam | Edition 1000 | Sugar: CSM Suiker Amsterdam and Dangote Sugar Ltd. Lagos Nigeria | Film negative color: Fuji, Amsterdam | Film negative b/w: Kodak, Paris | 16mm titles: Color by de Jonghe, Brussels, Belgium | Filmprint: Cineco, Amsterdam.

Released at *Monument en sucre* Palais de Tokyo, Module, 3 may - 3 june, 2007.

At the occasion of the Saison Néerlandaise in France. Supported by Dutch Culture Fund, Institut Néerlandais and Haut les Pays-Bas, VSB Fonds, Fonds BKVB, Filmfund, Cité des Arts Internationale in Paris.

Thanks to

Palais de Tokyo: Marc Olivier Wahler, Claire Staebler, Daria de Beauvais, Institut Néerlandais: Marieke Wiegel, Argos - Centre for Art & Media: Katerina Gregos.

For extensive acknowledgements see *Monument of Sugar, scenario*

Monument van Suiker—hoe kunnen met artistieke middelen handelsbarrières omzeild worden

Ontginning van het Rijnland

Lang geleden werd de wildernis van het Rijnland afgebakend en uitgegeven aan groepen vrije boeren in ruil voor een kleine jaarlijkse afdracht. Om het moerasland in gebruik te nemen, moest er eerst worden gezorgd voor een goede afwatering. Een aanwezige Rijntak werd gekanaliseerd. Loodrecht op deze ontginningsbasis werd een stelsel van evenwijdige sloten gegraven. De kavels die zo ontstonden, hadden een vaste breedte van dertig roeden en een lengte van driehonderdzestig roeden ofwel zes voorling. Een voorling was de afstand die geploegd kan worden zonder de ploeg te keren. Een roede was twaalf Rijnlandse voet. Bij besluit van de Koning van Holland werd de Rijnlandse voet vastgelegd op 0,3139465 meter.

Relatieve autonomie

Op de dag van de Europese uitbreiding bezochten wij Hrebenne, een klein boerendorp aan de Pools-Oekraïense grens. Terwijl we vanaf een heuvelrug de aan beide zijden van de grenspost aanzwellende files observeerden, raakten we in gesprek met een Poolse boer. Hij bood ons zelfgemaakte worst en koffie aan. Terwijl hij ons de suiker overhandigde, grapte hij dat de Poolse *cukier* met de toetreding dubbel zo zoet was geworden. De prijs was van de ene op de andere dag verdubbeld. Het was nu zelfs goedkoper om Poolse suiker in de Oekraïne aan te schaffen dan in Polen zelf. Dit marktmirakel wordt het '47th street photo phenomenon' genoemd. Hoe werkt dit fenomeen? Europa beschermt zijn suikerboeren tegen de instabiliteit van de internationale grondstoffenmarkt met een tariefmuur, die buitenlandse concurrentie buiten de deur houdt. Binnen het Europese handelsblok wordt de suikermarkt geconsolideerd met een vaste suikerprijs die vele malen hoger is dan de wereldhandelsprijs. Te veel geproduceerde suiker wordt met een 'exportrestitutie' verramsjd op de wereldmarkt.

Wat legitimeert staatsinterventie? Bietsuikerproducenten wijzen op de inelasticiteit van de landbouweconomie, met haar trage productie en afhankelijkheid van het weer. Ze benadrukken de hoge Europese eisen op het gebied van milieu en arbeidsomstandigheden, waar buitenlandse producenten nauwelijks mee te maken hebben. Per hectare zouden suikerbieten vier keer meer zuurstof dan bos produceren, waarmee de bietenteelt een belangrijke bijdrage levert aan de compensatie van koolstofdioxide-emissie. Wanneer fossiele brandstoffen opraken, zou suiker van groot belang worden als grondstof voor bio-ethanol. Het zou niet strategisch zijn hiervoor van buitenlandse producenten afhankelijk te zijn. Desalniettemin veroordeelde de Wereldhandelsorganisatie de Europese suikerpolitiek recentelijk, na bijna veertig jaar, als valse concurrentie ofwel *dumping*.

Een Portugese vriend vertelde ons ooit dat de Moren bij hun verovering van het Iberisch schiereiland suiker en slavenhandel meebrachten. Iberische zeevaarders exporteerden de Moorse suiker via de Canarische Eilanden naar Zuid-Amerika en bouwden daar grootschalige suikerrietplantages en suikerfabrieken, bemand door slaven. Op uitnodiging van een lokale Yoruba-koning werd in de havenstad Lagos aan de West-Afrikaanse kust door Portugezen een slavenmarkt opgezet die vrijwel de gehele transatlantische suikerindustrie van manschappen voorzag tot ver na de afschaffing van de slavernij. Een kolossale transatlantische suikerstroom richting Europa kwam op gang.

Dat suiker niet alleen in de tropen uit riet gewonnen kon worden, maar ook op koude grond uit bieten, werd pas ontdekt aan het eind van de achttiende eeuw toen een Berlijnse

apothekersleerling de eerste bieten
met een hoog suikergehalte wist te
kweken uit de witte mangelwortel.
Staatssteun stond aan de wieg van
deze suiker van eigen bodem.
Met Pruisische regeringssteun kwam
de eerste suikerbietenfabriek in
Silezië in werking. De nog weinig
rendabele bietsuikerindustrie kreeg
een onverwachte impuls door de
koloniale machtsstrijd tussen de
Fransen en de Engelsen. Wederzijdse
handelsblokkades legden de
internationale handel zo goed als
stil en maakten ook de invoer van
rietsuiker uit de koloniën onmogelijk.
Om het suikergebrek te lenigen,
stimuleerde Napoleon de oprichting
van talrijke bietsuikerfabrieken
in Frankrijk, Duitsland en de
Lage Landen. Na opheffing van
de handelsblokkades stortte de teelt
van suikerbieten aanvankelijk in.
De afschaffing van slavernij maakte
bietsuiker weer lonend, maar sinds
de mechanisatie domineert rietsuiker
en is bietsuiker afhankelijk van
handelspolitiek. Het uit de klei
trekken van de biet en de langere
raffinage vergen te veel energie.

Modelleren van de standaard
Als Nederlandse kunstenaars zijn
wij bekend met bemoeienis van
overheden met onze productie.
Staatssteun stelt ons, net als
Europese suikerboeren, in staat om
in relatieve autonomie te opereren en
te concurreren op de internationale
markt; een voorrecht waar wij ons
vaak enigszins beschroomd over
voelen. Ambivalentie over deze
gesubsidieerde onafhankelijkheid
was de aanleiding om ons verder
in de zoete grondstof te verdiepen.

Dat dezelfde Europese bietsuiker
die wij in de supermarkt konden
kopen buiten Europa voor een
schijntje zou worden aangeboden,
intrigeerde ons. Alle beschikbare
handelsstatistieken die geldstromen
in kaart brachten, suggereerden dat
het grootste deel van de Europese
suiker naar Nigeria werd uitgevoerd.

We waren enigszins verbaasd dat
Europa juist in deze West-Afrikaanse
regio zijn suikersurplus bleek
te dumpen. Nigeria heeft immers
zelf optimale klimatologische
omstandigheden om suikerriet
te verbouwen. Met de data op
zak vertrokken we naar Nigeria.
Het plan was om de suikerstroom
vanuit Europa te keren door in
Nigeria goedkope overschotsuiker
te kopen en deze naar Europa terug
te vervoeren. Om de handelsbarrière
die voor suikerimporten is
opgetrokken te omzeilen, zouden
we de suikerkristallen met een
minimale ingreep tot sculpturale
blokken afvormen en invoeren als
Monument van Suiker. Op deze
wijze konden we gebruikmaken van
harmonisatiecode 9703 van toepassing
op 'originele standbeelden en origineel
beeldhouwwerk, ongeacht het
materiaal waarvan zij vervaardigd zijn'.

Research in situ
Toen we aankwamen in Lagos bleek
echter alles anders dan we ons
hadden voorgesteld. De gebrekkige
infrastructuur in de hectische
miljoenenstad, waar stroom en water
voortdurend uitvallen, het verkeer
volledig verstopt zit, een groot deel
van de woonwijken niet op de kaart
staat, vrijwel iedereen in de informele
economie werkt en politieagenten
zo corrupt zijn dat zij meer vrees
inboezemen dan straatbendes en
area boys, maakte ons veldwerk naar
handelsstromen praktisch onmogelijk.
Nationale monopolisten en
multinationals, die de importeconomie
in handen hebben, waren uiterst
wantrouwend en onmededeelzaam.

Ook de Port Authority was
onbenaderbaar, maar waarschijnlijk
hadden zij ons ook niet echt kunnen
helpen. De vele goederenstromen
gingen hun administratieve vermogen
te boven. Rondbellen voor informatie
bleek geen optie. Het mobiele netwerk
lag meestal plat en als het al werkte,
was de verbinding zo instabiel
dat het pidgin, een mix van Engels

en inheemse talen uitgesproken
met veel passie en gebaar, tot een
overstuurd geschetter werd waarin
geen afzonderlijke woorden meer
onderscheiden konden worden.
De enige manier om iets gedaan
te krijgen, was iedereen die we
wat wilden vragen of doorgeven
persoonlijk met de taxi te bezoeken.
Ontmoetingen bij de diverse
havenbedrijven werden afgewisseld
met urenlang filerijden tussen
rokende, lekkende krakkemikkige
trucks. Er was er altijd wel één die
midden op de weg stilstond, een lekke
band kreeg of zijn container verloor.
Chauffeurs probeerden dan om het
obstakel heen te komen door naar de
tegenliggende weghelft uit te wijken,
waarna het verstopte verkeer in beide
richtingen volledig tot stilstand kwam.

Deze condities maakten dat we
maar één stap per dag konden zetten.
De grote instroom van Europese
bulksuiker die onze data hadden doen
vermoeden, leek nergens te bekennen.
Een als betrouwbaar bekend staande
scheepvaartagent herinnerde zich
een paar jaar geleden een Frans
suikerschip te hebben gezien in
de haven van Lagos en suggereerde
dat Europese suikerimporten
tegenwoordig vooral op papier
plaatsvonden om exportsubsidie
op te strijken.

Door toeval kwamen we in
contact met een medewerkster van
Dangote, de grootste importeur in
Nigeria van suiker, zout, cement,
meel en pasta. Deze monopolist had
de reputatie geen middel te schuwen
om concurrenten van zijn markten te
weren. Vrachtwagens zouden worden
overvallen, ladingen geconfisqueerd
en omgekochte douaniers zouden
kostbaar oponthoud veroorzaken met
gerichte stiptheidsacties. We werden
uitgenodigd voor een rondleiding
in de fabriek, gesitueerd in een
zwaarbewaakte compound in de
haven. Europese witte kristalsuiker
was al jaren niet meer concurrerend,
zo riep de General Manager boven het
fabrieksgebulder uit bij een

temperatuur die piekte naar zo'n 50 graden. Ondanks de subsidies was Europese suiker te duur, omdat witte kristallen bij import in Nigeria veel zwaarder belast worden dan ruwe. Alle Nigeriaanse suiker zou uit Brazilië komen, waar het als ruwe bulk wordt uitgevoerd.

Tot onze verbazing bleek Dangotes suiker geenszins goedkoop. Na het overzeese transport, een flink aantal heffingen en de verplichte verrijking met vitamine A, evenaarde de suikerprijs opmerkelijk genoeg het hoge Europese prijsniveau. We bleken van onze 1000 euro slechts bulkmateriaal voor 144 suikerblokken te kunnen aanschaffen waarmee de Nigeriaanse suiker 273 blokken duurder uitkwam dan de wereldhandelsprijs en 16 blokken duurder dan onze Europese standaard. De grote voorraden Bonny Light zouden hiervan de voornaamste oorzaak zijn. De hoge inkomsten uit de olie-exporten hadden tot een overwaardering van de naira geleid, waardoor het goedkoper was geworden om te importeren dan om zelf te produceren. Overheden pogen al jaren tevergeefs de lokale productie te stimuleren met een importban, een pittige belasting op ingevoerde goederen, die alles voor iedereen peperduur maakt. Bij het handenschudden adviseerde hij ons haast te maken met een grote suikeraanschaf, omdat de prijs bij het naderen van het suikerfeest zou exploderen, iets wat ook onze islamitische taxichauffeur een aantal keren had geopperd. De suikerschappen raakten inderdaad al leeg. Het leek erop dat we voor de omkering van de grote suikerstroom uit Europa aangewezen waren op Braziliaanse ruwe bulk, geraffineerd en verrijkt in Nigeria.

Minimale interventie

We mochten de blokken afvormen in de voormalige carport van de National Gallery. Dit afdak midden in een moeras was door drie houtbewerkers, Mister Babatunde, Mister Bisi en Mister Monday, gedoopt tot Universal Studios. Onze minimale ingreep bleek geen sinecure. Het afvormen van grote suikerblokken was hier een moeizaam procedé. Het leek erop dat met vitamine A verrijkte kristallen zich moeilijker tot vaste substantie lieten vormen dan de niet-verrijkte suiker die we in Europa gewend waren. Ons vermoeden dat de vitaminetoevoeging de materiële eigenschappen van suiker had veranderd, werd bevestigd toen we vernamen dat lokale Coca-Cola-fabrieken hun suiker onverrijkt lieten aanleveren, omdat vitamine A de kleur, de houdbaarheid en de smaak zou veranderen. Door de hoge luchtvochtigheid wilden de toch al broze suikerblokken maar niet drogen en veranderden ze van strakke witte rechthoeken in groezelige uitgezakte klonten waar een rechte hoek nauwelijks nog te traceren was. Het tweede regenseizoen bleek net te zijn begonnen. Water kwam bijna iedere dag met bakken uit de hemel. Het golfplaten dak lekte overal en vallende druppels boorden, als we even niet opletten, bruinige gaten in de witte suikerhuid. Een artificiële zon in elkaar geknutseld van bouwlampen en lasdraden bood weliswaar een uitweg, maar deze trok insecten aan, die na verschroeiing als fossielen in de blokken achterbleven. De drooginstallatie werkte niet wanneer de Nigerian Electric Power Agency het liet afweten en dat was vrijwel dagelijks. NEPA was inmiddels verbasterd tot *Never Expect Power Again*. Een gehalveerde drooginstallatie kon op het aggregaat, maar deze had benzine nodig, die alleen kon worden gehaald als het niet regende, want niemand ging de straat op als het regende, ook niet in een auto, omdat regen de kuilen in het wegdek onzichtbaar maakte. Hoewel we voortdurend met goede raad werden bijgestaan en er altijd vele handen waren om te helpen, vorderde het blokken maken tergend traag. Langzaam begonnen we te begrijpen waarom het opzetten van een lokale productielijn hier zo moeilijk was.

Vaarwel aan de productie-site

'Met Gods zegen is het jullie gelukt', vertelde iedereen ons toen het werk erop zat. Het suikerwerk was klaar voor transport. Hoewel Nigerianen zeer religieus zijn, de ene helft christelijk de andere helft moslim, is hun beleving vooral gericht op het verkrijgen of behouden van voorspoed. Grote aanschaffen worden gezegend en daarna *washed* met een feestje. Naar goed Nigeriaans gebruik werd het eindelijk droge suikerwerk gewassen met geroosterde kip en *extra stout*, donkerbruin zoet bier. Onze taxichauffeur mocht niet mee-eten. Niet alleen was hij in de ramadan, maar een van zijn voorvaderen had ooit, toen hij erg dorstig was, hulp gehad van een haan, die hem de weg had gewezen naar een kreek. De voorvader had een ban uitgesproken. Als familieleden haan zouden eten, zouden hun monden opzwellen.

De soepele sluiproute die we verzonnen hadden om de suiker zonder heffingen van Nigeria naar Europa te vervoeren, functioneerde minder goed dan gedacht. Het uitvoeren van een kunstwerk bleek in Nigeria met een *non-tarifaire* belemmering te worden belast; een beschermende regeling die in het leven is geroepen om de exodus van antieke kunstschatten te stoppen, maar die gemakshalve op alle kunstwerken wordt toegepast. Kunstwerken kunnen het land slechts verlaten met een *export permit* van de National Commission for Museums and Monuments. Het werd uiteindelijk een hele middag soebatten over de artistieke status van een suikerblok met de vier vrouwe van het exportkantoortje. Uiteindelijk gingen ze akkoord en mochten we hun stemmingsafhankelijke *service*

charge betalen die we, opnieuw na lang onderhandelen, wisten af te dingen tot het normale tarief van tien procent van de waarde van het werk.

De gebruikelijke manier om kunst over lange afstand te vervoeren is per luchttransport, maar hiervoor was ons kunstenaarsbudget ontoereikend. We waren voor het vervoer van de witte blokken, die met zo veel inzet van zovelen toch nog droog en redelijk uniform waren geworden, aangewezen op het trage transport per boot, zoals ook waren en bulkgoederen zich over de wereldzeeën verplaatsen. Ons werd aangeraden de dure multinationals te mijden en gebruik te maken van een kleinere Nigeriaanse transporteur. Met een paar kreten naar zijn personeel had de directeur in een handomdraai het hele transport van *door to port* geregeld. Hij verzekerde dat we ons geen zorgen hoefden te maken en dat de vracht binnen enkele weken in Europa zou arriveren. We zouden een eigen 20-voetscontainer krijgen, want LCL (Less than Container Load) bleek in Nigeria niet toegestaan. Gezien de grote moeite die de Port Authority nu al had met de administratie van hele containers, was het opsplitsen van containerinhoud in diverse ladingen waarschijnlijk een brug te ver. We zouden te allen tijde via een ingenieus trackingsysteem de voortgang van onze container kunnen volgen. Met trots toonde hij de aan 'uninterrupted power supply' aangesloten server die permanent alle op zee varende vrachten monitorde. Vol vertrouwen plaatsten we onze order.

Herontdekking van de white cubes

Het befaamde trackingsysteem hebben we nooit in werking gezien. De eerste weken maakten onze suikerblokken een administratieve reis langs de diverse havenautoriteiten van Lagos, een stadium waarin nog niets getrackt kon worden. En toen het containerschip uiteindelijk uitvoer, kreeg het systeem een black-out: bij inloggen liep het vast op een *fatal error*. De transporteur meldde dat er inderdaad een onoplosbaar probleem was met de tracking sinds het Suikerfeest, de dag dat het schip met ons suikerwerk was uitgevaren. Niemand wist waar op de wereldzee onze zending zich bevond, of waar en wanneer deze Europa zou aandoen. Weken verstreken zonder dat er meer duidelijkheid kwam, tot we het bericht kregen dat het schip gesignaleerd was in de buurt van Antwerpen.

Een ruime hoeveelheid silicagel had overtollig vocht moeten opnemen, maar bij het openen van de container kwam een zware schimmellucht ons tegemoet. De blokken bleken boterzacht en waren nauwelijks uit hun verpakking te krijgen. Hoe kwam al dat vocht in onze blokken? Waren ze dan toch alleen aan de oppervlakte droog geweest? Was de zeecontainer niet waterdicht en was er regen of oceaanwater binnengestroomd? Of isoleerde de container juist te goed en was, als bij een microklimaat, de ingesloten tropische lucht bij afkoeling als een regen van condens over de lading uitgestort? Vragen die onbeantwoord bleven. Het zou in ieder geval niet eenvoudig worden om de entropie die zich inmiddels had ingezet te stoppen en de blokken van disseminatie te redden. Als *Trauerarbeiter* pelden we het plakkerige pakpapier van de getormenteerde suikerbroden en poogden de vochtige klonten opnieuw te drogen.

Studiopraktijk op drift

Het was gelukt de suikerstroom om te leggen met een suikertransport vanuit Nigeria naar Europa. Ook waren we erin geslaagd de Europese tariefmuur te omzeilen. We hadden echter geen Europese dumpsuiker gevonden; er waren meer tariefmuren niet omzeild dan wel, waardoor de suiker nog duurder was uitgevallen dan thuis.

Een Franse denker zou proberen ons te troosten met een betoog dat onze suikermodules van losgezongen modernistische *objecten* door hun reis waren veranderd in *dingen* die relaties met de wereld waren aangegaan. Maar wij wisten beter. Volgende keer zouden we de gesubsidieerde waren vanaf de bron volgen, niet uit het oog verliezen en voorkomen dat deze belast aan land zouden gaan. Wellicht konden we een studio arrangeren aan boord van een uitvarend Europees suikerschip.

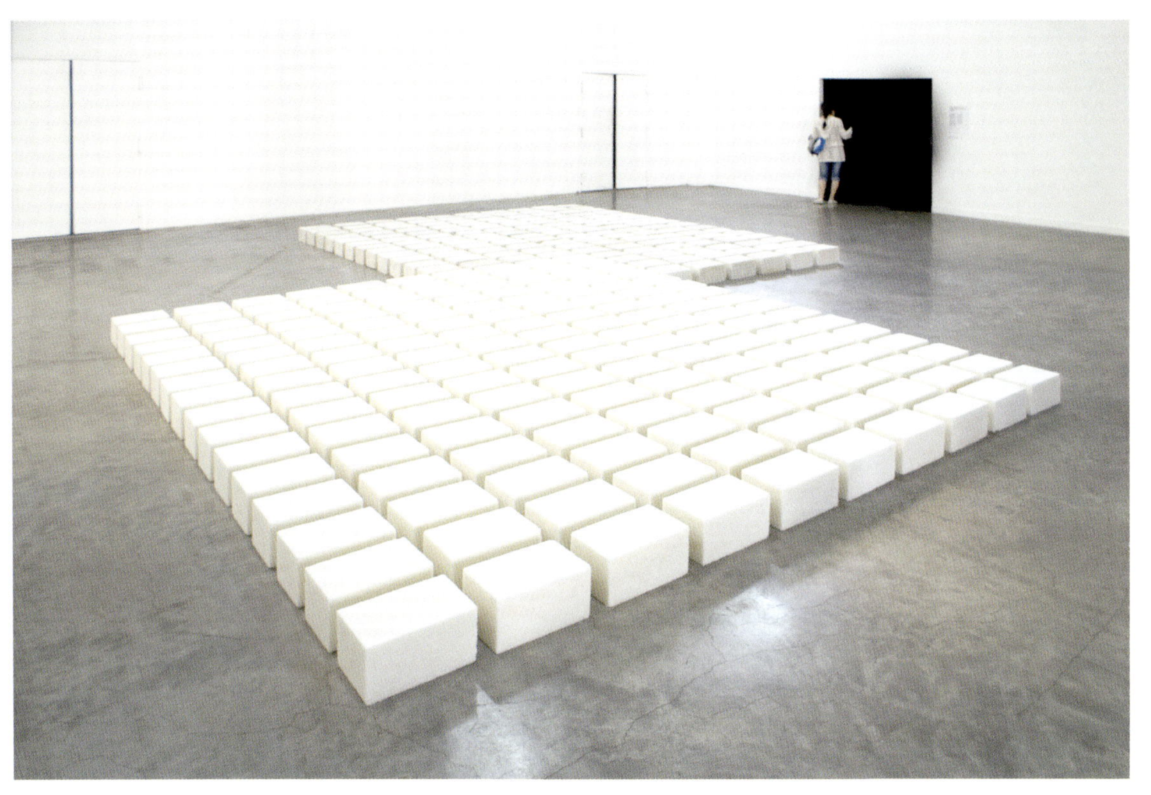

Palais de Tokyo, Paris, 2007

Monument of Sugar

125

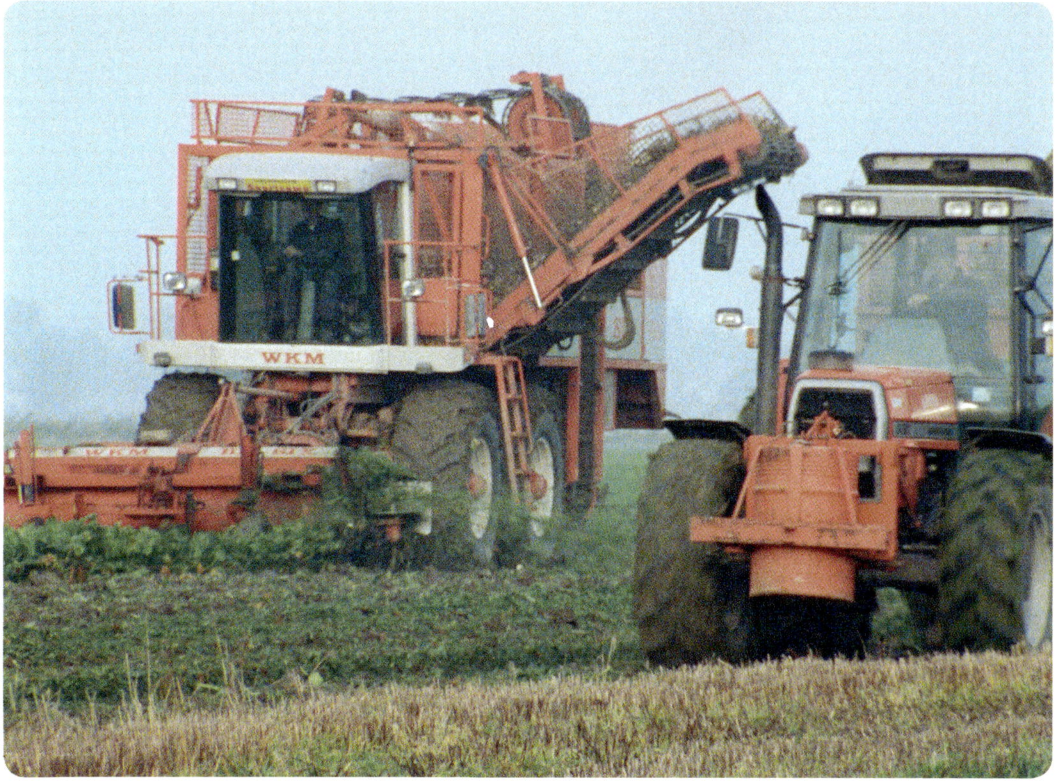

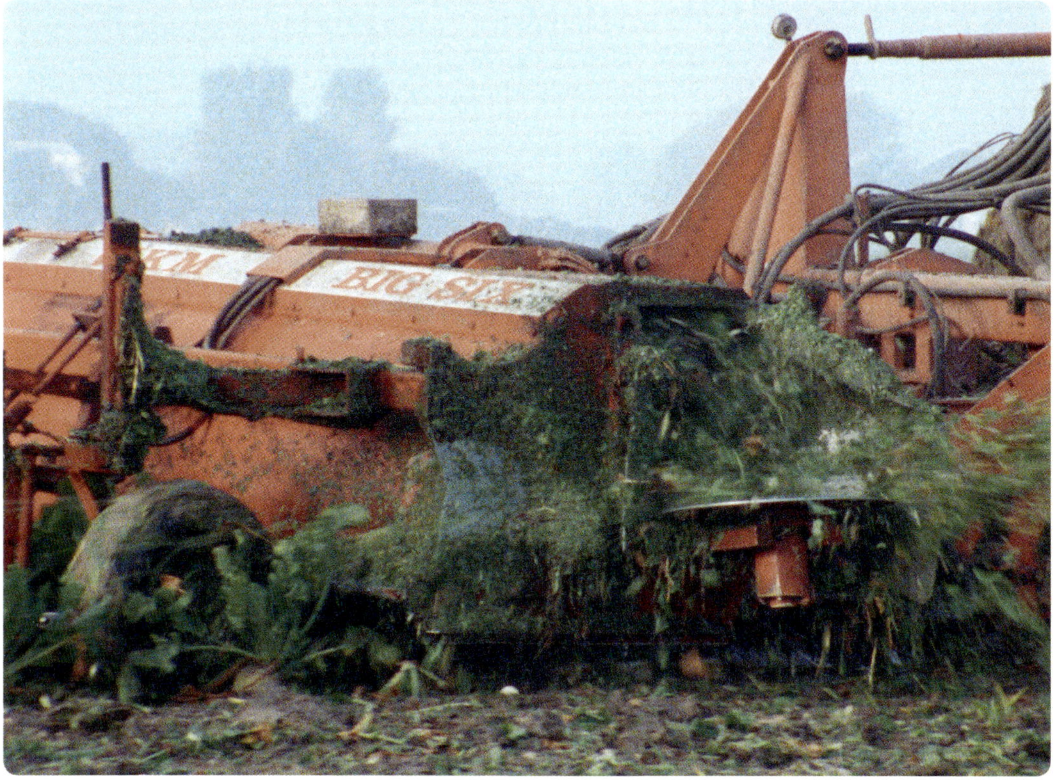

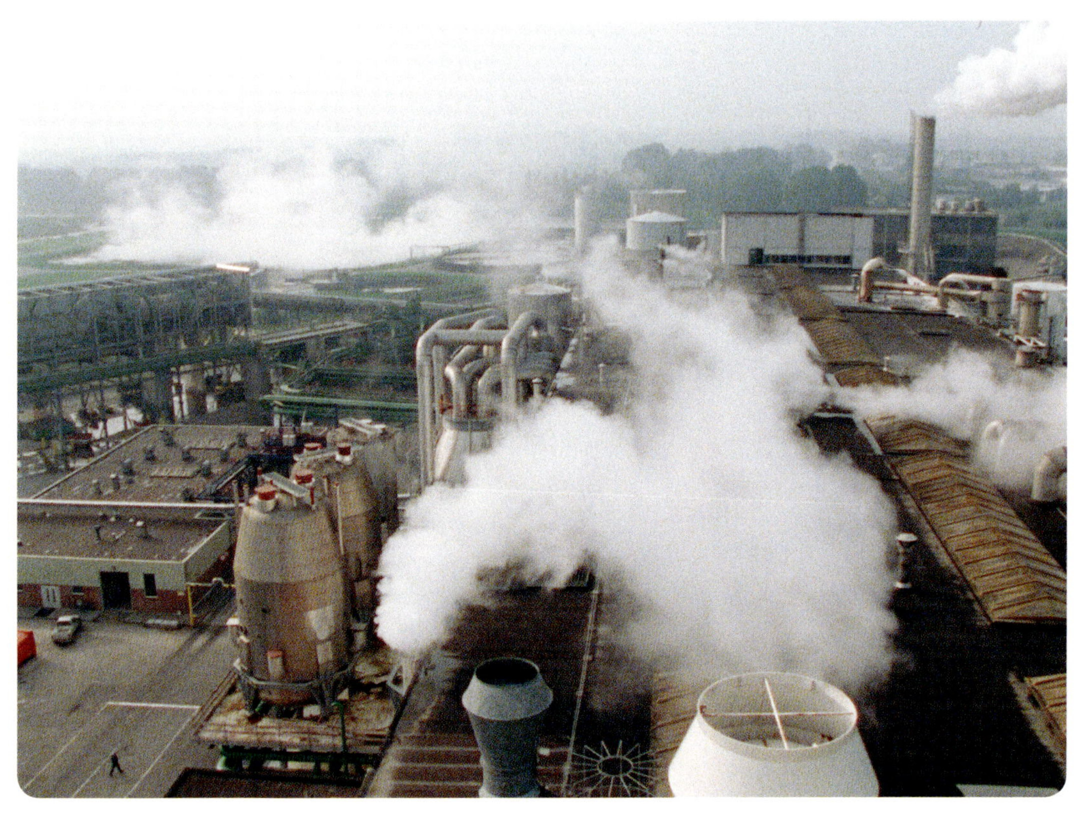

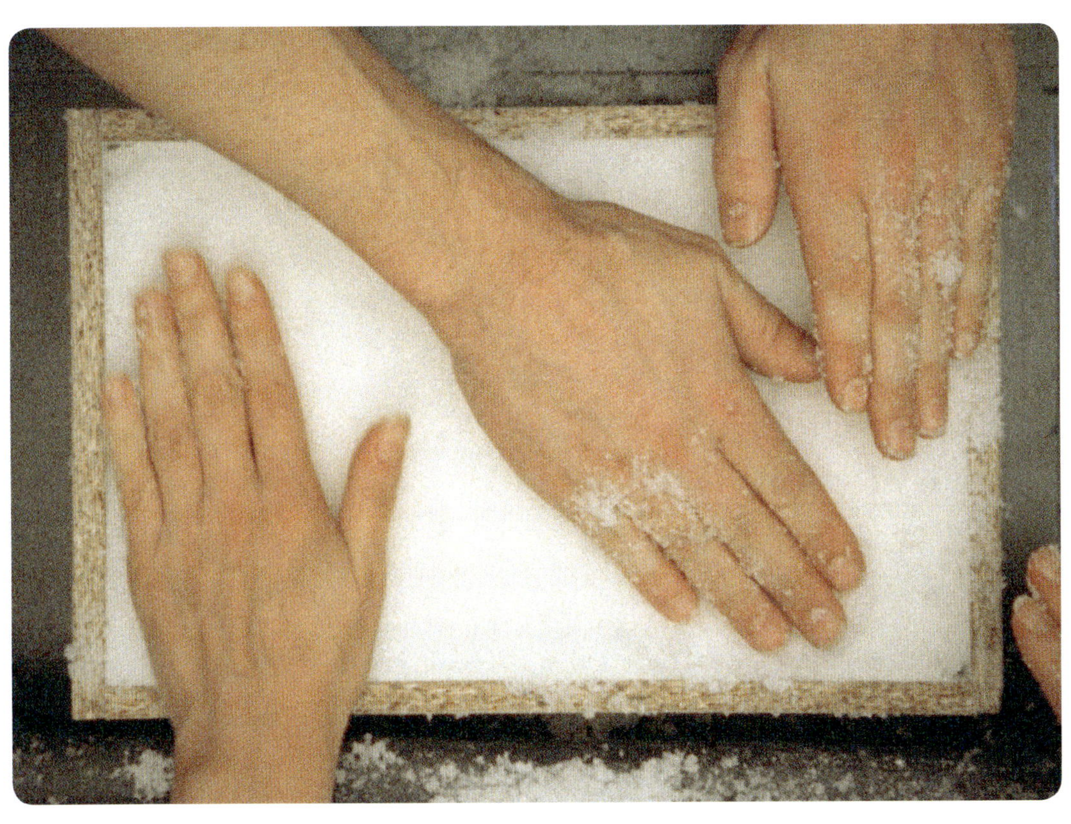

Monument of Sugar . Dutch sugar plant / Studio, Paris

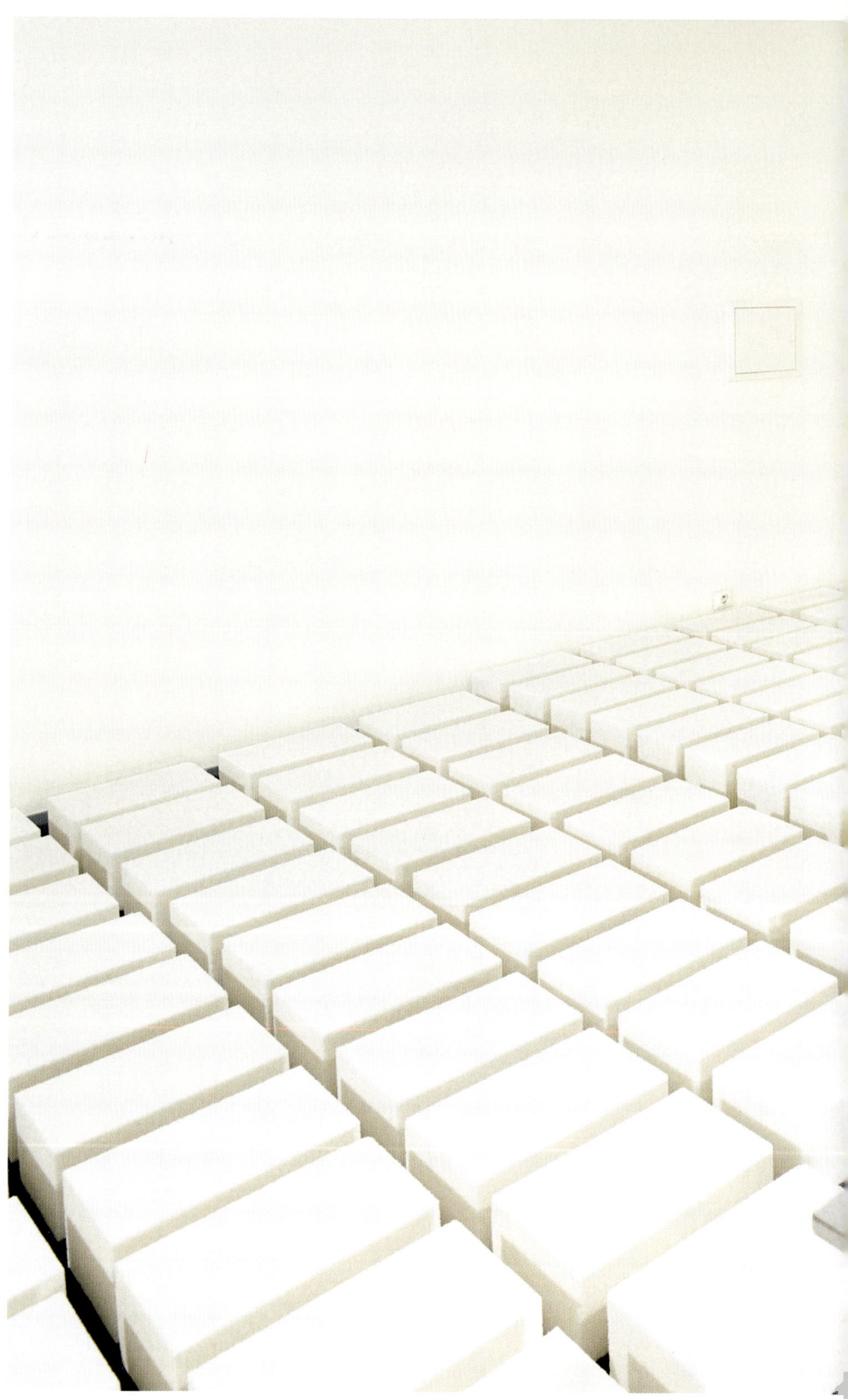

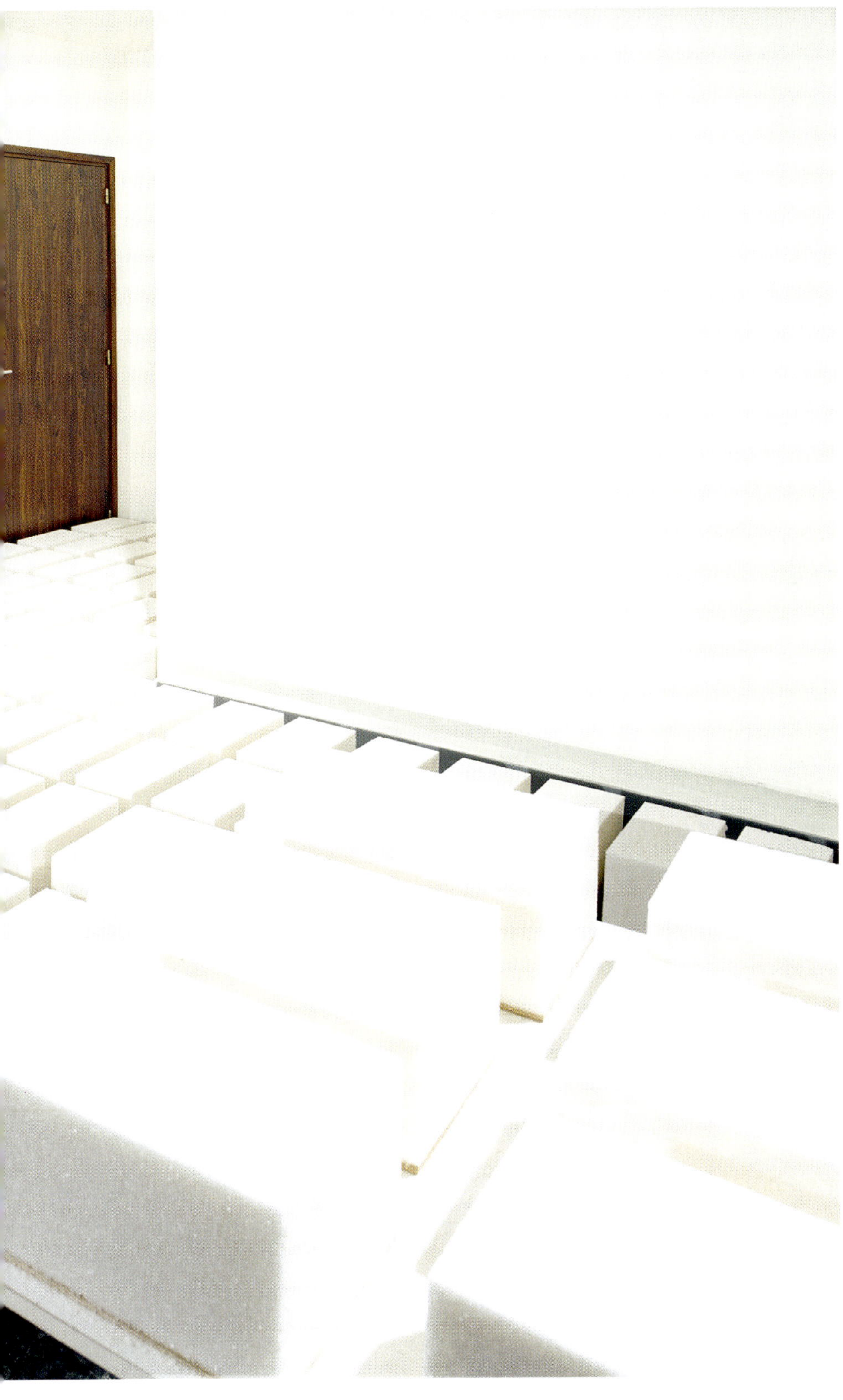

Monument of Sugar . Studio, Paris

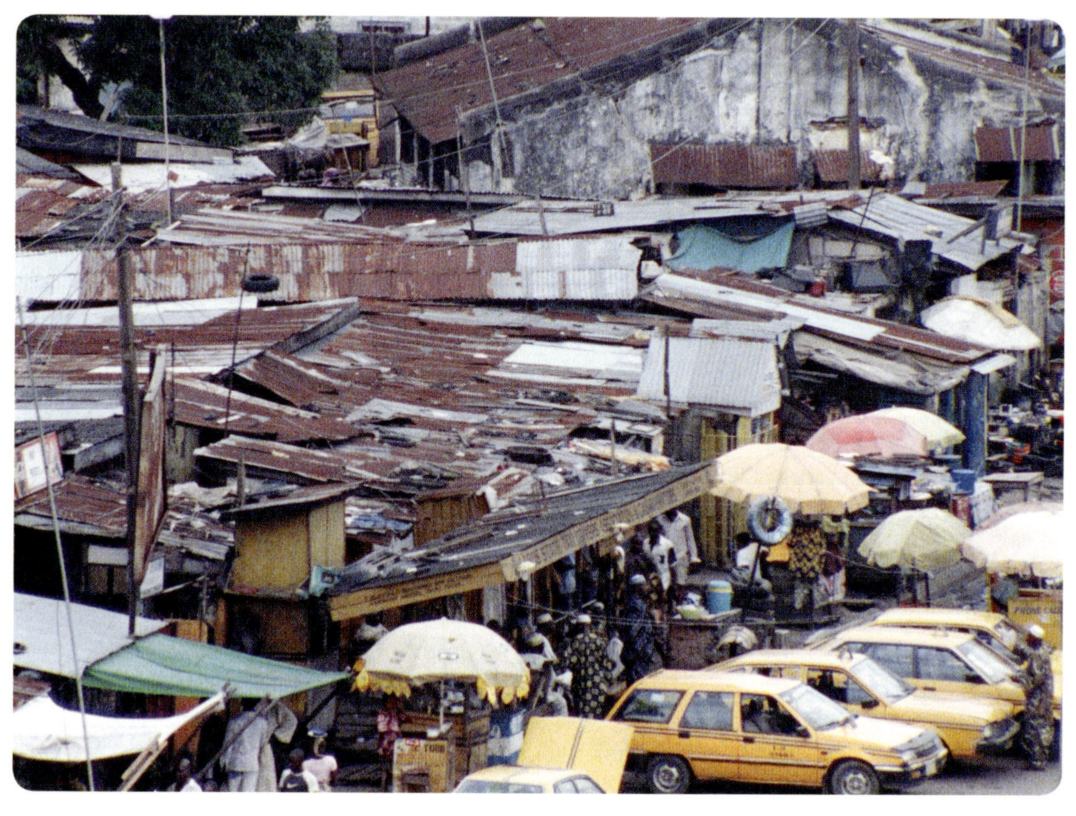

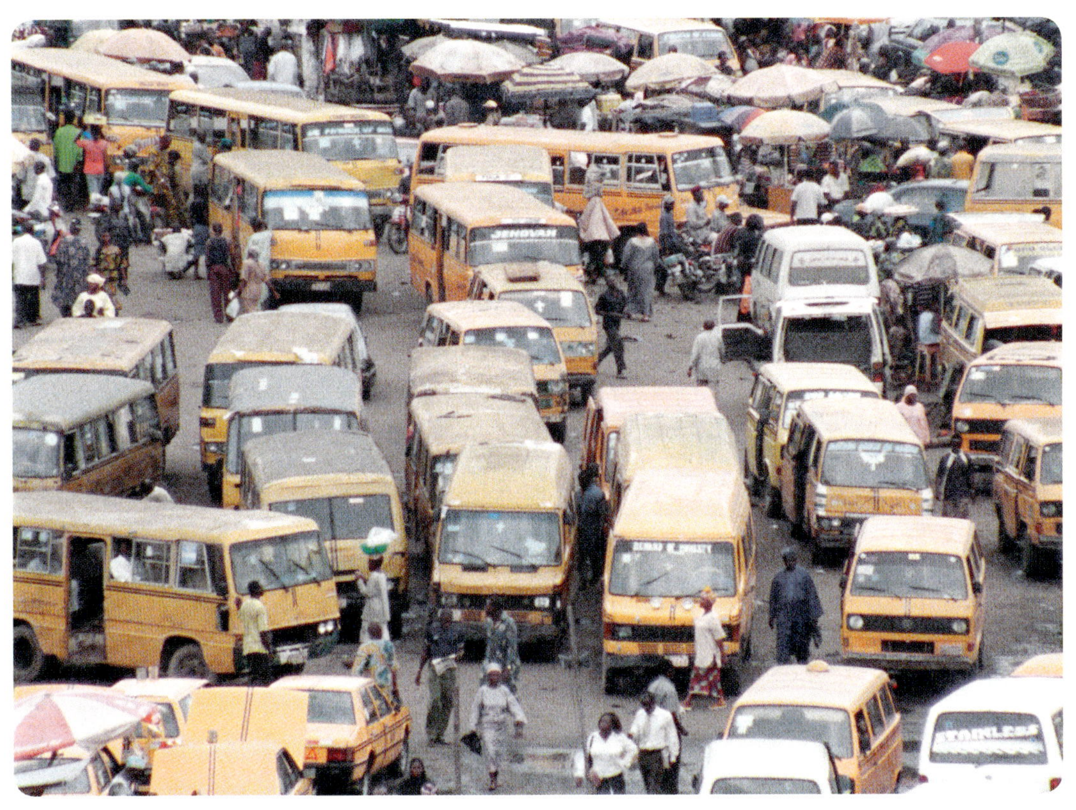

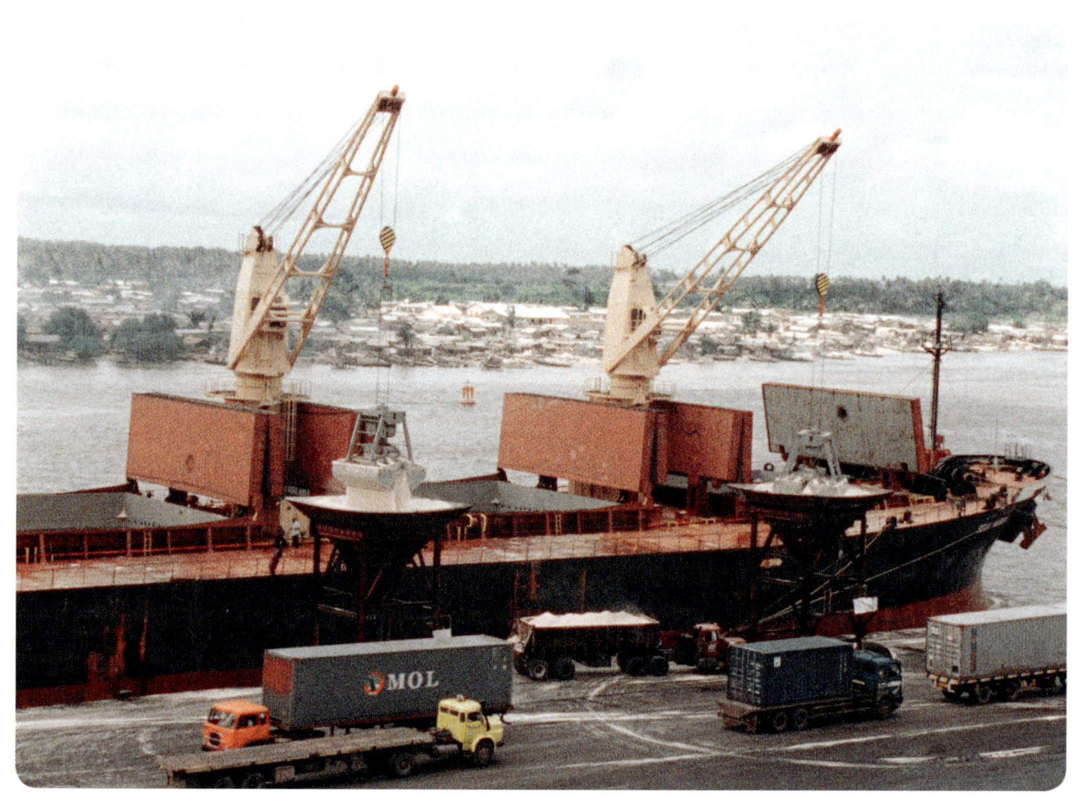
MOL

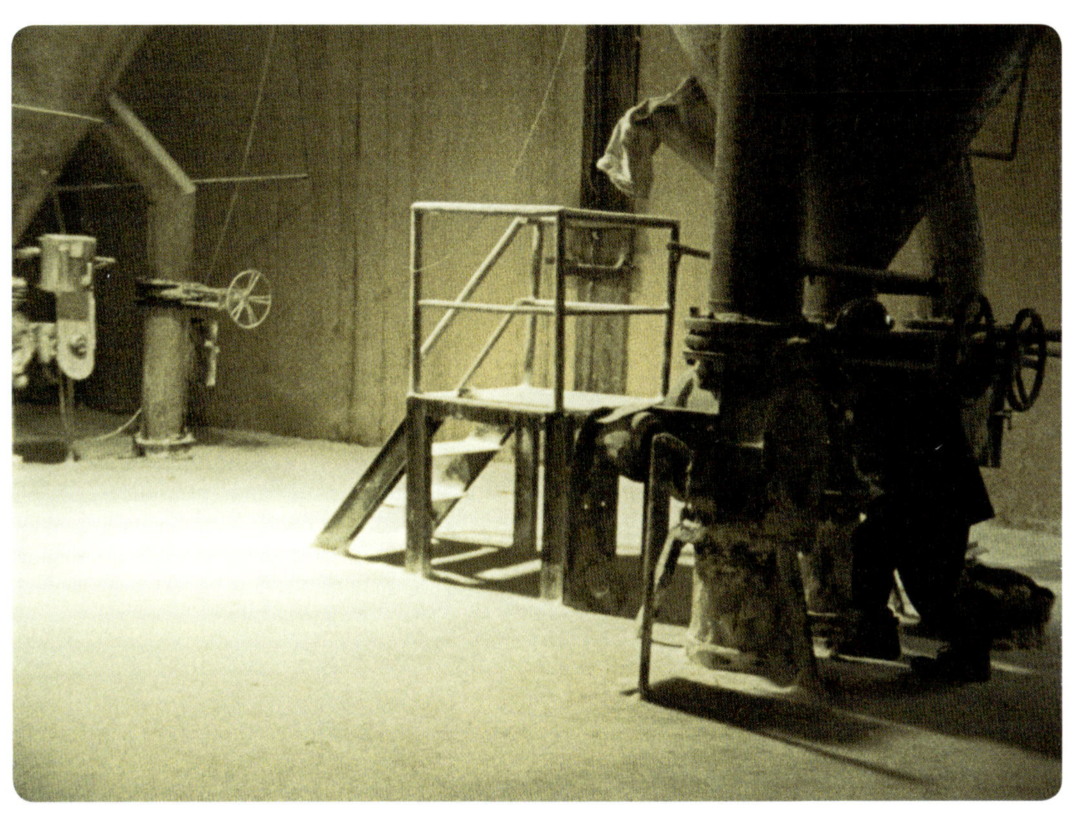

Monument of Sugar . Sugar plant, Lagos

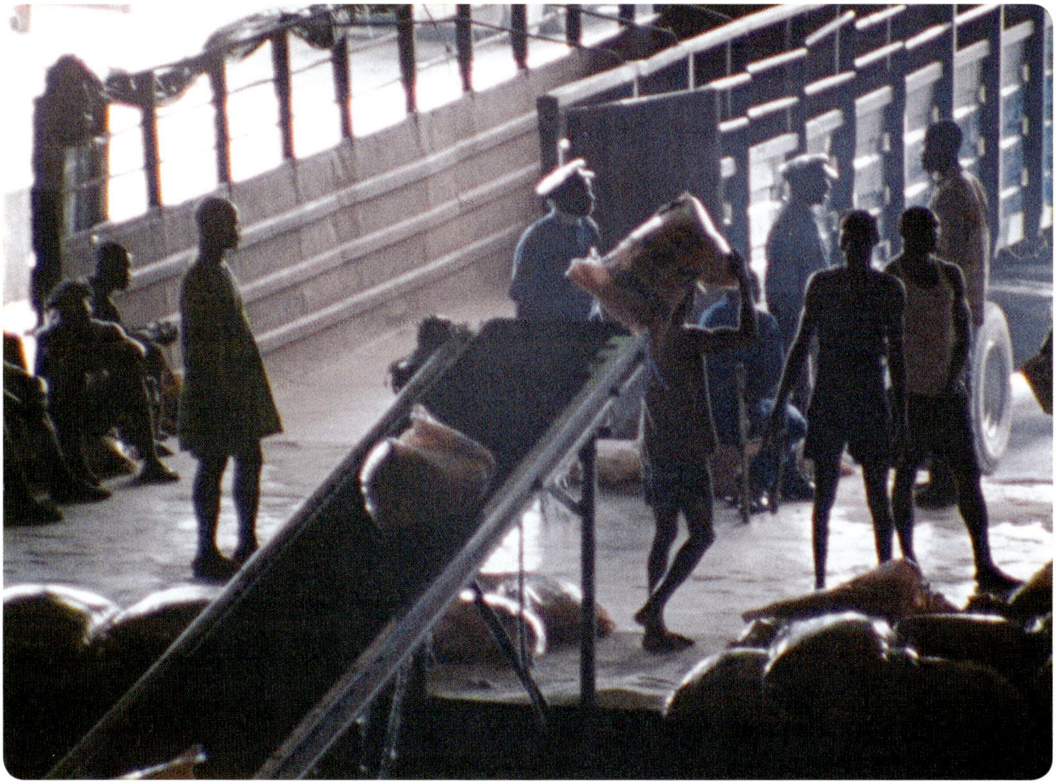

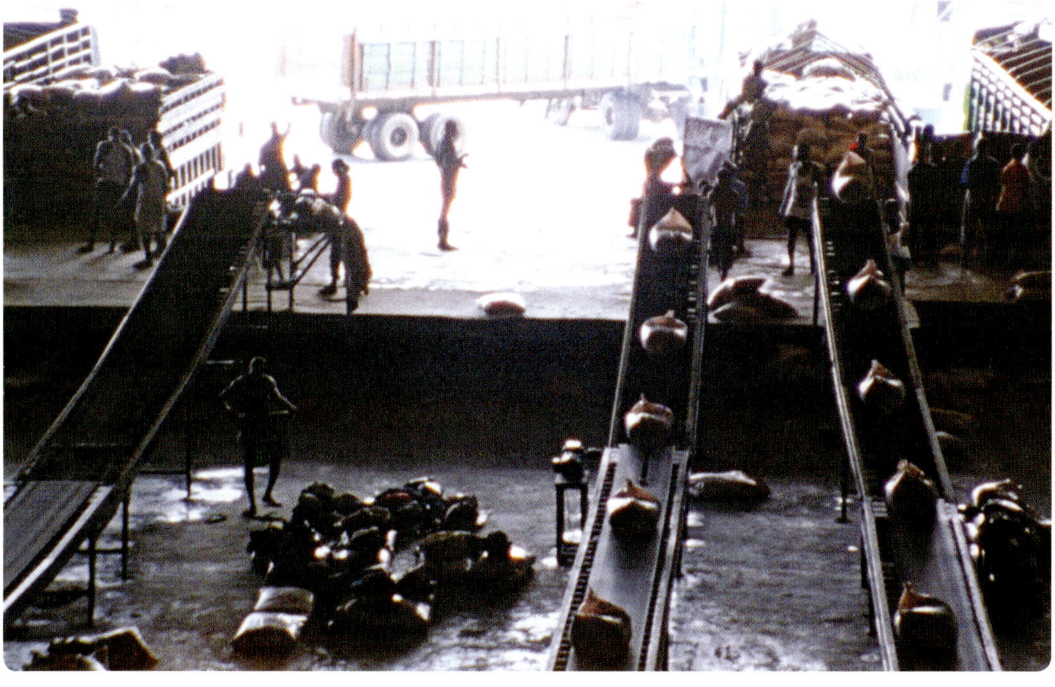

Monument of Sugar . Sugar plant, Lagos

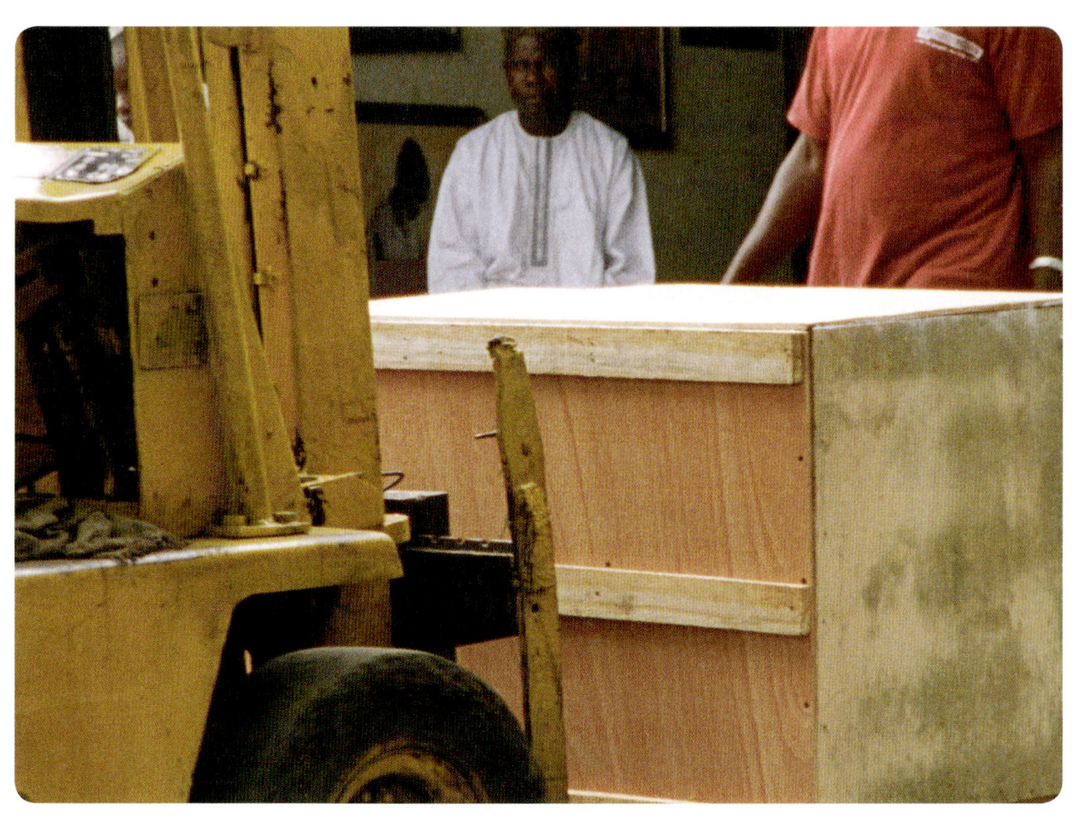

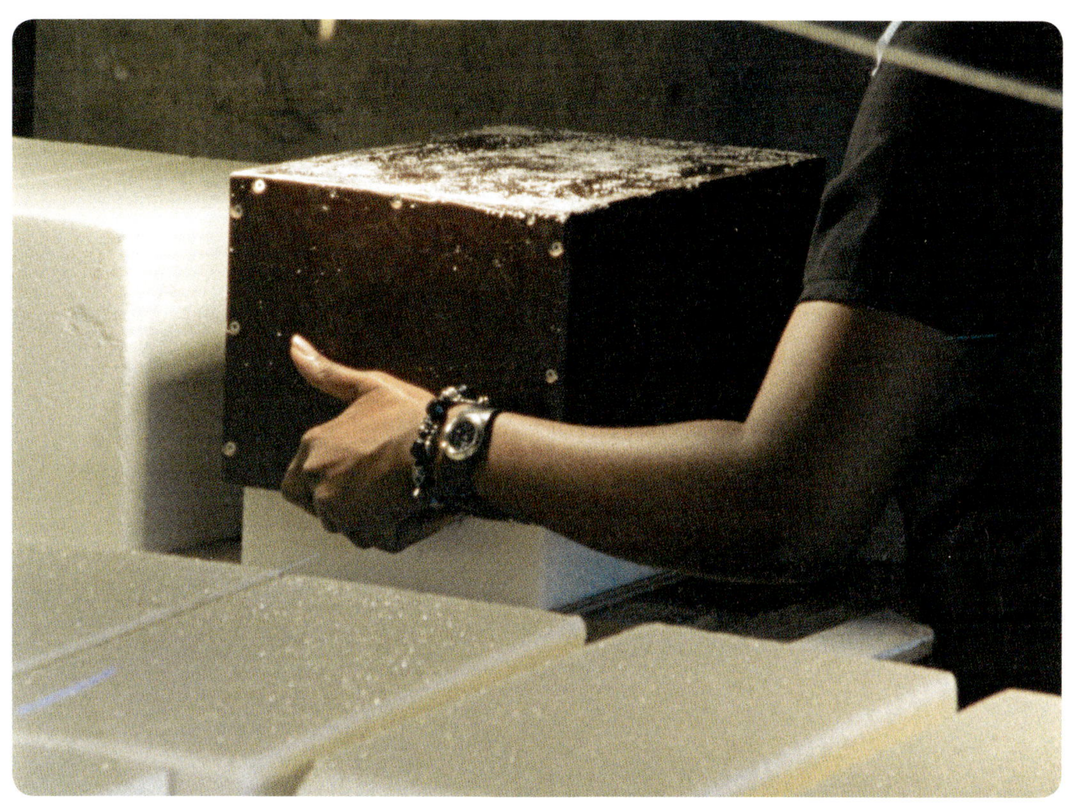

Monument of Sugar . Universal Studios, Lagos

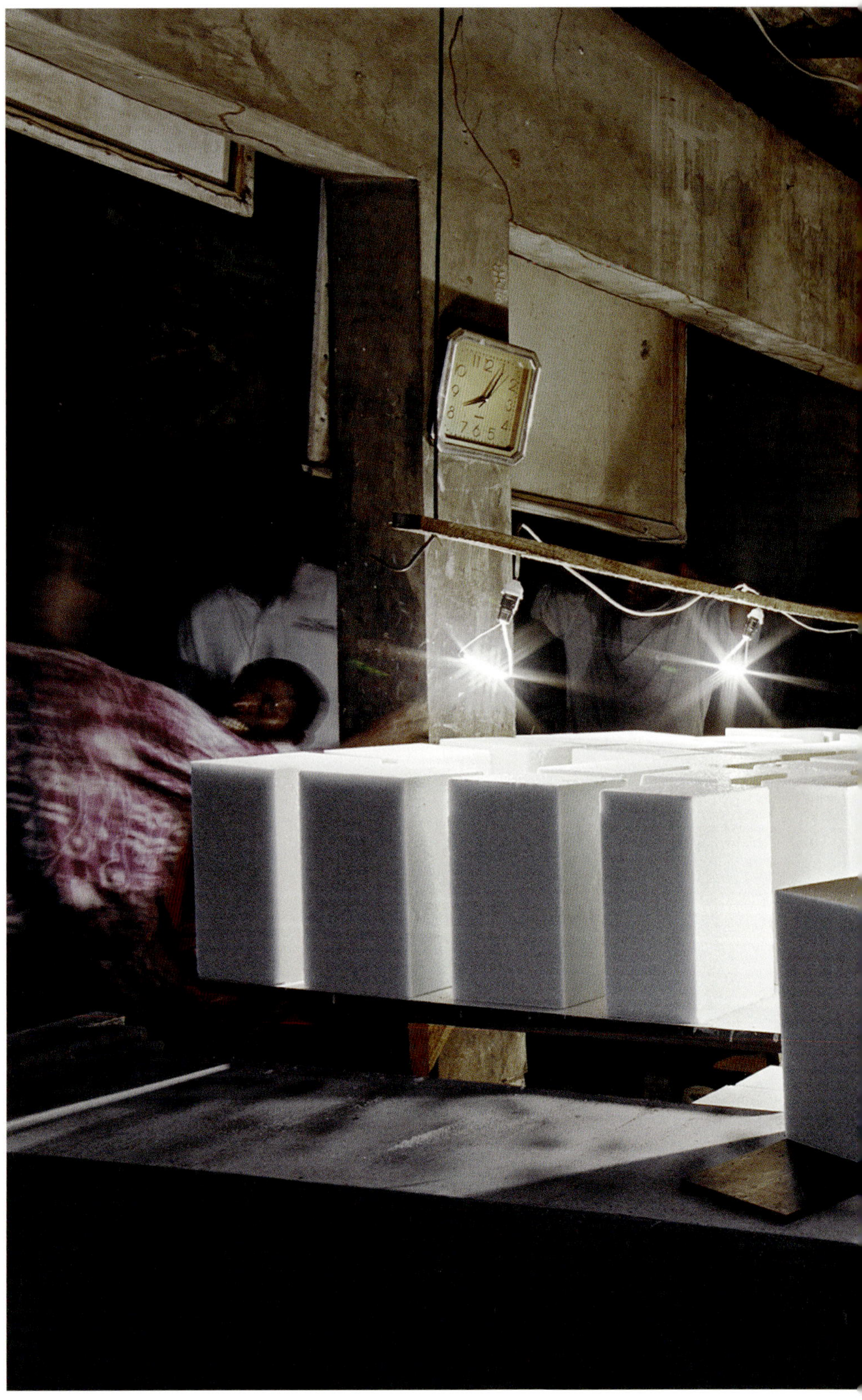

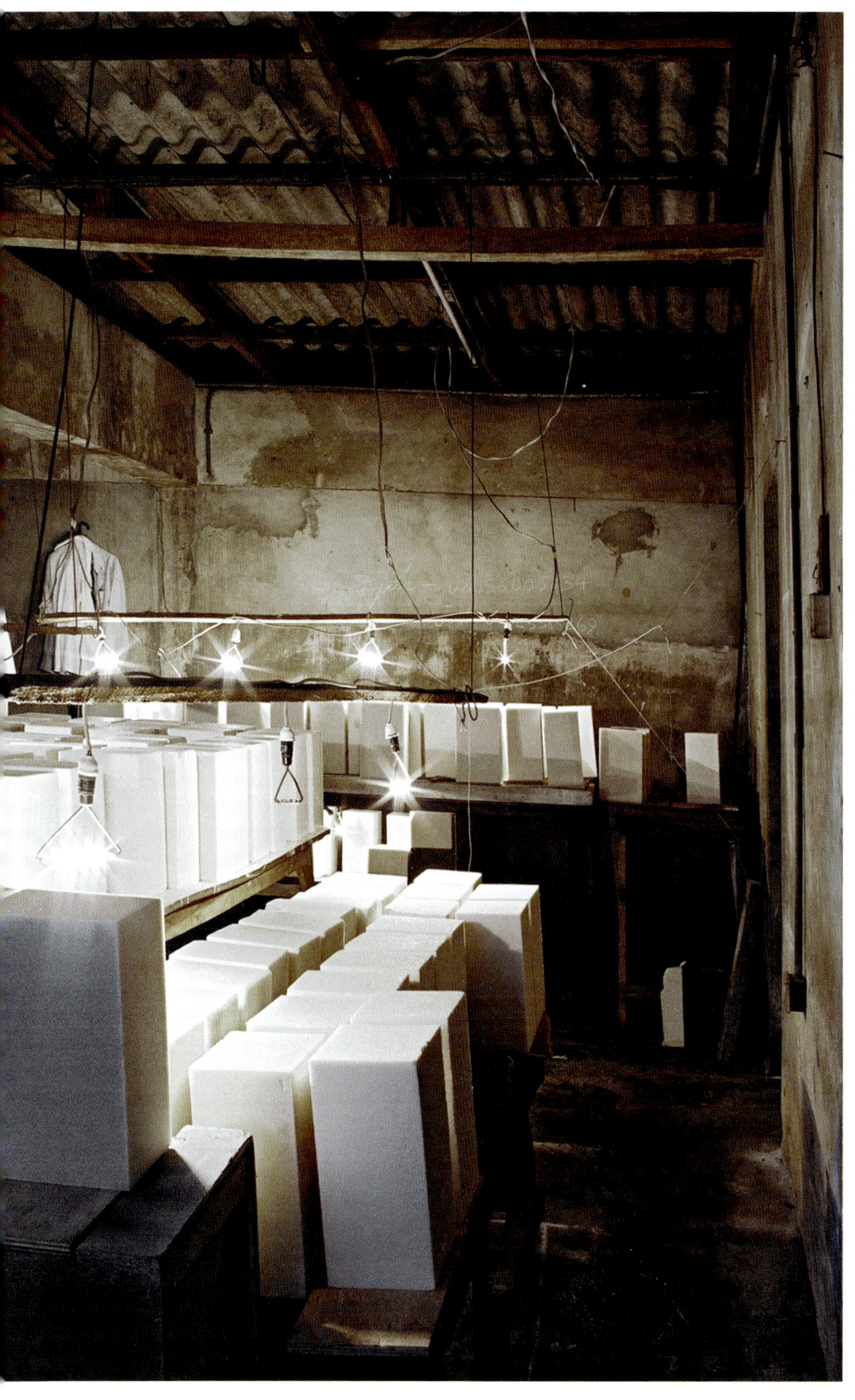

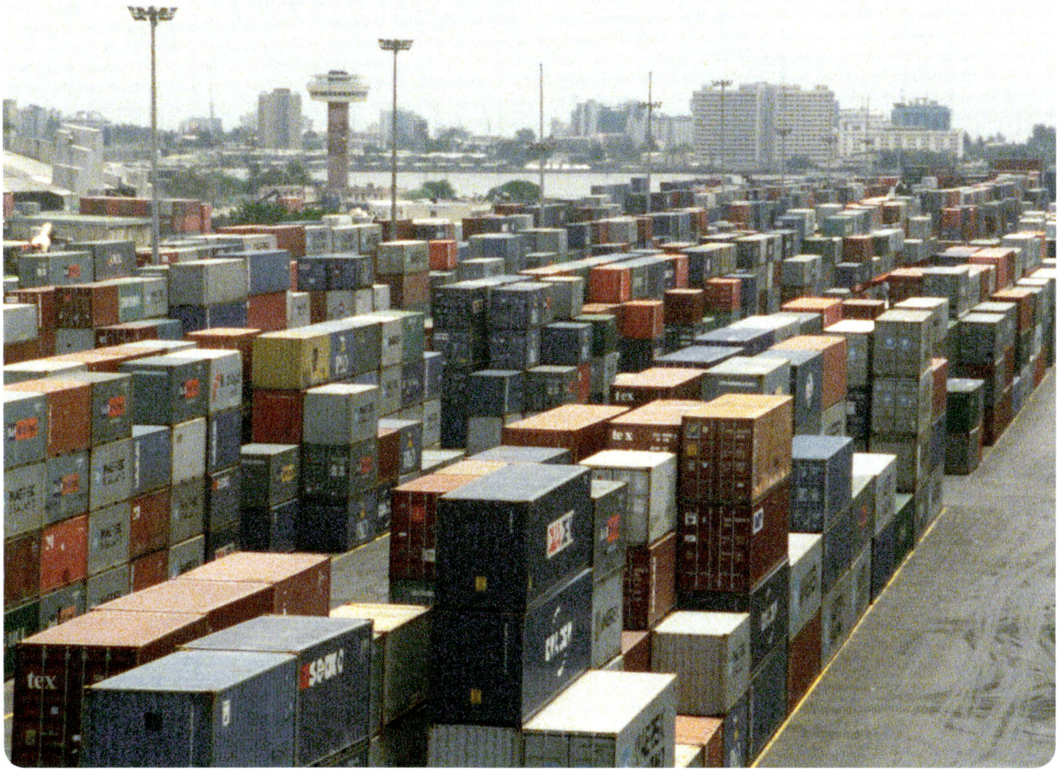

143

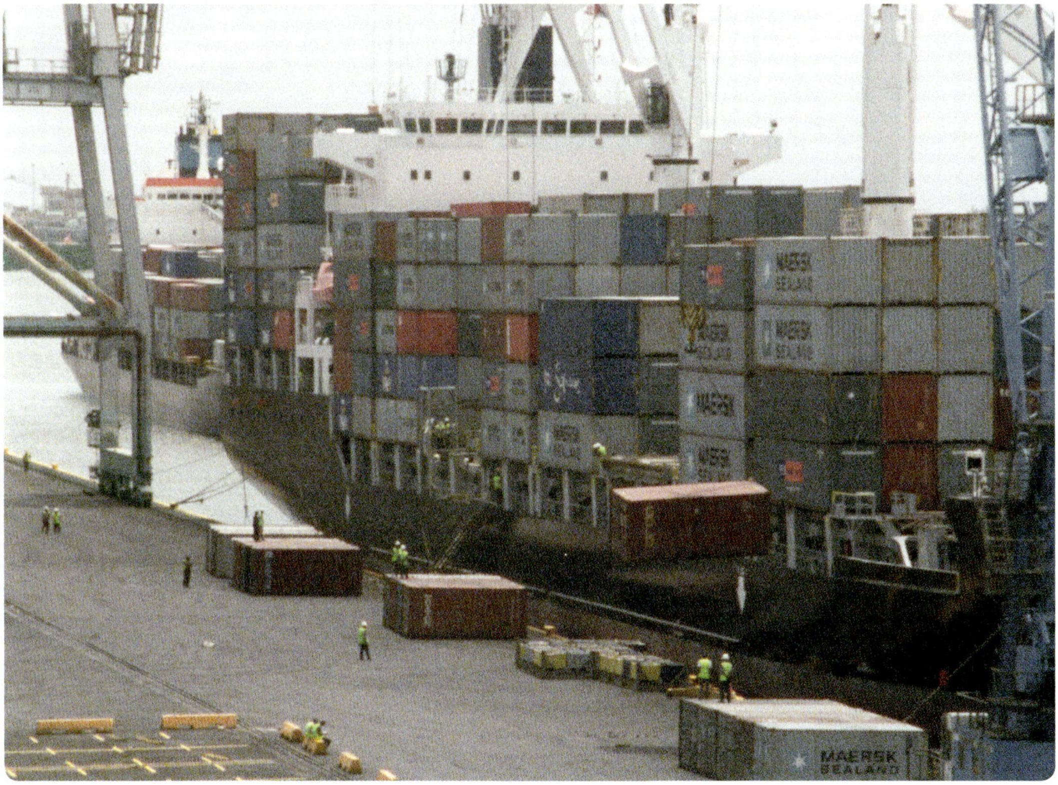

ESSAYS

Creating Free Space for Subjective Response
Tessa Giblin

Het creëren van vrije ruimte voor subjectieve respons
Tessa Giblin

An autonomous individual is constantly faced with the prospect of being either under the aegis of an agency or not—to be inside or outside of an institution. At times this prospect requires that a decision be made or action taken, in other circumstances the individual has no options— they are without agency. Through a series of films, texts, installations and curatorial projects, Lonnie van Brummelen and Siebren de Haan (individually and, more recently, as collaborators) bring their artistic research and the questions they have about the implications of their actions into the conceptual framework of artworks; they actively interrogate political, cultural, economic and aesthetic parameters, and in doing so create and inhabit free, contestable space.

The Site of Free Space

The free space that can be created by intervention and circumvention is the theme as well as the site of response in many of the collaborative works of Van Brummelen and De Haan. In the 16mm film and sculptural installation *Monument of Sugar—how to use artistic means to elude trade barriers* (2007), the artists use artistic means to circumvent trade barriers by employing Harmonization Code 9703 to import tax-free artworks instead of heavily taxed sugar. In the 35mm film *Grossraum (Borders of Europe)* (2005), and the accompanying publication *The Formal Trajectory*, they sought for a way to record the landscape of forbidden military zones at Europe's borders. These strategies can also be mapped in the essay *Autonomy as Strategy* (2004),[1] the open letter and recorded performance *Call of the Wild* (2006), and the film *Obstructions* (2003).[2]

Obstructions portrays the restriction of physical movement in urban space through the use of constructed barriers. Focusing on five different junctions in Amsterdam and The Hague, the 16mm black-and-white film frames each of the sites from above. Diverted roadways, makeshift blockades, mountainous piles of excavated earth and battered signage are lumped together to

---

Een autonoom individu wordt voortdurend geconfronteerd met de mogelijkheid om al dan niet onder de vlag van een *agency* te werken—om zich binnen of buiten een instituut te positioneren. In sommige gevallen vraagt dit een keuze of een actie, in andere gevallen is er geen keuze en staat het individu op zichzelf. Met een reeks films, teksten, installaties en tentoonstellingsprojecten integreren Lonnie van Brummelen en Siebren de Haan (eerder individueel en recentelijk in samenwerking) zowel hun artistiek onderzoek als de vragen die zij hebben over de implicaties van hun acties, in het conceptuele kader van hun kunstwerken. Op een actieve manier bevragen zij politieke, culturele, economische en esthetische parameters, waarmee ze een vrije, betwistbare ruimte creëren en daar tevens bezit van nemen.

Plaats van de vrije ruimte
In veel van de werken die Van Brummelen en De Haan samen maken, is de vrije ruimte die kan worden gecreëerd door interventie en ontwijking, zowel het thema als de plaats van handeling. In de 16mm-film en installatie *Monument Of Sugar—how to use artistic means to elude trade barriers* (2007) zetten de kunstenaars artistieke middelen in om handelsbarrières te omzeilen, gebruikmakend van Harmonisatie Code 9703. Zo konden ze belastingvrij een kunstwerk invoeren in de plaats van zwaar belaste suiker. In de 35mm-film *Grossraum (Borders of Europe)* (2005) en de begeleidende publicatie *The Formal Trajectory* zochten ze naar een manier om het landschap van verboden militaire zones aan de grenzen van Europa te filmen. Deze strategieën zijn ook terug te vinden in het essay 'Autonomy as Strategy' (2004),[1] in de open brief en vastgelegde performance *Call of the Wild* (2006) en in de film *Obstructions* (2003).[2]

Obstructions toont de beperking van fysieke beweging in de stedelijke ruimte door het gebruik van geconstrueerde barrières. De 16mm zwart-witfilm focust op vijf kruispunten in Amsterdam en Den Haag en brengt die plekken van bovenaf in beeld. Wegomleggingen, geïmproviseerde blokkades, hopen zand en gedeukte verkeersborden: ze dienen allemaal ter controle van de verkeersstroom en voetgangers. Deze kruispunten tonen slechts een paar van de talloze punten in ons stedelijke landschap die verstoord worden door grondwerken—soms voor langere tijd—die nodig zijn voor de vooruitgang, voor het implementeren van nieuwe concepten van verkeersgeleiding en voor het verbeteren van asfalt in een proces dat 'herprofilering' wordt genoemd. Het beruchtste voorbeeld in Amsterdam is het constante werk

perform the basic function of crowd and traffic control. These junctions represent some of the numerous points in our urban landscapes that are disrupted for sometimes extended periods of time by the earth-shattering intrusions required by progress, implementing new concepts for traffic flow and upgrading asphalt in a process called 'reprofiling'. In Amsterdam, the most notorious of these are the ongoing street-level works that are excavating (with archaeological care and time-consuming consideration) a wide trench of subterranean space in which the greatly anticipated metro system will run. While in *Obstructions* there might be ideas of progress, urban disruption and cosmetic obliteration of the functionality that litters our civic landscapes running in the background, the focus of the film is made prominent through its beautiful black-and-white simplicity. By framing the sites from above, all attention is drawn to the array of forms below. Within a congested field of vision, small, indeterminate figures emerge out of a tangled

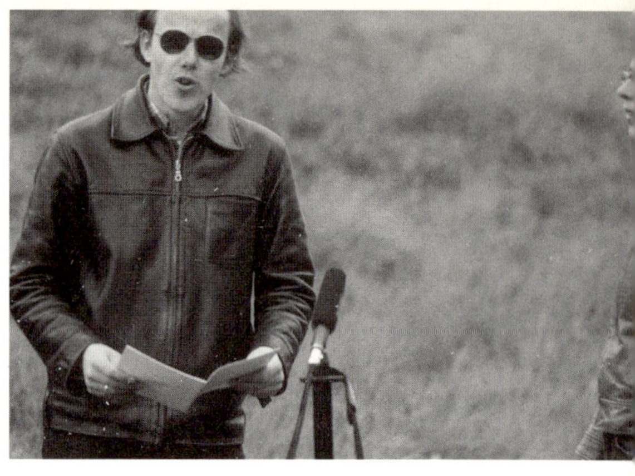

Call of the Wild, lecture along Zwolle ringroad, The Netherlands, 2006

mess of forms, arresting the eyes and demanding attention for the micro-figure in a complex landscape.

Taking a step closer to the subjects of the film—the natural inhabitants and users of civic space—individual journeys are followed as figures make their slow and canny way across the contested space, following the improvised paths

op straatniveau voor het uitgraven (met archeologische zorgvuldigheid en tijdverslindende omzichtigheid) van een brede onderaardse geul waarin de langverwachte metro moet gaan rijden. Terwijl in *Obstructions* op de achtergrond ideeën meespelen over vooruitgang, stedelijke verstoring en het cosmetisch wegmoffelen van de functionaliteit die ons stedelijk landschap vervuilt, komt de focus van de film tot uitdrukking in z'n mooie zwart-witte eenvoud. Door deze plekken van boven te filmen, wordt alle aandacht gericht op de verzameling vormen op de grond. Binnen het overvolle blikveld doemen kleine, ongedefinieerde figuren op uit een warboel van vormen, ze vangen onze blik en vragen aandacht voor het minuscule individu in een complex landschap.

Door in te zoomen op de personen in de film—de natuurlijke bewoners en gebruikers van de openbare ruimte—worden individuele trajecten gevolgd van figuren die langzaam en slim de betwiste ruimte oversteken, en in de geïmproviseerde sporen treden van degenen die hen zijn voorgegaan. Deze op zichzelf staande lichamen brengen routes in kaart die efficiënt aansluiten op de baan van de auto's, die op hun beurt weer bewegen naast trams; deze langere, slingerende figuren die het beeld binnenkomen, het in zijn geheel bestrijken, en weer verlaten, lijken zowel in de toekomst als in het heden en in het verleden te bestaan. De individuele reiziger ontbreekt het aan een dergelijke plaatsbepaling in de ruimte. Een warm aangeklede figuur die vastberaden een buggy over zandhopen duwt en scherpe bochten neemt door een met obstakels bezaaid terrein, herinnert ons eraan hoe gemakkelijk we gewend raken aan constructies die op ons pad worden geplaatst en hoe gelaten we deze accepteren. De stroom en de reorganisatie van de beweging van de mensen is georkestreerd, maar toch duiken herhaaldelijk tekenen op van innovatie en zelforganisatie; de gewenste paden ontstaan op de meest pragmatische manier, ze vormen uiteindelijk de snelste en gemakkelijkste manier om van hier naar daar te komen.

Het zijn de formele keuzes in deze film die het meeste inzicht geven in de praktijk van Van Brummelen en De Haan: de strategie van het autonome individu wordt binnen het kader van de context geplaatst, waarmee duidelijk wordt dat ook de dialoog van de kunstenaars met de ruimte wordt beïnvloed door en afgezet tegen de achtergrond van het kader waarin zij zich geplaatst zien. De reacties die in de film voelbaar worden in een incident, beweging of handeling zijn ontwapenend in hun eenvoud, en tegelijkertijd veelzeggend voor het zich ontwikkelende vocabulaire en de praktijk van deze kunstenaars.

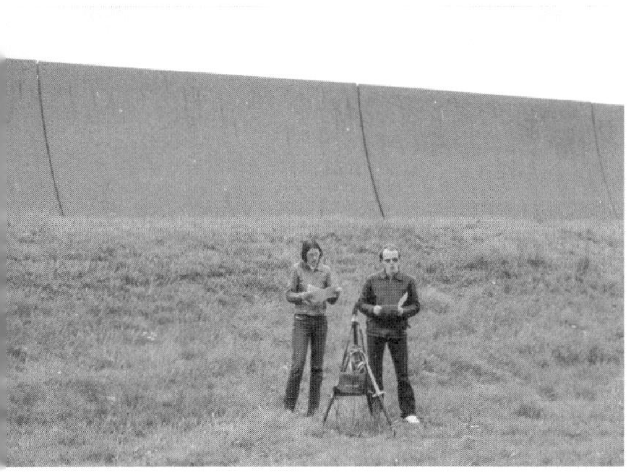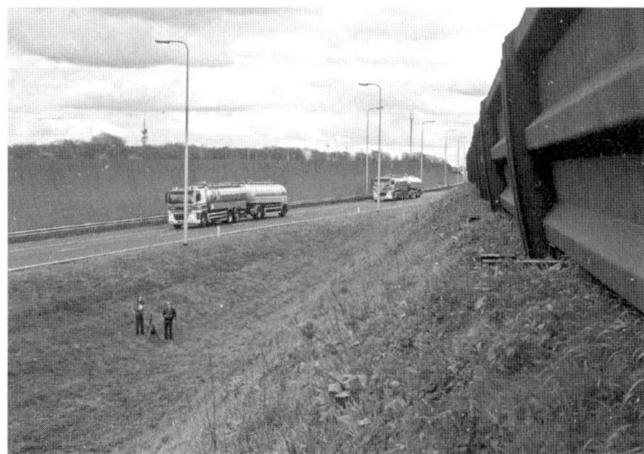

of those gone before. These singular bodies map routes of navigation that succinctly fall in place in relation to cars, which in turn co-exist next to trams; these longer, snaking figures, which enter the frame, span the frame and then exit the frame, also seem to exist in the future, the present and the past. The singular figure enjoys none of these placeholders in space. Watching a coated

figure pushing a buggy over mounds, around tight corners, and through obstructed territories with determination, is a poignant reminder of how naturally we become accustomed to, and accepting of, the constructions that are placed in our way. The flux and reorganization of the movement of people has been orchestrated, but signs of innovation and self-organization

Converseren met de vrije ruimte

Waar in *Obstructies* de idee van betwiste ruimte en de mogelijkheid van vrije ruimte tot uitdrukking worden gebracht door fysieke representatie, kunnen de essays *Autonomy as Strategy* en *Call of the Wild* worden gesitueerd in het veld van de dialoog. Het eerste werd geschreven voor *Zillions*, een solotentoonstelling van Jeroen de Rijke in de reeks *Disclosures*. Deze werd aanvankelijk opgezet door Siebren de Haan in hun appartement—dat hiervoor tijdelijk werd omgedoopt tot tentoonstellingsruimte vriza— en groeide geleidelijk uit tot een samenwerkingsproject. *Call of the Wild* is een open brief die zij publiceerden in het tijdschrift *Open* in respons op een kunstopdracht in de openbare ruimte van de stad Zwolle. Bij de presentatie van het tijdschrift presenteerden de kunstenaars audio-

opnamen en dia's van een voordracht van deze brief—voorgelezen bij een afslag van de provinciale ringweg, naast Serra-achtige geluidswallen. Hoewel beide essays op zichzelf betekenis hebben, en ook herkenbaar zijn in die vorm, zijn het tevens kunstwerken, met in hun opzet eenzelfde strategische intentie als de films en installaties.

In *Call of the Wild* is de gesprekspartner van de kunstenaars het kunstinstituut. Het publiek is een zwijgende maar actieve getuige: de toeschouwer. In de opname dragen de kunstenaars om beurten zinnen van de monoloog voor, ondertussen strijd leverend met een winderige dag en gehinderd door het constante geraas van de nabijgelegen autosnelweg. Geschreven als een kritische reactie op een institutionele opdracht, stelt het stuk ook in bredere zin vragen over institutionele motieven en instrumentalisering, waarbij de kunstenaars citeren uit

hun ervaringen opgedaan bij het maken van *Grossraum* in Nicosia, Cyprus. *Call of the Wild* is niet alleen een kritische contextualisering van andere curatoriale casestudy's, maar vraagt ook aandacht voor de omstandigheden en contexten

Autonomy as Strategy

Autonomy as Strategy, essay, 2004

repeatedly emerge; desire lines are made in the most pragmatic of fashions, being the quickest and most convenient way to get between here, and there.

The formal decisions made in the film give the most insight into the practice of the artists: the strategy of the autonomous individual is set within the frame of the context, meaning that their dialogue with space is informed by, and constructed against, the platform they are set within. The refractions that can be felt from a singular incident, motion or action are disarming in their simplicity, yet hugely significant in the developing vocabulary of the artists' practice.

Conversing with Free Space

Whereas the idea of contested space and the possibility of free space is articulated through physical representation in *Obstructions*, the essays *Autonomy as Strategy* and *Call of the Wild* can both be situated in the field of dialogue. The first was written for *Zillions*, a solo exhibition of Jeroen de Rijke, as part of the *Disclosures* series initially curated by Siebren de Haan at their apartment (called art space vriza) but gradually growing into a collaborative project. *Call of the Wild* is an open letter published in the magazine *Open*, in response to a commission for a work in the public space in the city of Zwolle. At the launch of the magazine, the audio recording and slides were presented of the artists reading the letter next to a Richard Serra-like noise barrier, at one of the exits of the Zwolle ringroad. Significant as individual essays, and familiar in that form, they are also artworks, and have the same intention of strategy implicated in their construction as that of the films and installations.

In *Call of the Wild*, the institution of art is the artists' partner in dialogue; their audience is a silent but active observer—the spectator. In the recording, the artists deliver a monologue in alternating stanzas, competing with a windy day, and impeded by the constant droning of the nearby motorway traffic. Made as a critical

waarin kunstenaars worden verwacht te werken. En voor het risico van ondermijning van de vrije ruimte van kunstenaars, dat schuilt in het proces van uitnodigen en opdrachtgeven voor locatiegebonden kunstwerken. 'We willen de implicaties van deze institutionele identificatie met de queeste van de kunstenaar toelichten door een ervaring uit onze interventiepraktijk aan te halen.' De kritische context van hun vragen was gebaseerd op de constatering dat de praktijk van de tentoonstellingsmaker veel overeenkomsten vertoont met die van henzelf, waarbij ze de rol van de curator ter discussie stellen, die de weg effent voor een interventie en de zo ontstane situatie aanbiedt als uitgangspunt voor de kunstenaars om werk te maken. 'Kunnen kunstwerken die op verzoek van kunstorganisaties worden gerealiseerd in een gemilitariseerd gebied echter nog wel worden beschouwd als kritische,

artistieke interventies? Wat voor interventie kunnen kunstenaars nog doen wanneer kunstorganisaties niet alleen het handwerk overnemen, maar tevens het idee van de interventie zelf? Beroven zij de locatiegebonden artistieke praktijk niet van z'n kritische kant door het pad te effenen?'

De instrumentalisering van kunstwerken binnen institutionele kaders (waaronder ook die van de curator) speelt een belangrijke rol in dit werk. Het is een vraag en problematiek die is voortgekomen uit praktische werkervaringen, maar die ook kan worden opgevat als een allegorie van de omstandigheden van een dagelijks, gepolitiseerd leven. Als subject hebben we altijd de verantwoordelijkheid of de mogelijkheid om te handelen, of niet. Zoals de kunstenaars schrijven in *Autonomy as Strategy*: 'In een gepolariseerde wereld betekent het innemen van een standpunt

het kiezen van een kant, waardoor er weinig ruimte overblijft voor een open uitwisseling van ideeën.' Het essay *Call of the Wild* en de ondersteunende actie zijn op te vatten als institutionele kritiek,[3] maar kennen veel meer lagen en kunnen ook worden gezien als het creëren van een dialoog tussen instellingen en gecontracteerde kunstenaars. De interactie die op gang kan worden gebracht tussen artistieke posities en de doelstellingen van instituten kan de vrije, autonome ruimte verder in kaart brengen, een ruimte die zowel conceptueel als fysiek kan worden opgevat—de opname werd immers gemaakt op een onbruikbaar stuk grond vlak bij de geluidswal van de rondweg van Zwolle. De kunstwerken van Van Brummelen en De Haan laten zien dat intellectuele ruimte net zozeer wordt betwist—en evenzeer openstaat voor kritiek en ondervraging—als de geblokkeerde kruispunten in de stad, en daarmee dus ook mogelijkheden

response to an institutional commission, the piece is a broader interrogation of institutional motivation and instrumentalization, which also cites their experience during the making of *Grossraum* in Nicosia, Cyprus. As well as being a critical contextualization of other curatorial case studies, *Call of the Wild* is a call to attention for the conditions and contexts in which artists are expected to work, and the risk of undermining artists' 'free space' in the process of inviting and commissioning site-specific artworks. 'We would like to explain the implications of this institutional identification with the quest of the artist by citing an experience from our own intervention practice.' The critical context of their questions were based on the proximity of curatorial practice to their own practice—precisely, querying the role that curators are taking when preparing an intervention as a platform from which the artists were invited to work. 'But can works of art that are installed in a militarized area at the request of an art organization still be seen as critical, artistic

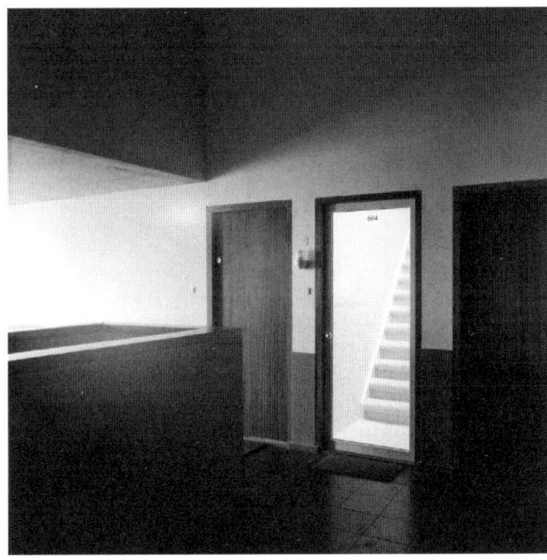

Entrance to *Disclosures* series at vriza, Amsterdam, 2004–2008

interventions? What is left for artists to intervene when art organizations not only take over the manual work, but also the idea of the intervention itself? By smoothing out the path, do they not

biedt tot autonome navigatie en omzeiling.

De tekst *Unfair Competition: Request for Support* (2006) gaat vooraf aan *Monument of Sugar* en is tekenend voor de vastberadenheid waarmee de kunstenaars hun motivering en het traject van hun onderzoek en ontwikkeling inzichtelijk willen maken. De taal waarvan ze zich bedienen om dit proces te beschrijven, is zelf bijna institutioneel en dat is geen toeval. Terwijl de kunstenaars veel zichtbaar maken van wat meestal onzichtbaar blijft (de institutionele praktijk), maken ze ook zichzelf tot instituut. Van Brummelen en De Haan wonen en werken in een fraai verbouwd appartement op het KNSM-eiland in Amsterdam, dat ze gedurende vier jaar hebben opengesteld als een kunstruimte onder de naam vriza (een afkorting van vrijdag/zaterdag, de dagen waarop het appartement voor het publiek geopend was) en

waar ze de serie tentoonstellingen en bijbehorende publicaties *Disclosures* hebben gemaakt.

Terwijl het publiek binnenkwam over een met wit tapijt beklede trap, namen de tentoonstellingen tijdelijk de huisvesting van de kunstenaars over. Geconfronteerd met de verantwoordelijkheid voor andermans kunstwerken en het creëren van een context daarvoor, sloten zij iedere neiging om kunst en leven te scheiden uit. Dit volledig opgaan in hun identificatie met het kunstinstituut

en hun betrokkenheid daarbij, toont opnieuw het streven naar een open, vrije ruimte, die zij verkiezen boven provocatie of een uiteenvallen in dissensus.

In *Autonomy as Strategy* komt het helder houden van de artistieke intenties van de kunstenaar aan de orde. De tekst begint met een analyse van de huidige discussie over het Nederlandse nationalisme, bespreekt aan de hand van de praktijken van Rem Koolhaas en Santiago Sierra architectuur als een potentieel

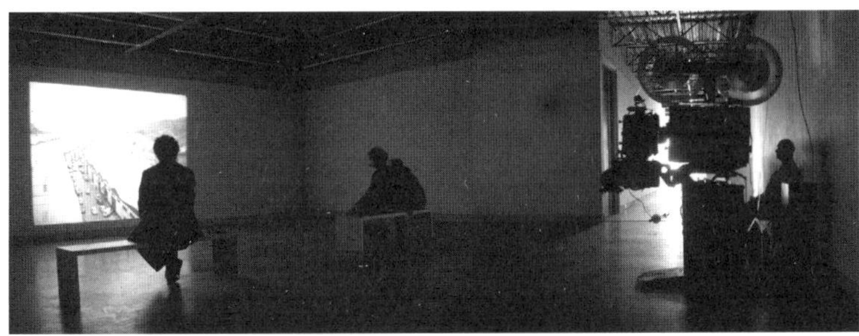

Grossraum (Borders of Europe), TPW Gallery, Toronto, 2007

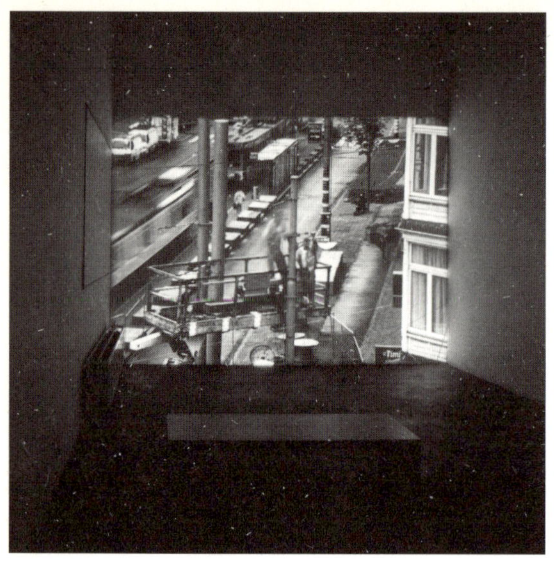
Obstructions, vriza, Amsterdam, 2003

frameworks has a strong voice in the work. It is a question and problematic that has arisen in response to their practical working experiences, but can also be understood as an allegory for conditions of a daily, politicized life. As a subject, one always has the responsibility or option to act, or not. As the artists write in 'Autonomy as Strategy', 'In a polarized world, taking a stand becomes choosing a side, thus little space remains for an open exchange of ideas.' The action sustained in *Call of the Wild* could have been seen as institutional critique, yet is much more layered, and can be understood as creating a dialogue between institutions and contracted artists.[3] The flux that can be constructed between artistic positions and institutional goals can further map out the free, autonomous space that is conceived conceptually and also physically—the recording being produced on the unusable land nearby the sound barrier on Zwolle's ring road. Van Brummelen and De Haan's artworks show us that intellectual space is just as contested—and

deprive site-specific artistic practice of its critical edge?'

The instrumentalization of artworks within institutional (which subsumes curatorial)

medium voor kritische betrokkenheid en oppert ten slotte het conceptueel samengaan van tegenovergestelde maar niet vijandige artistieke strategieën, door Guy Debord en de situationisten te vergelijken met de Zwitserse kunstenaar Thomas Hirschhorn: 'De situationisten wilden met hun acties een wereldrevolutie bewerkstelligen die tot totale vrijheid zou leiden. Hirschhorns motieven lijken minder concreet en alomvattend. Met formuleringen als "… kunst is geen consensus, kunst is niet diplomatiek, kunst kan niet voortkomen uit verdachte compromissen", suggereert hij dat hij niet zoals de situationisten de wereld wil bevrijden door middel van kunst, maar dat hij de kunst van de wereld wil bevrijden. Hirschhorn stelt dat de kunst alleen door zich te bevrijden van de compromissen van de actualiteit "de werkelijkheid in haar meest complexe, verdichte en obscure vorm" kan ontrafelen.'

Met het benadrukken (of creëren) van dichotomieën geven Van Brummelen en De Haan de parameters van hun context aan. De autonomie van praktijk en handelen waarnaar zij streven, is een conceptueel kader van hun werk geworden. Juist omdat zij een dialoog creëren rond de dychotomie, in plaats van een confrontatie aan te gaan, kan die op zo'n interessante en open manier functioneren. De dialoog die zou kunnen ontstaan tussen kunstenaars en curatoren of opdrachtgevers (*Call of the Wild*), tussen kunstenaars en politieke gezagsdragers (*The Formal Trajectory*),[4] tussen kunstenaars en subsidie verstrekkende culturele instellingen (*Unfair Competition: Request for Support*)[5] wordt in het werk opgenomen en vertelt een deel van het verhaal van de reis die werd afgelegd. In die zin is de vrije ruimte die zich aftekent, een ruimte van verzet en van artistieke integriteit,

een ruimte die daadwerkelijk publiek en ervaarbaar wordt in de vertoning van het werk.

Cartografie van onderzoek
'Artistiek onderzoek' is een domein dat op het moment breed in de belangstelling staat en veel discussie oproept. Een deel van die discussie wordt aangewakkerd door de sceptische opvatting dat kennisproductie—het resultaat van het artistiek onderzoek— voornamelijk een poging is tot

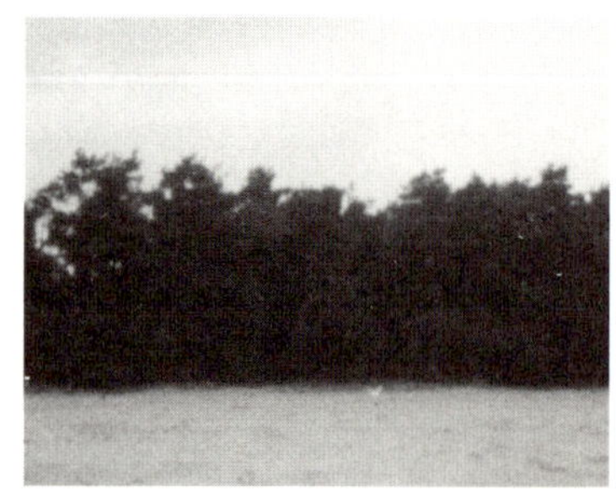
Run Away Films, Lonnie van Brummelen, 1997

open to criticism and interrogation—as obstructed urban junctions are, and therefore open to autonomous navigation and circumvention.

The text *Unfair Competition: Request for Support* (2006) is the precursor to *Monument of Sugar* and is symptomatic of the artists' commitment to making transparent their motivation and the trajectory of their research and development. The language they use to describe the process almost borders on the institutional itself, but this is by no means coincidental. As much as the artists make visible that which is usually invisible (institutional practice) they also institutionalize themselves. Living and working in a beautifully converted loft apartment in KNSM-Island in Amsterdam, Van Brummelen and De Haan, for a period of 4 years, ran an art space called vriza (an abbreviation of Friday, Saturday in Dutch, the days during which the apartment would be open for the public), through which they curated the series of exhibitions and publications *Disclosures.*

An infamously white, carpeted staircase served as entranceway to the exhibitions, which temporarily colonized the domestic arrangements of the artists, precluding any impulse they might have had to separate art and life when faced with the responsibility and context of other people's artworks. This complete immersion in all aspects of their identification and engagement with institutions of art shows them again striving to clear a free space, rather than deteriorating into an argument or provocation.

In *Autonomy as Strategy*, the difficulty in sustaining the clarity of artistic intentions is problematized. The text begins with a deconstruction of the contemporary Dutch nationalism debate, looks at architecture as a potential agent for critical engagement through the practices of Rem Koolhaas and Santiago Sierra, and proposes the conceptual cohabitation of opposite yet sympathetic artistic strategies by comparing Guy Debord and the Situationists with the Swiss artist Thomas Hirschhorn:

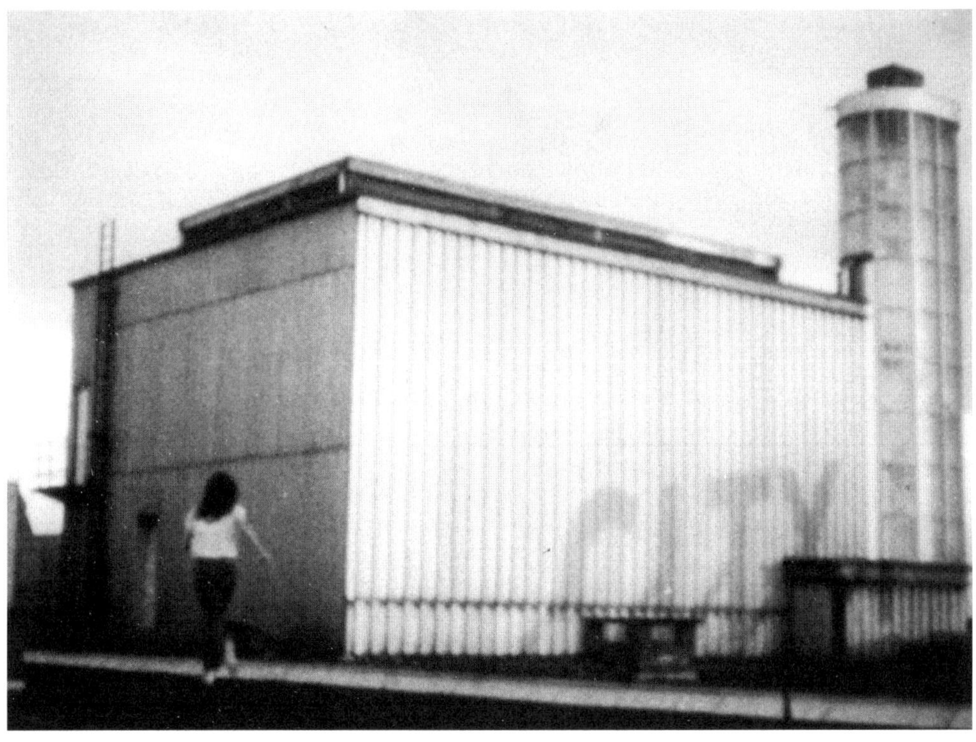

Run Away Films, Lonnie van Brummelen, 1997

'The Situationists wanted their actions to lead to a world revolution towards total freedom; Hirschhorn's motives seem less concrete and total. In sentences like "…art is not consensus, art is not diplomatic, one cannot create art from suspicious compromises," he suggests that he does not, like the Situationists, want to liberate the world through art, but that he wants to liberate the art of the world. Hirschhorn suggests that only when liberated from compromising actuality, art can unravel "reality at its height of complexity, density and obscurity".'

It is through the highlighting (or creation) of binaries that Van Brummelen and De Haan indicate the parameters of their context. The autonomy of practice and action they strive for has become a conceptual framework in their work, and functions in such an interesting and open way precisely because they create a dialogue around the binary, rather than confronting it in reaction. The dialogue that might occur between the artists and curators or commissioners (*Call of the Wild*), the artists and political authorities (*The Formal Trajectory*)[4] or the artists and cultural funding institutions (*Unfair Competition: Request for Support*),[5] is subsumed into the work and writes part of the narrative of the journey being undergone. In this sense, the free space that is being paced out is the space of resistance, the space of artistic integrity, and a space that is made very public and very accountable when the work is shown.

Mapping Research

'Artistic research' is an area of practice currently surrounded by much debate and interest. Some of this debate is fuelled by the scepticism that knowledge production—the result of artistic research—is mainly an endeavour that justifies the relatively new practice-based PhD programmes.[6] The palpable artistic research which clearly underpins Van Brummelen and De Haan's practice has quite a different function. Their process both includes the commonly known practice of research and has become an aesthetic

legitimering van betrekkelijk nieuwe praktijkgeoriënteerde doctoraalprogramma's.[6] Het tastbare artistieke onderzoek, dat de basis vormt voor de praktijk van Lonnie van Brummelen en Siebren de Haan, heeft een andere functie. Hun proces omvat zowel de algemeen bekende praktijk van onderzoek, maar is ook een esthetisch middel geworden. In veel van de tot dusver geciteerde publicaties is het gepresenteerde onderzoek zowel feitelijk exact, als uitwaaierend intuïtief—het is geësthetiseerd. De levendige gesprekken en gedeelde ervaringen met mensen die ze onderweg ontmoeten, overlappen de beschrijvingen van administratieve obstakels opgeworpen door gezagsdragers.

De manier waarop het onderzoek wordt uitgevoerd, de netelige paden die ze afleggen en de esthetische beslissingen die ze nemen om de feiten te achterhalen achter rumoer of retoriek, wijzen op de formele rol die het onderzoek in hun praktijk speelt. Het is niet slechts een middel om een doel te bereiken, maar meer een pad van onderhandeling, waarbij een omweg waarschijnlijk meer nieuwe en onvoorziene situaties oplevert. Deze toevallige ontmoetingen vormen, net zozeer als de verleidelijke en intrigerende kwaliteiten van hun films, het weefsel en de textuur van hun kunstwerken.

Formele sensualiteit

Het medium film vormt prominent materiaal in hun installaties. De projector wordt vrij in de ruimte gezet. De toeschouwer zit er vlak bij en luistert naar het ratelen en klikken van de film, die door de vele lussen van de projector loopt. Hij is zich constant bewust van het medium en legt daardoor de relatie met het onderwerp van de film. In *Obstructions* bijvoorbeeld, wordt binnen het langzaam bewegende blikveld de aandacht verdeeld over de precieze, kleine bewegingen van geïsoleerde mensen, machines en de op water kaatsende lichtflitsen, waardoor de indruk ontstaat van een tableau met geanimeerde elementen. De film is vol beweging, wat nog eens wordt benadrukt in het contrast met de langzame, geconcentreerde cameravoering.

In de *Wegrenfilms* (1997),[7] drie vroege, geluidloze studies in een enkel shot van Lonnie van Brummelen, heeft de omgeving een bijna etherische schilderachtige kwaliteit die onmiddellijk wordt verstoord door de figuur van de kunstenaar. Zodra ze de camera heeft aangezet, rent de kunstenaar hard weg, tot ze niet meer te zien is. Een van de *Wegrenfilms* is opgenomen op het dak van de Citybioscoop in Amsterdam, waar Van Brummelen ooit heeft gewerkt. Het kader wordt gevuld door dakconstructies badend in een warm licht, dat wordt doorbroken door de

means; in many of the publications cited so far, the research presented is both factually precise and meanderingly intuitive—it has become aestheticized. Overlapping the descriptions of administrative cartwheels and obstructions by authorities are the reactive conversations and shared experiences that occur with people met along the journey. Thus, the way the research is undergone, the unerringly difficult paths taken and aesthetically direct decisions made in order to find out the actuality behind a rumour, or rhetoric, indicate the formal role that research has in the practice. It is not just a means to an end, but more a negotiated path, where the long way round is more likely to throw up new and unforeseen situations. These chance encounters provide the fabric and texture of their artworks just as much as the seductive and mesmerizing qualities of film.

Formal Sensuality

The medium of film is a very prominent material in their installations. The projector is displayed openly in space, the spectator will sit in close proximity to it, listening to the whirs and clickings of the film sliding through the many loopings of a projector, constantly aware of the medium and inferring therefore its relationship to the subject of the film. In *Obstructions*, for example, within the slowly moving field of vision, the precise and small movements of isolated people, machines or flashes of light reflecting on water, split the focus, behaving a little as a tableaux with animated elements. The film is alive with movement, emphasized by contrast with the slow and concentrated movement of the camera.

The *Run Away Films* (1997),[7] earlier works by Lonnie van Brummelen, are three completely silent, single-shot studies in which the environment takes on an almost ethereal painterly quality, which is instantly disrupted by the figure of the artist. After switching on the camera, the artist runs away, hard and fast, until obscured. One of the *Run Away Films*, which is shot on the roof of the City cinema in Amsterdam where

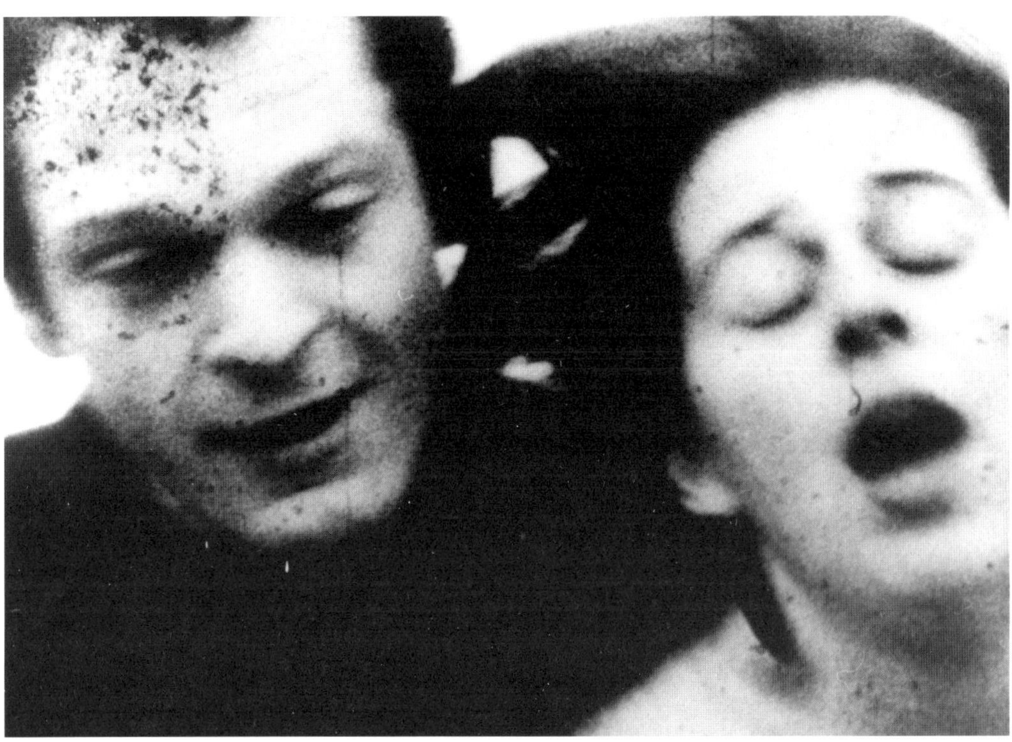

I Frenatori, Lonnie van Brummelen and Willem de Rooij, 1997

Van Brummelen once worked, frames rooftop structures as they are bathed in a warm light, while casting a shadow of the building's tall signage. Climbing the structures, the artist disappears as the image continues to project the City roofline as it was, moments before the artist's intervention interrupted its monumentality. In another of the *Run Away Films*, as Van Brummelen runs awkwardly across the sand dunes towards the forest, the sand and sky are also reflecting the rose light of a waning day. The films lightly skirt a too-direct reference to either romantic painting or the filmic implications of the passage of time, and instead harness an aesthetic language of their own, which can be clearly felt in the later films. The conceptual and subject-related interests of the films are also bound up in ideas of escapism, or exit strategies;[8] quite simply, the single action of each of these films is the artist running away.

Another earlier film that utilizes a single action to allude to broader philosophical ideas is *I Frenatori* (1997).[9] The only film to include sound, it was made by Van Brummelen in collaboration with Willem de Rooij, who also worked together with Jeroen de Rijke for many years. Framing the head and shoulders of a running Lonnie van Brummelen, the inclusion of sound heightening the awareness of movement and pace, the black-and-white 16mm film tangibly recalls the movement of celluloid film through the apparatus of the projector, just as the artist's hair, streaming and buffeting around her, relates to early scratch films and animations.[10] Becoming audible before visible is the approaching figure of Willem de Rooij. With the rhythmic pace of his movement slightly faster than the first runner's, and the sound increasing in intensity, de Rooij appears for a moment at the climax of the film before engulfing Van Brummelen and forcing them both out of the frame. The looming approach of this second runner is both menacing and relieving. Although there is the classic reminder of running in fear of an unknown entity gaining pace from behind, the calm regularity and easy rhythm of

schaduw van het grote reclamebord op het gebouw. Terwijl Van Brummelen over de daken klimt en uit het zicht verdwijnt, blijft de daklijn van de City in beeld, zoals die was vlak vóór de interventie van de kunstenaar het monumentale beeld verstoorde. In een van de andere *Wegrenfilms* rent Van Brummelen struikelend over duinen naar een bos en ook hier worden zand en lucht getekend door het roze licht van een dag die op z'n einde loopt. De films omzeilen luchtig een al te directe verwijzing naar de romantische schilderkunst of naar de filmische implicaties van het verstrijken van de tijd. Ze bezitten juist een eigen esthetische taal, die duidelijk voelbaar wordt in de latere films. De conceptuele en onderwerpgerelateerde interesse in deze films is verweven met noties van escapisme of *exit strategies*;[8] de enkelvoudige actie in elk van deze films is simpelweg dat de kunstenaar wegrent.

Een andere vroege film waarin een enkelvoudige actie wordt ingezet als verwijzing naar een breder filosofisch idee, is *I Frenatori* (1997).[9] Van Brummelen maakte deze film, de enige met geluid, samen met Willem de Rooij, die gedurende lange tijd heeft samengewerkt met Jeroen de Rijke. Terwijl het gezicht en de schouders van een rennende Lonnie van Brummelen in beeld worden gebracht, verhoogt de soundtrack het besef van beweging en snelheid. Deze 16mm zwart-witfilm roept tastbare herinneringen op aan de beweging van celluloid door een projectieapparaat; en het dansende en golvende haar van de kunstenaar is in relatie te brengen met vroege scratch-films en animaties.[10] Voordat we hem zien, horen we Willem de Rooij al aankomen. Het tempo van zijn ritmische beweging ligt iets hoger dan dat van de rennende Van Brummelen vóór hem, en met de toenemende intensiteit van het geluid komt De Rooij bij de climax van de film een moment in beeld, waarna hij Van Brummelen overrompelt en hen beiden uit beeld duwt. Het opdoemen van de tweede rennende figuur is zowel bedreigend als opluchtend. Het bedreigende aspect van de klassieke associatie met het angstig wegrennen voor een vanachter naderend onheil, wordt tenietgedaan door de kalme regelmaat en het rustige ritme waarmee Van Brummelen rent, en door haar gelaatsuitdrukking. De achtervolger houdt simpelweg haar voortgang tegen—lichamelijk en vastbesloten, maar zonder kwaadaardigheid. *I Frenatori* is de eerste van twee gefilmde performances waarin zij proberen om te 'vertragen'. In de andere performance zien we de kunstenaars rennen aan weerszijden van een auto die steeds sneller gaat rijden, waarbij ze uiteindelijk aan de raamopeningen

Van Brummelen's pace as well as the composure of her face refute these notions of menace: instead, the second runner simply stops the progress of the first—physically and determinably, but without malevolence. It is the first of two filmed performances in which they attempt to 'slow down'. The second shows the artists, each on either side of a car and running next to it as it picks up speed, both eventually hanging onto the windows with feet dragging along the ground to slow down the car.

Concrete Island

The mobility that Van Brummelen and De Haan have provided for themselves in their creation of a free space for subjective response inevitably gleans much of its definition from its relationship to the given institutional boundaries. The institution, administration, or agent provides, through its own unique, characteristic response and position, part of the measure for a parameter of this free space. By inhabiting that territory so frequently, the artists have become quite accustomed to its isolation, recalling in an odd, perhaps whimsical way, the impending discovery of natural conditions in the closing pages of J.G. Ballard's novel, *Concrete Island*. Because, without a doubt, Lonnie van Brummelen and Siebren de Haan are enjoying their territory. It is a zone which enables free artistic interpretation, provides a constant boundary for a framework, illuminates and creates awareness of the limitations present everywhere, and also stays alert for a change of wind at any time.[11] And as a friend noted recently about the more subtle undercurrents in the work, which for aesthetic reasons it is interesting to insert here as a last thought, it provides fertile ground for the nurturing of a 'very serious sense of humour'.

Notes
1. *Autonomy as Strategy*, essay, initially published for the exhibition *Disclosures* of Jeroen de Rijke, vriza, 2004, www.vriza.nl.

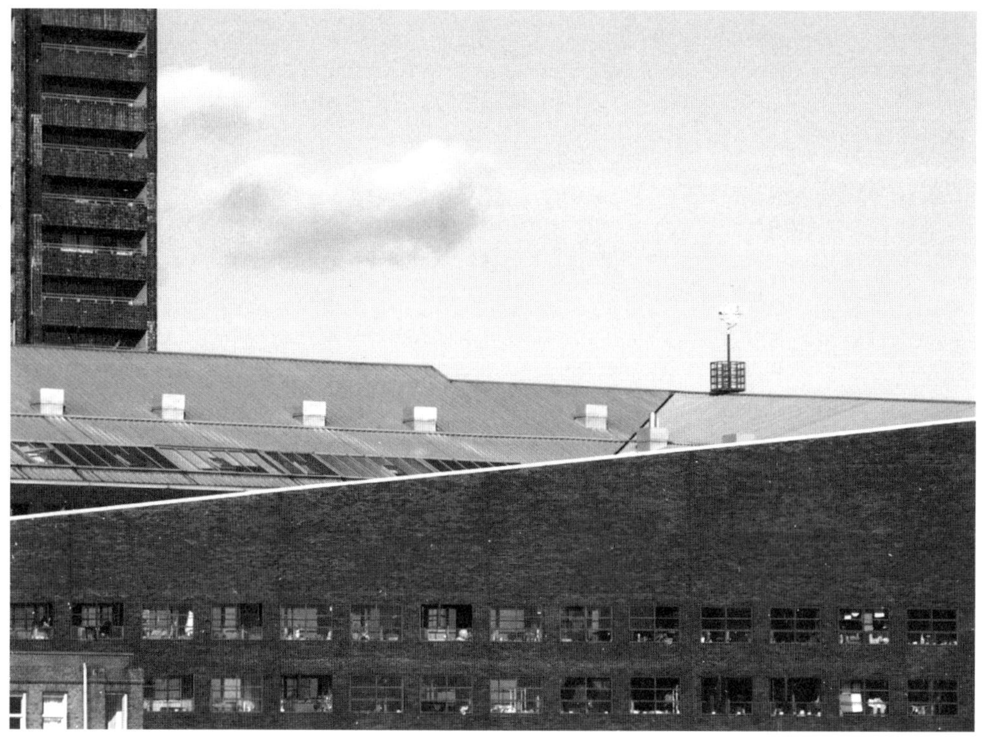

Lookout with Wind Turbine, Marjetica Potrč in cooperation with vriza, Amsterdam, 2008

2. *Obstructions,* 16mm film, b/w, silent,
25 minutes, 2003.
3. The evolution of 'institutional critique' as
a mode of practice is also queried in this manner;
with many forward-looking museums and agents
of art looking to rediscover their purpose internally,
giving rebirth to the museum from the inside or
making their own cultural politics and the broader
implications of their role as cultural colonialists the
subject of public exhibition has either provided an
exit strategy for the practice of institutional critique
and marked the growth of the museum and its
ability to learn from art practice, or it has colonized
the territory and effectively pulled the rug out from
beneath these artists.
4. *The Formal Trajectory*, Amsterdam: vriza,
2005 (publication presented alongside *Grossraum*,
35mm, colour, 35 minutes, 2004/05, and in large
part tracks the trajectory of research that the artist
took towards making the film).
5. *Unfair Competition: Request for Support*,
publication, 2006 (charting the conceptual
background of interests in the European sugar
trade and the artists' motivation for investigating it,
and also functioning as a request for support to

make an artwork which endeavoured to 'use artistic
means to elude trade barriers', resulting in the
16mm film and sculptural installation *Monument
of Sugar*, 2007.
6. As the term 'knowledge production' becomes
more commonly used it also takes on concrete
and identifiable connotations, increasingly used
to create solid, fiscal accountability for artistic
research, which is in turn an endeavour that
justifies the relatively new practice-based PhD
programmes, which in turn are a vehicle for
providing academically sanctioned financial
support to artists and other art professionals, neatly
circumventing the ever-tightening limitations and
representational concerns of national cultural
funding agencies as well as the clutching forces
of the market.
7. Dutch title: *Wegrenfilms*, Lonnie van
Brummelen, 16mm, colour, 3 films of 1 minute,
1997.
8. These exit strategies and the institution's
preservation of them has become quite visibly
contested in recent years. A (in this sense)
provocative series of exhibitions in 2006/07
represented the practices and legacies of artists

---

hangen en met hun voeten over
de grond slepen om de auto af
te remmen.

Concrete Island

De bewegingsruimte die Van
Brummelen en De Haan zichzelf
hebben verschaft, door vrije ruimte
af te bakenen voor subjectieve
respons, is niet los te zien van de
relatie met bestaande institutionele
begrenzingen. Instellingen, overheden
of bemiddelaars bepalen, met hun
unieke, kenmerkende reactie en
positie, een deel van de grenzen
van deze vrije ruimte. Omdat de
kunstenaars zo vaak in dit gebied
verblijven, zijn ze gewend geraakt aan
een mate van afzondering. Op een
merkwaardige en wat speelse manier
doet dat denken aan de ophanden
zijnde ontdekking van natuurlijke
omstandigheden op de laatste pagina's
van J.G. Ballards roman *Concrete
Island*. Want het lijdt geen twijfel dat
Lonnie van Brummelen en Siebren de

Haan hun territorium op prijs stellen.
Het is een zone die vrije artistieke
interpretatie mogelijk maakt,
voortdurend grenzen voor een kader
verschaft, licht werpt op en besef
creëert van de alomtegenwoordige
beperkingen, en waarin je alert blijft
voor het draaien van de wind.[11]
En, zoals een vriend laatst opmerkte
over de subtiele onderstromen in hun
werk—en om esthetische redenen is
het interessant om dat hier als laatste
gedachte te vermelden—het is een
zone die vruchtbare grond biedt
voor het kweken van een 'zeer ernstig
gevoel voor humor'.

Noten

1. *Autonomy as Strategy*, essay,
oorspronkelijk gepubliceerd voor de
tentoonstelling *Disclosures* van Jeroen
de Rijke, vriza, 2004, www.vriza.nl.
2. *Obstructions*, 16mm, z/w, stil
25 minuten, 2003.
3. De ontwikkeling van 'institutionele
kritiek' als praktijkmodel wordt op
eendere wijze onderzocht; veel op

de toekomst gerichte musea en
kunstvertegenwoordigers proberen hun
doelstellingen intern te herontdekken.
Het museum wordt nieuw leven
ingeblazen van binnen uit en de
eigen cultuurpolitiek en de bredere
implicaties van hun rol als culturele
kolonialisten worden tot onderwerp
van tentoonstellingen gemaakt. Dat heeft
geleid tot een *exit strategy* voor de praktijk
van institutionele kritiek en markeerde de
groei van het museum en zijn vermogen
om te leren van de kunstpraktijk, maar
heeft ook het terrein gekoloniseerd en
deze kunstenaars in feite onderuitgehaald.
4. *The Formal Trajectory*, Amsterdam:
vriza, 2005 (gepresenteerd samen
met *Grossraum*, kleur, 35mm, 35
minuten, 2004–2005, volgt grotendeels
het onderzoekstraject dat de kunstenaars
hebben gevolgd voorafgaand aan het
maken van de film).
5. *Unfair Competition: Request for
Support*, publicatie, 2006 (brengt de
conceptuele achtergrond van de belangen
in de Europese suikerhandel in kaart,
evenals de motieven van de kunstenaars
om die te onderzoeken, en functioneert
tevens als een subsidieaanvraag voor
het maken van een kunstwerk dat een
poging doet om 'met artistieke middelen

such as Lee Lozano and Bas Jan Ader, potentially instrumentalizing the practices to such a degree that they were more displaying the remnants of a practice, rather than being *with* a practice: to step out of art is one of the more complete actions a conceptual artist can take; to be brought back in after passing on, is also a very loud curatorial position.

9. *I Frenatori*, Lonnie van Brummelen and Willem de Rooij, black-and-white, 16mm, 3 minutes, 1997; soundtrack by Arnout Killian, camera by Nell Donkers, driver Robbert Weelinck.

10. For example, of Len Lye.

11. The artists use this phrase to cite Robert Smithson from Jack Flam (ed.), *Robert Smitson: The Collected Writings*, Berkeley: University of California Press, 1996, in: *Call of the Wild* (2006).

handelsbarrières te omzeilen', hetgeen resulteerde in de installatie *Monument of Sugar*, 2007, bestaande uit een 16mm-film en een sculptuur).

6. Naarmate de term 'kennisproductie' meer in zwang komt, krijgt hij ook concrete en herkenbare connotaties, die steeds vaker gebruikt worden om artistiek onderzoek een solide en budgettair verantwoorde status te geven. Dat is op zich weer een legitimering van de betrekkelijk nieuwe praktijkgeoriënteerde doctoraalprogramma's, die op hun beurt weer facilitair zijn in het verstrekken van academisch gesanctioneerde financiële ondersteuning aan kunstenaars en andere kunstprofessionals. Daarmee worden de steeds krapper wordende budgetten en representatieve belangen van landelijke culturele subsidie-instellingen en de alles omklemmende krachten van de markthandig omzeild.

7. Engelse titel: *Run Away Films*, Lonnie van Brummelen, 16mm, kleur, 3 films van 1 minuut, 1997.

8. Deze *exit strategies* en het feit dat instellingen ze in stand houden, is de afgelopen jaren duidelijk ter discussie komen te staan. Een (in dit opzicht) provocatieve reeks tentoonstellingen in 2006–2007 representeerde praktijk en nalatenschap van kunstenaars als Lee Lozano en Bas Jan Adler, waarbij die praktijken zodanig potentieel geïnstrumentaliseerd werden dat eigenlijk eerder de overblijfselen van een praktijk werden tentoongesteld dan de praktijk *zelf*: het buiten de kunst treden is een van de ultiemere acties die een conceptueel kunstenaar kan ondernemen; om de kunstenaar dan weer terug in de kunst te halen nadat hij is overleden, is ook een zeer duidelijk standpunt, maar nu van de curator.

9. *I Frenatori*, Lonnie van Brummelen en Willem de Rooij, zw/w, 16mm, 3 minuten, 1997. Geluid door Arnout Killian, camera door Nell Donkers, chauffeur Robbert Weelinck.

10. Bijvoorbeeld die van Len Lye.

11. De kunstenaars gebruiken in *Call of the Wild* (2006) dit citaat van Robert Smithson uit: Jack Flam (red.), *Robert Smithson. Collected Writings*, Berkeley: University of California Press, 1996.

The Politics of Landscape
Christophe Gallois

De politiek van het landschap
Christophe Gallois

'The tones, the colours, the shadows make lines; they become objects, stones, trees, without me even having to think about it… An artist is only a receptacle of sensations, a brain, a recording device… He must aim for silence with his entire will. He has to shut down the voices of received ideas, to forget, to forget, to make silence, to be a perfect echo. Then, the whole landscape will inscribe itself as though upon a sensitive photographic plate.'[1] These words, which are attributed to Cézanne by Joachim Gasquet in his 1921 biography of the painter, foreground the twofold dynamic that characterizes Cézanne's relation to landscape. The painter's biography is punctuated by numerous trips between Paris, where he struggled to find his place, and his native land around Aix-en-Provence in the south of France. The landscapes that he painted there became as much a refuge from the Parisian art scene's academicism as a field for his artistic research. As he puts it, 'Nature ought to be approached as if nobody had ever seen it before.'

For the painter, landscape stands as an exile, both in terms of geography and artistic practices.

The distance that landscapes offer appears to be at the core of Lonnie van Brummelen and Siebren de Haan's practice. While the very notion of landscape has evolved since Cézanne's times into a highly politicized and institutionalized genre, their works propose a critical reading of current social, political and artistic contexts. Two sentences taken from an interview with the artists about their project *Monument of Sugar— how to use artistic means to elude trade barriers* (2007) illustrate the issues at stake around the role of landscape in their practice. On the one hand, landscape is approached as a 'distance that allows one to think about one's own culture'.[2] On the other, it offers the possibility to 'experiment with alternatives to dominant production modes, formats and genres'.[3] In this way, landscape functions as both a critical tool and a ground for artistic experimentation. For Van Brummelen and De Haan, these two directions

---

'De tinten, de kleuren en de schaduwen vormen lijnen; het worden voorwerpen, stenen, bomen, zelfs zonder dat ik erover hoef na te denken… Een kunstenaar is slechts een ontvanger van indrukken, een brein, een opnameapparaat… Al zijn wilskracht moet gericht zijn op stilte. Hij moet zich afsluiten voor de stemmen van vaststaande ideeën, vergeten, vergeten, stilte maken, een volmaakt klankbord zijn. Dan maakt het landschap zijn eigen inscriptie als op een gevoelige fotografische plaat.'[1] Deze woorden, die Joachim Gasquet Cézanne in de mond legt in zijn biografie over de kunstenaar uit 1921, brengen de tweeledige dynamiek naar voren die kenmerkend is voor Cézannes verhouding tot het landschap. Het levensverhaal van de schilder wordt gekenmerkt door talrijke trips tussen Parijs, waar hij moeite had om zijn draai te vinden, en zijn geboortestreek rond Aix-en-Provence, in het zuiden van Frankrijk.

De landschappen die hij daar schilderde, waren voor hem niet alleen een manier om het academisme van de Parijse kunstwereld te ontvluchten, maar ook een onderzoeksveld voor zijn kunst. Zoals hij zelf stelt: 'De natuur moet worden benaderd alsof niemand haar ooit eerder heeft gezien.' Voor de schilder vormt het landschap een toevluchtsoord, zowel geografisch als in termen van zijn kunstpraktijk.

De afstand die landschappen bieden, lijkt de kern te vormen van de praktijk van Lonnie van Brummelen en Siebren de Haan. Terwijl de notie van het landschap zich sinds de dagen van Cézanne heeft ontwikkeld tot een in hoge mate gepolitiseerd en geïnstitutionaliseerd genre, stellen hun werken een kritische lezing voor van hedendaagse sociale, politieke en artistieke contexten. Twee zinnen uit een interview met de kunstenaars over hun project *Monument of Sugar— how to use artistic means to elude trade barriers* (2007) illustreren de kwesties die op het spel staan omtrent de rol van het landschap in hun praktijk. Enerzijds wordt het landschap benaderd als een 'afstand die ons in staat stelt na te denken over onze eigen cultuur'.[2] Anderzijds biedt het de mogelijkheid om te 'experimenteren met alternatieven voor gangbare productiewijzen, *formats* en genres'.[3] Op die manier functioneert het landschap als instrument van kritiek en als grond voor artistiek experiment. Voor Van Brummelen en De Haan vormen die twee richtingen in feite één dynamisch geheel, waarin het politieke van hun werk gestalte krijgt in een esthetische dimensie.

'Het maken van een shot'
Tijdens een discussie na een voorstelling van hun film *Cézanne* (1989) omschreven de filmmakers Jean-Marie Straub en Danièle Huillet de negentiende-eeuwse schilder Cézanne als 'de belangrijkste

are, in fact, one dynamic, in which the political nature of their work takes shape in its aesthetic dimension.

'To compose a shot'

In a discussion following a screening of their film *Cézanne* (1989), filmmakers Jean-Marie Straub and Danièle Huillet described the nineteenth-century painter Cézanne as the 'most important cameraman in the history of cinema'.[4] What does this displacement from painting to cinema signify from the mouths of Straub and Huillet? It ought not to be understood as a desire to designate Cézanne's oeuvre as a prefiguration of cinema. By insisting on the term 'cameraman', the filmmakers foreground two things. The first is the importance of point of view: Cézanne's obsession with subjects such as Mont Sainte-Victoire, which he depicted in numerous paintings, can be understood as an attempt to both experiment with a variety of points of view and to materialize the variations of the environment. The second concerns the recording of a landscape, of the 'exposure time' for each painting. On several occasions, Cézanne defined his painting as a 'sensitive plate', evoking a photographic process in which the time of production of the work is synchronous with the time of recording of the landscape.

Straub and Huillet's interest in Cézanne illustrates the role that the relation between film and space plays in their filmic practice. The issues raised by this relation can be summed up in an expression that the two filmmakers used as title for a lecture they gave at la Fémis, one of Paris's cinema schools, about the position of the cameras for the shooting of their film *La Mort d'Empédocle* (1987): 'To compose a shot' ['Faire un plan'].[5] In Straub and Huillet's work, this act comes to the fore. In different interviews, they stated the importance of knowing a place, surveying it and experiencing it, in order to film it. 'If you want to film this planet, you have to be a sort of geographer. Moreover, you need to have an idea

cameraman in de geschiedenis van de cinema'.[4] Wat betekent deze verschuiving van schilderkunst naar cinema uit de monden van Straub en Huillet? Die moet niet worden opgevat als een wens om het oeuvre van Cézanne te kenschetsen als een

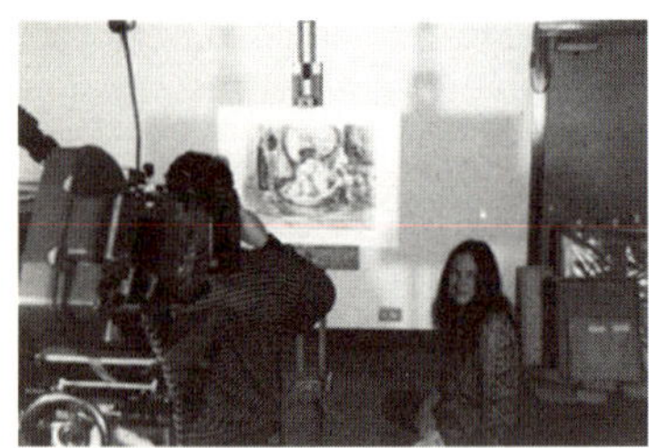

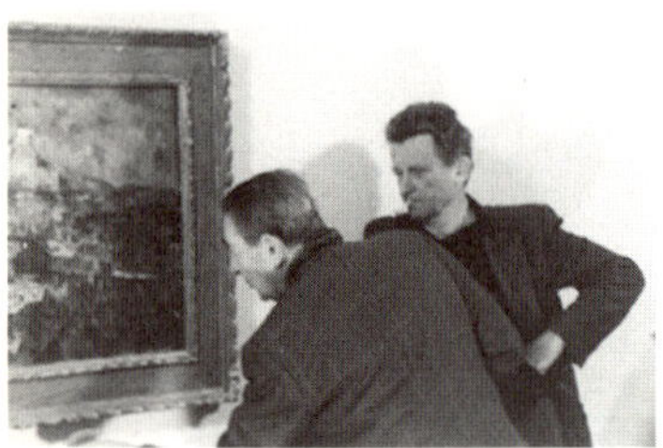

Straub and Huillet recording

voorbode van de cinema. Door vast te houden aan de term 'cameraman', brengen de filmmakers twee punten naar voren. Het eerste betreft het belang van het gezichtspunt: Cézannes obsessie met onderwerpen als de Mont Sainte-Victoire, die hij op talloze schilderijen heeft afgebeeld, kan worden opgevat als een poging om te experimenteren met een verscheidenheid aan gezichtspunten, maar ook als een poging om de variaties van de omgeving in materie uit te drukken. Het tweede punt betreft het vastleggen van een landschap, de 'belichtingstijd' van elk schilderij. Meerdere malen heeft Cézanne zijn schilderijen omschreven als 'gevoelige platen', waarmee hij een fotografisch proces oproept waarin de productietijd van het werk synchroon loopt met de tijd van het vastleggen van het landschap.

De belangstelling van Straub en Huillet voor Cézanne illustreert de rol die de relatie tussen film en ruimte in hun eigen praktijk speelt. De kwesties die door deze relatie worden opgeroepen, kunnen worden samengevat in een uitdrukking die de filmmakers gebruikten als titel voor een lezing aan de Parijse filmacademie La Fémis over de camerastandpunten in hun film *La Mort d'Empédocle* (1987): 'Het maken van een shot' ['*Faire un plan*'].[5] In het werk van Straub en Huillet staat deze handeling centraal. In diverse interviews hebben ze verwoord hoe belangrijk het is om een plek te kennen, te overzien en te ervaren, om deze te filmen. 'Als je deze planeet wilt filmen, moet je een soort aardrijkskundige zijn. Bovendien moet je enig idee hebben van geologie. Je kunt een boom of een berg niet filmen als je niet weet wat eronder zit. Je moet terugkeren naar Cézanne, die zei: "Kijk naar deze berg"—hij had er jaren over gedaan om het te zien—"die heeft in brand gestaan".[6] Sprekend over het zoeken naar een gezichtspunt van waaruit

of what that geology is. You cannot film a tree or a mountain without knowing what is beneath it. One has to come back to Cézanne, who said: "Look at this mount"—it took him years to see it—"it used to be on fire".'[6] When speaking of the search for a point of view from which to shoot a landscape, the filmmakers continue: 'You have to rack your brain to know how to film a location… You have to walk around for a while if you want to find, to use a military term, a strategic lookout. There are not many. When you explore this question often enough, you see that, most of the time, there is only one possibility.'[7]

In Straub and Huillet's cinema, 'to compose a shot' serves as both an aesthetic and a political act. To choose a frame, to place the camera in a particular spot rather than somewhere else, is to take a position. The same concerns regarding point of view and the relation between place and film can be found in the films of Lonnie van Brummelen and Siebren de Haan. Both *Grossraum (Borders of Europe)* (2005) and *Monument of Sugar* include numerous landscapes filmed as sequence shots, taken from distant and elevated points of view, in which the position of the camera is at the core of the work. The recurrent use of panoramic shots to survey the landscape also highlights the points of view: the camera functions as a point of articulation around which the landscape unfolds. In both films, the landscape is eventually a matter of time. The movements of the camera are slow. The camera does not seem to focus on specific activities, but rather records a time-space, or what Deleuze called a 'block of duration/movements', defining the combination between time and movement as the raw material of the film.[8] This specific approach to the camera could be likened to the distinction that the French philosopher Pierre-Damien Huyghe makes, talking about the act of recording in photography, between the notions of '*prise*'—that is to say 'catch'—and '*pose*'—the exposure.[9] If the former implies the idea of capturing and an attempt to master what occurs during the shooting, the latter

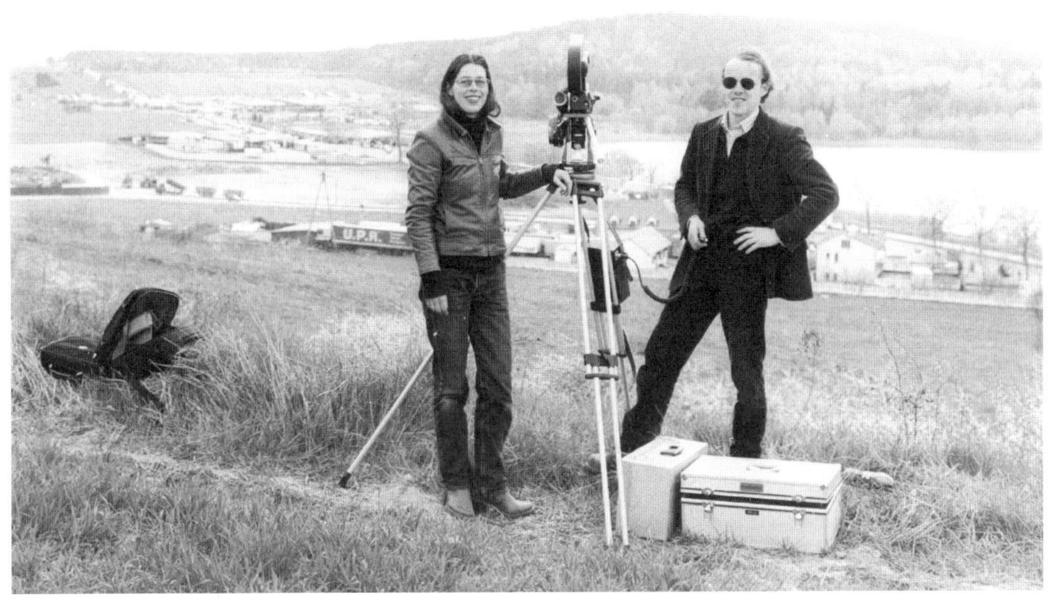

Grossraum, recordings at Hrebenne, 2004

understands the time of exposure as a time in which the process is freed from any control. 'To make a shot' is also to take one's time.

Borders

For Van Brummelen and De Haan, the landscape seems intrinsically linked to the borders defining our globalized and institutionalized world.[10] By focusing on the landscapes in three different border locations on Europe's periphery, the triptych *Grossraum* calls attention to the schizophrenic nature of Europe's relationships to its frontiers, paradoxically tightening its borders as it expands its territory.

What role does the landscape play in this reflection on borders? A detour through the distinction between colour and drawing in Cézanne's landscape paintings might suggest an answer to this question. In his landscapes, Cézanne concentrates on the effusion of colours and spurns the limits that drawing might establish. He challenged his detractors with

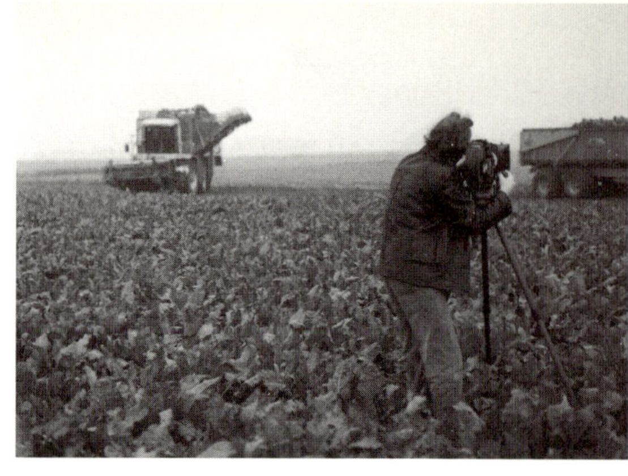

Monument of Sugar, De Haan and Van Brummelen recording sugar beet harvest, Groningen, 2006

these words: 'Show me anything that is drawn in a landscape. Where is there drawing? Where?', thus denouncing what he calls 'the rhetoric of landscape'.[11] This tension between, on one hand, the line and the border, and on the other, the formal complexity of landscape can also be found in Van Brummelen and De Haan's approach to

---

het landschap kan worden gefilmd, vervolgen de filmmakers: 'Je moet je hersens pijnigen om erachter te komen hoe je een locatie gaat filmen… Je moet er een tijdje rondlopen als je, om een militaire term te gebruiken, een "strategisch" overzicht wilt vinden. Er zijn er niet veel. Als je er genoeg over nadenkt, kom je tot het inzicht dat er meestal maar één mogelijkheid is.'[7]

In de cinema van Straub en Huillet is 'het maken van een shot' zowel een esthetische als een politieke handeling. Het kiezen van een kader, het opstellen van de camera op een bepaalde plek en niet ergens anders, betekent het innemen van een standpunt. Dezelfde overwegingen met betrekking tot het gezichtspunt en de relatie tussen plaats en film treffen we aan in de films van Lonnie van Brummelen en Siebren de Haan. Zowel *Grossraum (Borders of Europe)* (2005) als *Monument of Sugar* bevat talrijke landschappen die gefilmd

zijn als sequenties, geschoten vanuit verafgelegen en hoge gezichtspunten waarbij de positie van de camera de kern van het werk vormt. Ook het herhaaldelijk gebruiken van panoramische shots om het landschap te overzien, benadrukt de gezichtspunten: de camera markeert een plek waaromheen het landschap zich ontvouwt. In beide films is het landschap uiteindelijk een kwestie van tijd. De camerabewegingen zijn traag. De camera lijkt zich niet te richten op specifieke handelingen, maar legt eerder een tijd-ruimte vast, of wat Deleuze een 'blok van duur/beweging' noemde, waarbij hij de combinatie van tijd en beweging definieerde als het ruwe materiaal van de film.[8] Deze specifieke benadering van de camera heeft iets weg van het onderscheid dat de Franse filosoof Pierre-Damien Huyghe maakt wanneer hij spreekt over de handeling van het vastleggen in de fotografie; het onderscheid tussen de noties van

'prise'—dat wil zeggen 'vangen'—en 'pose'—de belichting.[9] Als het eerste het idee van vangen impliceert en een poging om hetgeen zich tijdens de opname afspeelt te beheersen, dan wordt bij het laatste de belichtingstijd opgevat als een tijd waarin het proces vrij is van iedere controle. 'Het maken van een shot' betekent ook de tijd nemen.

Grenzen

Voor Van Brummelen en De Haan lijkt het landschap onlosmakelijk verbonden met de grenzen die onze geglobaliseerde en geïnstitutionaliseerde wereld bepalen.[10] Door te focussen op drie verschillende grenslocaties aan de rand van Europa, vraagt het drieluik *Grossraum* aandacht voor de schizofrene aard van Europa's relatie tot zijn grenzen, de grenzen schuiven steeds verder op, en worden paradoxaal genoeg ook steeds strenger bewaakt.

164

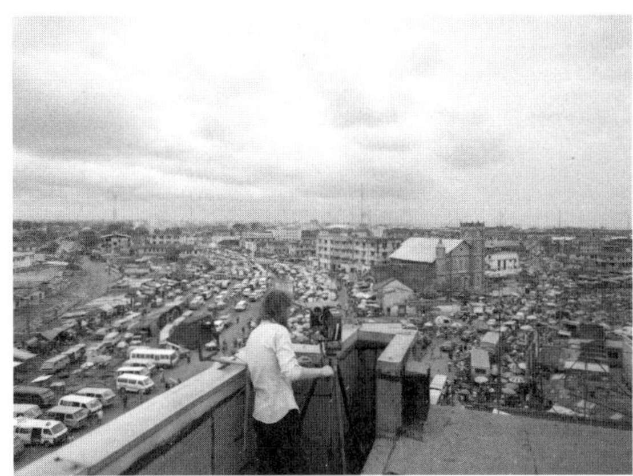

Monument of Sugar, De Haan and Van Brummelen
recording the market in Lagos, 2006

of the borderland as a fragmented aesthetic tableau of colour, texture, movement and *mise-en-scène*.'[12]

The publication *The Formal Trajectory*, a chronicle of the long and arduous process of obtaining the authorizations to shoot *Grossraum*, illustrates how image has become a political issue in the current social and political climate. The book's title plays with a double reading of the term 'formal': 'both reflecting the official trajectory of protocols and procedures that preceded filming, as well as referring to the formal cinematographic language of the film.'[13] This encounter between aesthetic and political considerations of a frontier can also be found in the subtitle of *Monument of Sugar*: 'how to use artistic means to elude trade barriers'.

Monument of Sugar focuses on the more immaterial borders of international trade. Having discovered that, because of the European Union's subsidy policy, European sugar happened to be cheaper outside the EU than within it, the

the landscape. The film *Grossraum* is structured around a tension between the single lines of the frontiers and the density, the multiplication of the different maps that describe the landscape. In an interview with the artists, they relate how *Grossraum* borrows its formal vocabulary from painting. 'We treated the geopolitical structure

---

Welke rol speelt het landschap in deze beschouwing van grenzen? Een omweg langs het onderscheid tussen kleur en tekening in de landschapsschilderingen van Cézanne zou een antwoord op deze vraag kunnen suggereren. In zijn landschappen concentreert Cézanne zich op het uitvloeien van kleuren, waarbij hij de grenzen die een tekening zou kunnen vastleggen, verwerpt. Zijn critici daagde hij uit met de woorden: 'Laat mij iets zien wat in een landschap getekend is. Waar zie je tekening? Waar?' Waarmee hij, in zijn woorden, 'de retoriek van het landschap' verwierp.[11] Deze spanning tussen enerzijds de lijn en de grens en anderzijds de formele complexiteit van het landschap schuilt ook in de manier waarop Van Brummelen en De Haan het landschap benaderen. De film *Grossraum* is opgebouwd rond de spanning tussen de enkelvoudige lijnen van de grenzen

en de dichtheid, de meerduidigheid van de verschillende kaarten die het landschap beschrijven. In een interview vertellen ze hoe ze de vormentaal van *Grossraum* hebben ontleend aan de schilderkunst. 'We hebben de geopolitieke structuur van het grensgebied behandeld als een gefragmenteerd, esthetisch tafereel van kleur, textuur, beweging en *mise-en-scène*.'[12]

De uitgave *The Formal Trajectory*, een kroniek van het langdurige en moeizame proces om toestemming te krijgen voor het filmen van *Grossraum*, illustreert hoe het beeld een politiek issue is geworden in het huidige sociale en politieke klimaat. De titel van het boek speelt met de dubbele betekenis van de term 'formeel': die zowel verwijst naar het officiële traject van protocollen en procedures dat aan het filmen voorafging, als naar de formele cinematografische taal van de film.[13] Dit treffen tussen een esthetische en

politieke beschouwing van een grens kan ook worden aangetroffen in de ondertitel van *Monument of Sugar*— 'how to use artistic means to elude trade barriers'.

Monument of Sugar richt zich op de meer immateriële grenzen van de internationale handel. Toen de kunstenaars ontdekt hadden dat, als gevolg van het subsidiebeleid van de Europese Unie, Europese suiker buiten de EU goedkoper was dan daarbinnen, besloten ze de handel tussen Europa en Nigeria—een van de belangrijkste kopers van Europese suiker—te onderzoeken en de stroom om te keren door suiker op te kopen en terug te verschepen naar Europa. Om handelsbarrières te omzeilen, besloten ze om deze bulksuiker om te zetten in een kunstwerk: ze maakten een groot aantal suikerblokken en importeerden deze in Europa onder Harmonisatie Code 9703. Deze code waarborgt het belastingvrije verkeer van 'alle monumenten en originele

artists decided to investigate the trade between Europe and Nigeria—supposedly one of the biggest buyers of European sugar—and to reverse the flow by buying sugar and shipping it back to Europe. In order to avoid trade barriers, they decided to turn this bulk sugar into a work of art: they produced a number of sugar blocks and imported these into Europe under Harmonization Code 9703, which ensures the duty-free passage of 'all monuments and original artworks, irrespective of the material in which they are produced'. A 16mm film shows the slow and laborious process of producing the blocks, concentrating on the landscapes of market, transit and transportation zones. On the one hand, the formal aspect of the 'monument' is defined by the practical nature of the project, the intent to import sugar back into Europe. On the other hand, the development of the project—the laborious production of the sugar blocks and their equally complicated transportation—is so thoroughly integrated into the work that it becomes the work itself.

Presentation rather than Imposition

For the presentation of *Monument of Sugar* at Argos in Brussels in 2007, the 304 sugar blocks and the 16mm film that comprise the installation were displayed in connection with a piece by Lawrence Weiner: the statement, *1000 GERMAN MARKS WORTH MEDIUM BULK MATERIAL TRANSFERRED FROM ONE COUNTRY TO ANOTHER* (1969). If one refers to his seminal 'statement of intent', which asserts that the work can be created 1) by the artist, 2) by someone else or 3) not be produced, *Monument of Sugar* could be conceived as a possible materialization of Weiner's piece. Beyond their obvious links in terms of content, both works renegotiate the triangular relationship between artist, work and viewer.

An important aspect of Lawrence Weiner's work, which differentiates his practice from the practices of other artists who started to use language as a medium in the sixties, is the key role played by the 'past participle' featured in his text

kunstwerken, ongeacht het materiaal waaruit zij zijn vervaardigd'. Een 16mm-film toont het trage, moeizame proces van het produceren van de blokken en concentreert zich op de landschappen van markt, doorvoer en transportzones. Enerzijds wordt het formele aspect van het 'monument' bepaald door de praktische aard van het project, de wens om suiker terug te importeren in Europa. Anderzijds is de ontwikkeling van het project —de bewerkelijke productie van de suikerblokken en het al even gecompliceerde transport—zo grondig in het werk geïntegreerd dat deze zelf het werk wordt.

Liever presenteren dan voorschrijven

Voor de presentatie van *Monument of Sugar* bij Argos in Brussel in 2007 werden de 304 suikerblokken en de 16mm-film die samen de installatie vormen, getoond in combinatie met een werk van Lawrence Weiner, het statement *1000 GERMAN MARKS WORTH MEDIUM BULK MATERIAL TRANSFERRED FROM ONE COUNTRY TO ANOTHER* (1969). In het licht van diens baanbrekende 'intentieverklaring', waarin hij stelt dat het werk kan worden gecreëerd door 1) de kunstenaar, 2) iemand anders of 3) helemaal niet, kan *Monument of Sugar* worden opgevat als een mogelijke materialisatie van Weiners statement. Naast de duidelijke inhoudelijke overeenkomst, stellen beide de driehoeksverhouding tussen kunstenaar, werk en beschouwer opnieuw ter discussie.

Een belangrijk aspect van Lawrence Weiners werk, waarin zijn praktijk zich onderscheidt van die van andere kunstenaars die in de jaren 1960 taal begonnen te gebruiken als medium, is de sleutelrol die het 'voltooid deelwoord' speelt in zijn tekstwerken. Weiners werken zijn nooit recepten of instructies, maar bestaan eerder uit wat hij noemt *'faits accomplis'* of 'empirische feiten'. In zijn eigen woorden functioneren deze 'als presentatie en niet als voorschrift'. Van die benadering zien we een directe weerklank in de praktijk van Van Brummelen en De Haan. In *Grossraum* en in *Monument of Sugar* worden de beelden niet van commentaar voorzien. Het ontbreken van geluid bevestigt de wens om de beelden als pure landschappen te presenteren. Hoewel de verschillende filmische sequenties van *Monument of Sugar* worden ingeleid door teksten op een witte achtergrond, blijven de teksten en de beelden op zichzelf staan. Er ontstaat geen relatie tussen beide; ze functioneren als twee presentaties van hetzelfde project, waarbij geen van beide de ander illustreert, uitlegt of rechtvaardigt.

In een interview uit het begin van zijn carrière stelde Jean-Marie Straub:

pieces. Weiner's works are never prescriptions or instructions, but rather consist of what he calls '*faits accomplis*' or 'empirical realities'. As he puts it, they function 'as presentation and not as imposition'. This approach finds a direct echo in Van Brummelen and De Haan's practice. In *Grossraum* and *Monument of Sugar*, no commentaries accompany the shots. The absence of soundtracks affirms this wish to present the images as sheer landscapes. Although the different cinematic sequences of *Monument of Sugar* are intersected by texts on white backgrounds, these texts and the images remain autonomous. No relationship is established between them; they function as two presentations of the same project, with neither one illustrating, explaining or justifying the other.

In an interview at the start of his career Jean-Marie Straub stated: 'My goal, when I write the shooting script, is to arrive at a frame that is completely empty, so I can be sure that there is no intention anymore. Working on the film structure consists for me in continuously destroying, from the beginning, every temptation to be expressive. Only then can you film an authentic cinematographic shot.'[14]

Straub and Huillet's cinema is characterized by a clear refusal of everything that they group under the term 'imagination': everything that is a matter of expression, intention or the transmission of a message. The way the filmmakers approach space and landscapes also reveals this refusal: 'A tree trunk, clouds, the movements of geology, granite or million-year-old stones have ten thousand times more imagination than the most unbridled artist who believes himself to be imaginative.'

For Straub and Huillet, the content of the work is transmitted through an absence of authorial expressiveness. In the same way, Van Brummelen and De Haan's works are characterized by a formal economy that organizes a visual space such that each component is primary and left to the viewer to interpret. They give privilege to the gaze and the time of contemplation and impregnation.

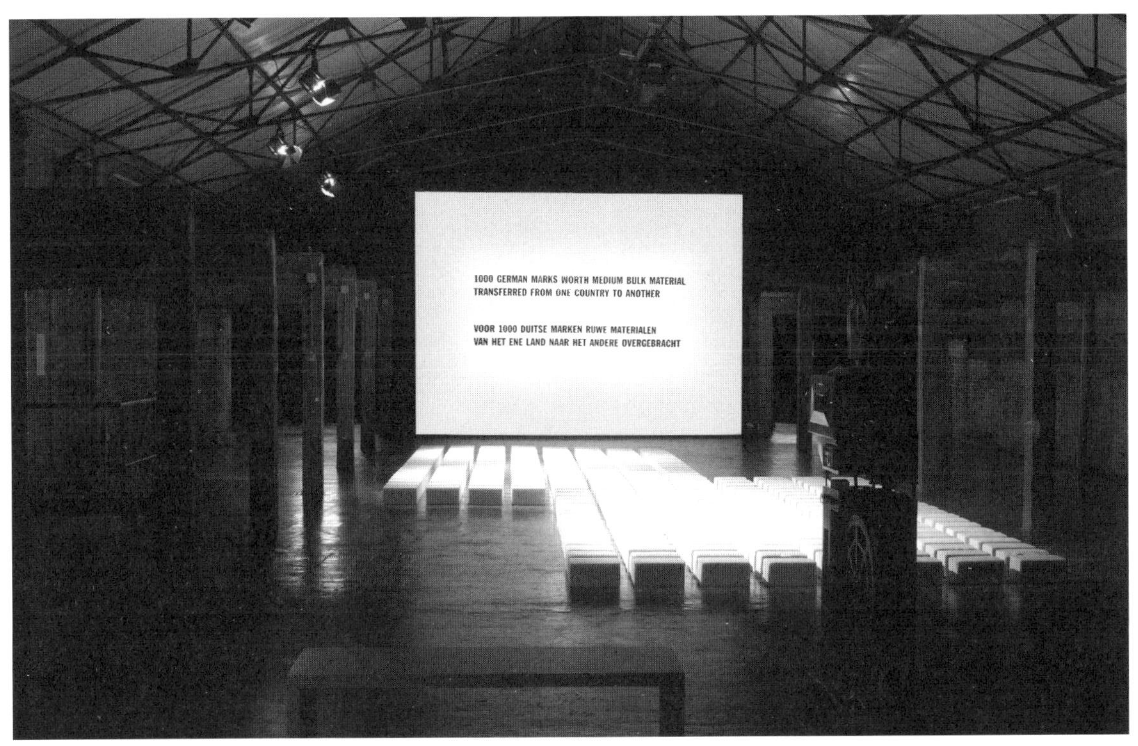

Monument of Sugar and statement by Lawrence Weiner, Argos, Brussels, 2007

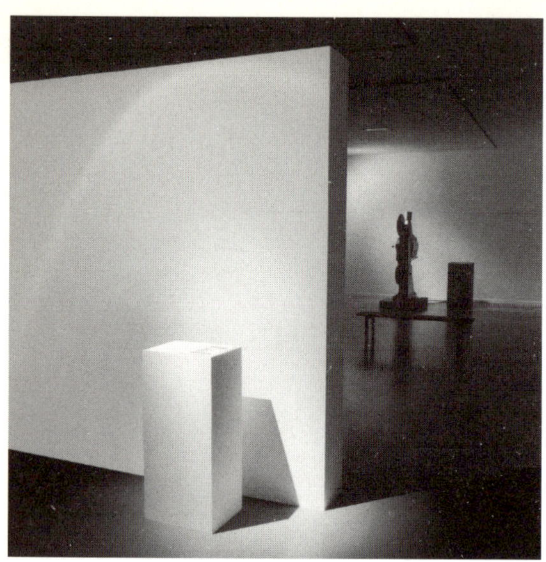

Grossraum, De Appel, Amsterdam, 2005

Active Contemplation

This reading of Van Brummelen and De Haan's work invites us to alternate between two parallel dynamics. As the artists put it, '*Monument of Sugar*

indeed develops a tension between acting and contemplation… A dialectical arrangement in fact characterizes the whole project: two kinds of sugar blocks, a sculpture and a film, commodity versus artistic value, text and image… These dialectics invite the viewer to navigate between the parallel dimensions and to explore the in-betweens.'[15]

The issue at stake in this relation between aesthetics and politics in relation to the viewer's experience has been expressed by Jacques Rancière in a lecture entitled 'The Emancipated Spectator' that he gave in Frankfurt in 2004: 'An art is emancipated and emancipating when it renounces the authority of the imposed message, the target audience, and the univocal mode of explicating the world, when, in other words, it stops waiting to emancipate us.'[16] According to Rancière, the political nature of art situates itself in the aesthetic relation that it develops. Rancière thus opposes himself to the idea that the political dimension of an artwork consists in making the spectator active: 'This way of thinking already

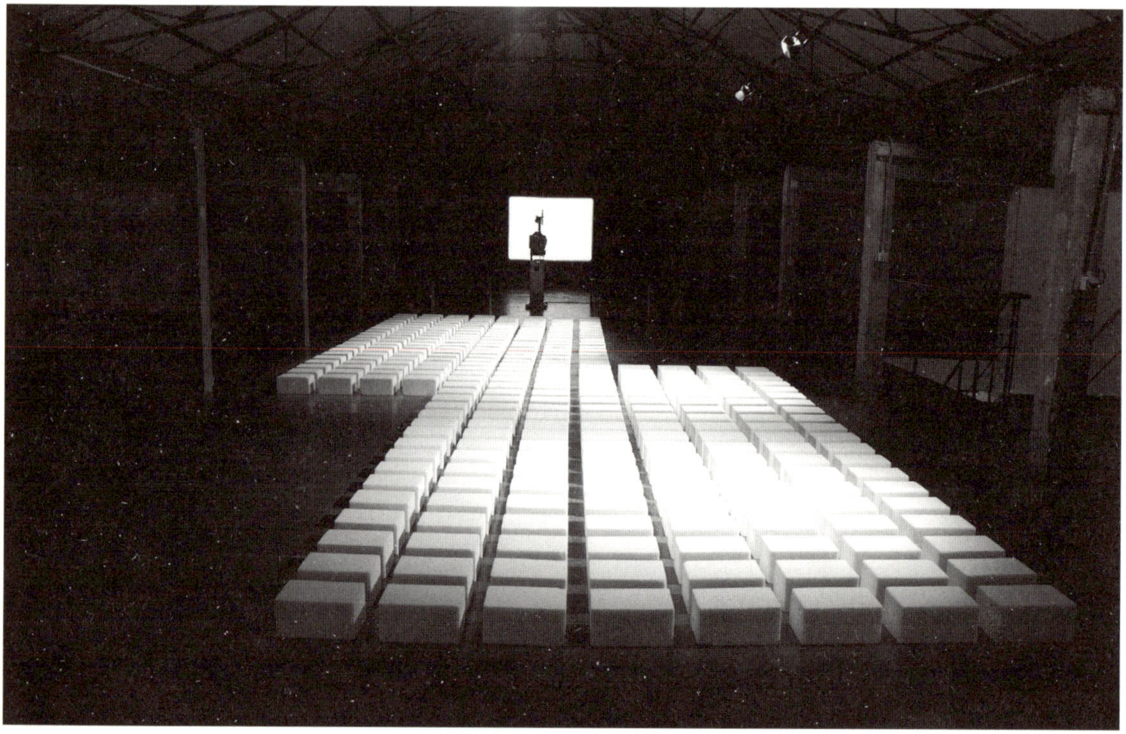

Monument of Sugar, Argos, Brussels, 2007

implies a judgment—namely, that to be a spectator is to be passive. But to look and to listen requires the work of attention, selection, reappropriation, a way of making one's own film, one's own text out of what the artist has presented.'

In Van Brummelen and De Haan's films, the question of politics takes shape in their artistic characteristics. Neither messages nor slogans are imposed, but contemplation takes on an active value. Landscapes activate this oscillation between the two dimensions. Van Brummelen and De Haan's filmic landscapes stand as strong artistic proposals with precise aesthetic choices: the importance of the point of view, the temporality of the film, the non-imposition of a message. They acquire a political nature in their aesthetic dimension.

Notes

1. Joachim Gasquet, 'Ce qu'il m'a dit', in *Cézanne*, La Versanne: Éditions Encre Marine, 2002, pp. 236–237, my translation.
2. Christophe Gallois, 'Monument of Sugar: An Interview with Lonnie van Brummelen and Siebren de Haan', *Untitled*, no. 44, Winter 2008, pp. 10–13.
3. ibid.
4. Philippe Lafosse, *L'Étrange cas de Madame Huillet et Monsieur Straub*, Toulouse: Éditions Ombres, 2007, my translation.
5. Jean-Marie Straub, Danièle Huillet, 'Faire un plan, à propos de La Mort d'Empédocle', in *Jean-Marie Straub, Danièle Huillet, Hölderlin, Cézanne*, Paris: Éditions Antigone, 1990.
6. Jean-Louis Raymond, Marie Frering, Bruno Tackels, *Rencontre avec Jean-Marie Straub et Danièle Huillet,* Le Mans: École régionale des beaux-arts, 1995, p. 17.
7. ibid., p. 16.
8. Gilles Deleuze, 'Avoir une idée au cinéma', in *Jean-Marie Straub, Danièle Huillet, Hölderlin, Cézanne*, op. cit., pp. 65–77, p. 68.
9. See Pierre-Damien Huyghe, *Le Différend esthétique*, Paris: Circé, 2004.
10. Gallois, op. cit.
11. Gasquet, op. cit.
12. Gallois, op. cit.

'Bij het maken van het draaiboek is het mijn bedoeling om uit te komen bij een volledig leeg kader, zodat ik zeker weet dat er geen enkele bedoeling meer is. Het werken aan de structuur van de film bestaat voor mij, al vanaf het begin, in een voortdurend tenietdoen van iedere neiging om iets uit te drukken. Alleen dan kun je een authentiek cinematografisch shot maken.'[14]

De cinema van Straub en Huillet wordt gekenmerkt door een duidelijke afwijzing van alles wat voor hen onder het begrip 'verbeelding' valt: alles wat expressie, intentie of het overbrengen van een boodschap inhoudt. Deze afwijzing blijkt ook uit de manier waarop de filmmakers de ruimte en het landschap benaderen: 'Een boomstronk, wolken, de werking van geologie, graniet of miljoenen jaren oude stenen hebben tienduizend keer zoveel verbeelding als de meest ongebreidelde kunstenaar die zichzelf fantasierijk vindt.'

Voor Straub en Huillet wordt de inhoud van het werk overgebracht door het ontbreken van expressiviteit van de auteur. De werken van Van Brummelen en De Haan worden op eenzelfde manier gekenmerkt door een spaarzaamheid in vorm, die de visuele ruimte zo inricht dat elke component primair is en aan de kijker ter interpretatie wordt aangeboden. Zij geven voorrang aan het kijken, aan tijd voor beschouwing en bezinking.

Actieve beschouwing

Deze lezing van het werk van Van Brummelen en De Haan nodigt uit tot het heen en weer bewegen tussen twee parallelle soorten dynamiek. In de woorden van de kunstenaars: '*Monument of Sugar* roept inderdaad een spanning op tussen handelen en beschouwen (…) het hele project wordt in feite gekenmerkt door een dialectische opbouw: twee soorten suikerblokken, een sculptuur en een film, marktwaarde tegenover artistieke waarde, tekst en beeld (…) die dialectiek nodigt de kijker uit om zijn weg te zoeken tussen deze parallelle dimensies en op onderzoek te gaan in de gebieden ertussenin.'[15]

Wat er op het spel staat in deze verhouding tussen esthetiek en politiek in relatie tot de beleving van de toeschouwer, is door Jacques Rancière verwoord in een lezing met de titel 'The Emancipated Spectator', die hij in 2004 in Frankfurt heeft gegeven: 'Een kunst is geëmancipeerd en emanciperend als zij het gezag afwijst van de opgelegde boodschap, van een doelgroep en van een eenduidige manier van het uitleggen van de wereld; met andere woorden, wanneer kunst ophoudt ons te *willen* emanciperen.'[16] Volgens Rancière situeert het politieke karakter van de kunst zich in de esthetische relatie die zij tot stand brengt. Rancière neemt daarmee stelling tegen de opvatting dat de politieke dimensie van een kunstwerk erin bestaat dat het

13. ibid.
14. Lafosse, op. cit., p. 35, my translation.
15. Gallois, op. cit.
16. Jacques Rancière makes reference to his lecture 'The Emancipated Spectator' in 'Art of the Possible: Fulvia Carnevale and John Kelsey in conversation with Jacques Rancière', *Artforum*, vol. XLV, no. 7, March 2007, p. 258.

de toeschouwer activeert: 'Die manier van denken houdt al een oordeel in, namelijk dat een toeschouwer per definitie passief is. Maar kijken en luisteren vergen de inspanning van aandacht schenken, keuzes maken, iets op je eigen manier in je opnemen, als het ware je eigen film of tekst maken uit hetgeen de kunstenaar presenteert'.

In de films van Van Brummelen en De Haan krijgt de vraag ten aanzien van het politieke, vorm in artistieke kenmerken. Er worden geen boodschappen of slogans opgedrongen, maar beschouwing wordt een actieve bezigheid. Landschappen activeren dit heen-en-weer gaan tussen beide dimensies. De filmische landschappen van Van Brummelen en De Haan presenteren zich als krachtige artistieke voorstellen vanuit nauwkeurige esthetische keuzes: het belang van het gezichtspunt, de tijd van de film, het niet opleggen van een boodschap.

Deze landschappen verwerven een politieke aard in hun esthetische dimensie.

Noten

1. Joachim Gasquet, 'Ce qu'il m'a dit', in: *Cézanne*, La Versanne: Éditions Encre Marine, 2002, p. 236–237.
2. Christophe Gallois, 'Monument of Sugar: An Interview with Lonnie van Brummelen and Siebren de Haan', *Untitled*, nr. 44, winter 2008, p. 10–13.
3. Idem
4. Philippe Lafosse, *L'Étrange cas de Madame Huillet et Monsieur Straub*, Toulouse: Éditions Ombres, 2007.
5. Jean-Marie Straub, Danièle Huillet, 'Faire un plan, à propos de La Mort d'Empédocle', in: *Jean-Marie Straub, Danièle Huillet, Hölderlin, Cézanne*, Parijs: Éditions Antigone, 1990.
6. Jean-Louis Raymond, Marie Frering, Bruno Tackels, *Rencontre avec Jean-Marie Straub et Danièle Huillet*, Le Mans: École régionale des beaux-arts, 1995, p. 17.
7. Idem, p. 16.
8. Gilles Deleuze, 'Avoir une idée au cinéma', in: *Jean-Marie Straub, Danièle Huillet, Hölderlin, Cézanne*, op. cit., p. 65–77, p. 68.
9. Zie Pierre-Damien Huyghe, *Le Différend esthétique*, Parijs: Circé, 2004.
10. Gallois, op. cit.
11. Gasquet, op. cit.
12. Gallois, op. cit.
13. Gallois, op. cit.
14. Lafosse, op. cit., p. 35.
15. Gallois, op. cit.
16. 'An art is emancipated and emancipating when it renounces the authority of the imposed message, the target audience, and the univocal mode of explicating the world, when, in other words, it stops waiting to emancipate us.' Jacques Rancière verwijst naar zijn lezing 'The Emancipated Spectator' in: 'Art of the possible: Fulvia Carnevale and John Kelsey in conversation with Jacques Rancière', *Artforum*, XLV (2007) nr. 7, p. 258.

Borders, In Between
Andréa Picard

Tussen grenzen
Andréa Picard

Continuer
Jusqu'à ce que le lieu devienne improbable
jusqu'à ressentir, un très bref instant,
l'impression d'être dans une ville étrangère,
ou, mieux encore, jusqu'à ne plus
comprendre ce qui se passe ou ce qui ne se
passe pas, que le lieu tout entier devienne
étranger, que l'on ne sache même plus
que ça s'appelle une ville, une rue,
des immeubles, des trottoirs …
Georges Perec (*Espèces d'espaces*)[1]

The genius of Georges Perec lies in the author's refusal to resist the allure of the everyday, in his unapologetic excursions into the fabric of daily life, as if every seemingly innocuous detail surges with the electricity and life force that drives or catapults us: into the next moment, into the next adventure and, ultimately, into the next struggle. His *Espèces d'espaces* warrants repeated readings, reminding us to look at our surroundings, to assess how we exist in various spaces deemed profane by ordinary standards. The book is a testament to the often unconscious solicitude we afford our dwellings, whether or not they appear, in the eyes of others, to embody comfort or security, or the slightest of meaning. Human endeavour and resilience inhabit all places, physical as much as mental. The landscape of the mind is much more than clichéd metaphor; it permits us to float above or sink below the physical situations in which we find ourselves. For Perec, language allows him to mitigate the fertile, pockmarked terrain of memory, within the dusty corners where lurk moments of fulfilment and faith. A belief in reality is recognition of its layers, of its accrual over time, of where history has stood and been tested by the human will to carry on. Here, Walter Benjamin's notion of aura withstands its theoretical overuse and remains a healthy reminder of historical accrual. Walls imbibe the traces of those who have lived between them. While contested or sensitive sites command a profundity of consideration above and beyond a Bachelardian meditation

Continuer
Jusqu'à ce que le lieu devienne
improbable jusqu'à ressentir,
un très bref instant, l'impression
d'être dans une ville étrangère,
ou, mieux encore, jusqu'à ne plus
comprendre ce qui se passe ou
ce qui ne se passe pas, que le lieu
tout entier devienne étranger, que
l'on ne sache même plus que ça
s'appelle une ville, une rue, des
immeubles, des trottoirs …
Georges Perec (*Espèces d'espaces*)[1]

Het genie van Georges Perec schuilt in de weigering van de auteur om de verleidingen van alledag te weerstaan; in zijn verkenningen van het weefsel van het alledaagse leven lijkt het alsof elk schijnbaar onopvallend detail komt aanstormen met een geladenheid en levenskracht die ons voortdrijft of zelfs lanceert: het volgende moment in, het volgende avontuur in, en uiteindelijk naar de volgende krachtmeting. Zijn *Espèces d'espaces* is het waard meermalen gelezen te worden, het maant ons onze omgeving gade te slaan en vast te stellen hoe wij in verschillende ruimten bestaan die naar alledaagse maatstaven geacht worden profaan te zijn. Het boek is een getuigenis van de vaak onbewuste zorg die wij aan onze verblijfplaatsen besteden, ongeacht of ze in de ogen van anderen gemak, veiligheid, of enige vorm van betekenis belichamen. Menselijke inspanning en veerkracht vindt men overal, zowel lichamelijk als geestelijk. Het landschap van de geest is veel meer dan een clichématige metafoor; het maakt dat wij onszelf boven de fysieke situatie kunnen plaatsen waarin we ons bevinden of erin wegzakken. In het geval van Perec is het de taal die hem in staat stelt het vruchtbare en pokdalige terrein van het geheugen, met in de stoffige hoekjes ogenblikken van voldoening en vertrouwen, te verlichten. Vertrouwen in de werkelijkheid betekent erkenning van haar gelaagdheid, van de toename daarvan in de tijd, het is erkenning van waar de geschiedenis een stempel heeft gedrukt en op de proef is gesteld door de menselijke wil om verder te gaan. Op dit punt weerstaat Walter Benjamins idee van aura het theoretische misbruik ervan, en blijft het overeind als een gezonde verwijzing naar historische groei. Wanden nemen de sporen in zich op van hen die erbinnen geleefd hebben. Terwijl omstreden en gevoelige plaatsen een diepzinnigheid vereisen die verder gaat dan een Bachelardiaanse meditatie op de poëtische waarden van ruimte, gaat het dagelijkse leven onverbiddelijk door in die ruimten, een zeker in-de-wereld-zijn dat desondanks deelneemt aan een door routines bepaald gegeven dat leven heet.

De Nederlandse kunstenaars Lonnie van Brummelen en Siebren de Haan hebben ervoor gekozen

on the poetics of space, a quotidian existence persists within those spaces, a certain being-in-the-world that nevertheless partakes in a routine determination called living.

Dutch artists Lonnie van Brummelen and Siebren de Haan have chosen to witness, and in some cases, embark upon, contentious crossings that claim representation for gestures of resilience, both small scale and substantial, to local and global circumstance. Their steadfast engaged credo has led them to question the militarization of everyday life and the institutionalization of art, mindful as they are of a terrain, perhaps a tertiary interstice that bridges the too often contradictory consideration of aesthetics and issues. The film installations on which Van Brummelen and De Haan have collaborated since 2002 reveal a sharp sense of observation and a studied, sensitive glance; a furtive engagement with the encumbrances in transportation and infrastructure that impede the flow of human existence; as well as a keen grasp of visual history

that infiltrates their multi-layered and meticulously researched productions. Together, *Obstructions* (2003), *Grossraum (Borders of Europe)* (2005) and *Monument of Sugar—how to use artistic means to elude trade barriers* (2007) form a trio of film works that mine reality. Its maze-like topography—bureaucratic as much as geographic—ranges from urban centres in the Netherlands, to border peripheries in an ever-swelling and maladjusted Europe, to a lively jump in continent, to Africa, fuelled by a distrust of current European policies as well as an unflappable curiosity—a quality cited by Jacques Rancière as a crucial ingredient to the alternative 'ways of doing and making' that intercede in the general 'forms of visibility'.[2]

The pleading visual observations in these films are as astute as Perec's, but their devices impart a deceptive objectivity that arguably aligns the work within a Dutch tradition of descriptive representation. It may be a tradition from which they seek to flee by going out into the world,

om te getuigen van omstreden grensoverschrijdingen (en in sommige gevallen deze zelf te ondernemen), die tekenen vertonen van veerkracht—zowel kleinschalig als substantieel, van plaatselijke en wereldwijde betekenis—en erom vragen gerepresenteerd te worden. Hun vastberaden en geëngageerde credo heeft hen ertoe gebracht vraagtekens te zetten bij de militarisering van het leven van alledag, en de institutionalisering

van de kunst, in het bewustzijn van een tussengebied, wellicht een derde mogelijkheid, ter overbrugging van de te vaak als tegenstrijdig beschouwde gebieden van esthetiek en aangeroerde kwesties. De filminstallaties waaraan Van Brummelen en De Haan sinds 2002 hebben samengewerkt, tonen een scherp gevoel voor waarneming en een weloverwogen, gevoelige kijk. Een heimelijke betrokkenheid bij de versperringen

van vervoer en infrastructuur, die het voortschrijden van het menselijk bestaan belemmeren, gaat samen met scherp begrip van de geschiedenis van het visuele, dat hun gelaagde en op nauwkeurig onderzoek gebaseerde producties doordringt. *Obstructions* (2003), *Grossraum (Borders of Europe)* (2005) en *Monument of Sugar—how to use artistic means to elude trade barriers* (2007) zijn alledrie films die de realiteit ontginnen. De doolhofachtige

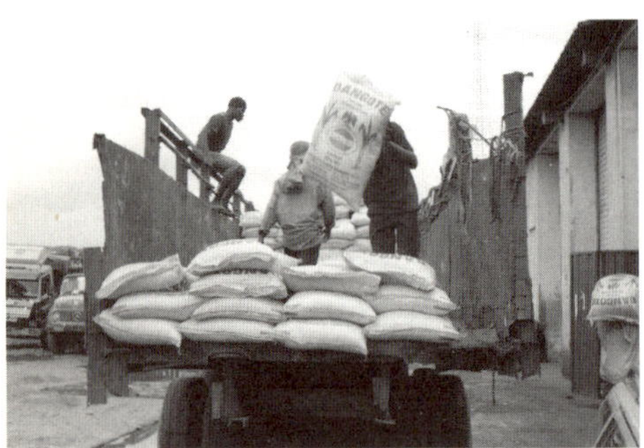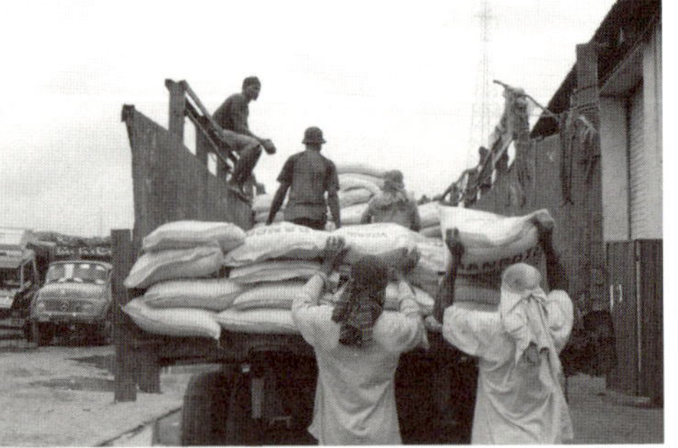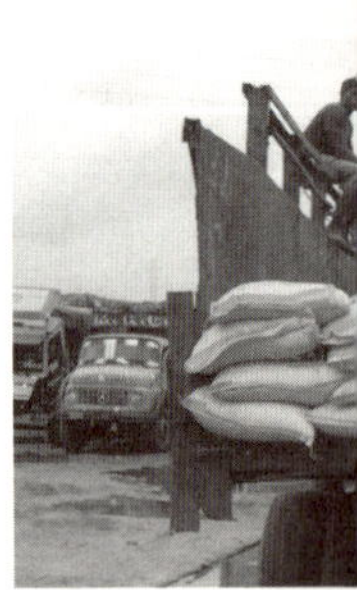

Monument of Sugar, purchase of sugar at market in Lagos, Nigeria, 2006

but remnants of that lineage can be discerned
in their relationship with reality, in their tempered
voyeurism, and in their physical engagement in
capturing peopled landscapes. While using a film
camera to survey citizens who are confronted
with state-controlled obstructions—from
construction sites to international checkpoints
and import prohibitions—the works display
a stirring optimism evoked by the spry manoeuvres
of those withstanding such impositions and
going about their daily lives as if unimpeded.
Resistance, in its many shapes and guises, is thus
at the core of the work: it captures the spatial
schema of localized conflict, conveying a physical
and visual knowledge which arises out of
a redefined pathway (much like Perec's deft
use of language), a fissure in the customary
rhythms of contemporary life, with its expanding
and sometimes entropic evolution. Though
the tenets espoused by Situationist leader Guy
Debord underline the promise of their work, the
methods and ethos that comprise their practice

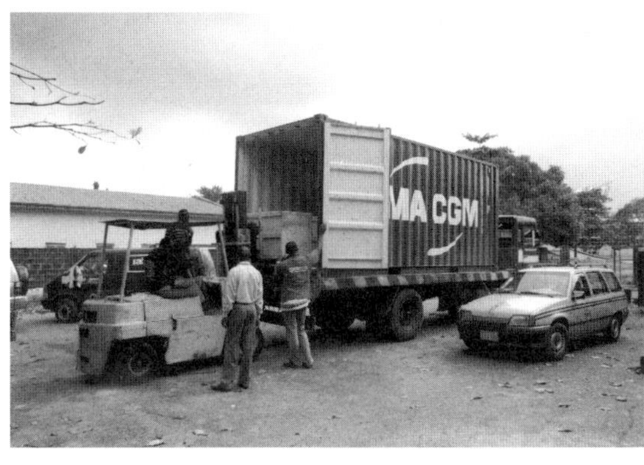

Monument of Sugar, transport of sugar cubes,
Universal Studios, Lagos, 2006

most closely resemble those of another Dutch
artist, Joris Ivens, whose revolutionary and
influential formalism was matched by his edict
to represent the invisible as well as by his physical
engagement in that very task. As did Ivens,
Van Brummelen and De Haan have a peripatetic
practice which largely takes place outside
of their native Netherlands, and which transcends

topografie—zowel in bureaucratische
als geografische zin, varieert van
stadscentra in Nederland tot de
grensperiferieën van een steeds groter
wordend en nog slecht aangepast
Europa, en—met een levendige
sprong tussen continenten, tot
Afrika. De werken worden gevoed
door wantrouwen ten aanzien
van het huidige Europese beleid,
alsmede door een ontembare
nieuwsgierigheid, een eigenschap
die door Jacques Rancière wordt

genoemd als een cruciaal ingrediënt
voor andere 'manieren van handelen
en maken' die algemene 'vormen
van zichtbaarheid' doorkruisen.[2]

De observaties in deze films, die op
te vatten zijn als een visueel pleidooi,
zijn even scherpzinnig als die van
Perec, hoewel de middelen van
Van Brummelen en De Haan een
bedrieglijke objectiviteit tonen, die
het werk, hoewel betwistbaar, op
een lijn brengt met een Nederlandse

traditie van beschrijvende
representatie. Wellicht is het een
traditie die zij willen ontvluchten
door de wereld in te trekken, maar
restanten van die achtergrond
kunnen ontdekt worden in hun
relatie tot de werkelijkheid, in hun
gematigd voyeurisme en hun fysieke
betrokkenheid bij het vastleggen van
bevolkte landschappen. Terwijl een
filmcamera ingezet wordt om een
overzicht te geven van burgers die
zich geconfronteerd zien met door

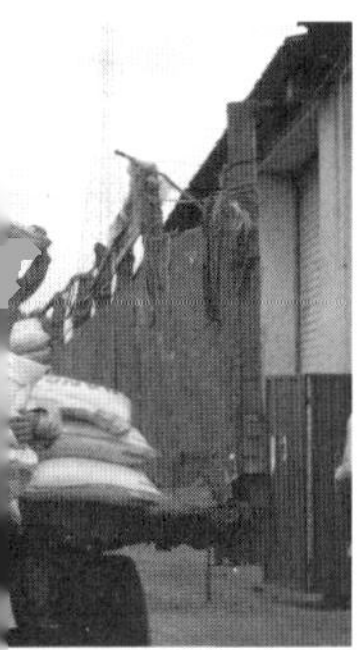
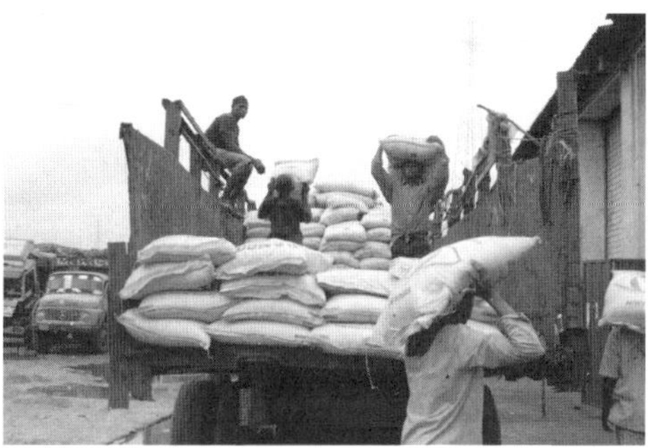
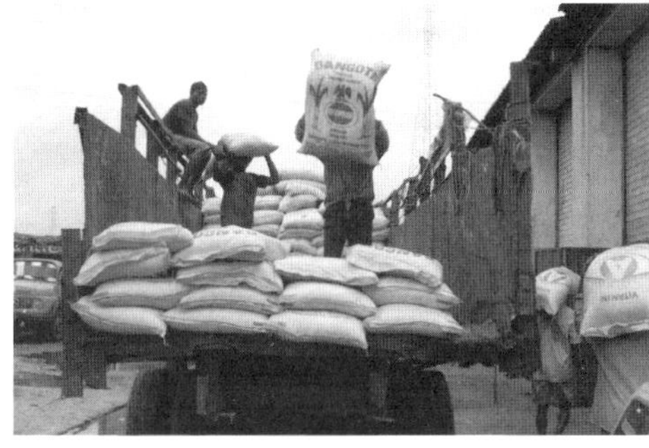

not only physical boundaries, but also ones of categorization. Ivens was alternately labelled an experimental filmmaker and a documentarian, but those terms meant very little to him, and were never mutually exclusive. Similarly, many designations could be applied to Van Brummelen and De Haan's art-making, with capacious arguments framing their conceptual, documentary, installation, multi-media and experimental elements. With Perec's dazzling philology and incessant taxonomy strewn from the window, the charge for hybridity echoes softly, but with considerable might.

> 'Image-making begins with interrogating appearances and making marks.'
> John Berger (*Keeping a Rendezvous*)[3]

'What landscape can one describe as the meeting place between artistic practice and political practice?' recently asked Rancière.[4] With their lyrical compositions suffused with committed critical engagement, Van Brummelen and De Haan's filmic landscapes address this assiduous and somewhat slippery gathering ground. The artists' flight into the world, by which they imply a return to reality, to a documentary mode of art-making, is simultaneously an escape from a solipsistic, stagnant, often apolitical or hopelessly depoliticized 'enclave called "culture"'.[5]

Interestingly, Van Brummelen began as a painter. Although she's since turned her attention and energies to making performative film works, and recently, in collaboration with De Haan, installations whose centrepieces are documentary-type films, an aestheticizing imprint upon reality discloses a penchant for formal composition, which carries a coruscating weight and effect of its own. The works' status as art film (and film art, for that matter) is sound, with its cinematographic language highlighting the graphic patterns and internal rhythms of all that is shot and edited, effectively stimulating aesthetic pleasure rooted in contemplation and, ultimately, afforded

de staat opgeworpen belemmeringen —variërend van bouwterreinen, internationale controleposten en invoerbeperkingen—manifesteren de werken een bruisend optimisme, opgeroepen door de levendige manoeuvres van hen die de voorschriften weerstaan en hun dagelijkse leven voortzetten alsof er geen hindernissen zijn. Verzet, in z'n vele vormen en gedaanten, vormt daarmee de kern van het werk: het draagt het ruimtelijk schema aan van gelokaliseerd conflict, en brengt fysieke en visuele kennis over, voortkomend uit een opnieuw gedefinieerd pad—in veel opzichten zoals Perecs vaardige gebruik van de taal—en leidend tot een barst in het gebruikelijke ritme van het alledaagse leven, met zijn zich uitbreidende en soms entropische verloop. Hoewel de stellingen van situationisten-leider Guy Debord de belofte van het werk onderstrepen, lijken de methodes en het ethos waaruit het werk van Van Brummelen en De Haan bestaat veel op die van een andere Nederlandse kunstenaar, Joris Ivens, wiens revolutionaire en invloedrijke formalisme hand in hand ging met zijn besluit om het onzichtbare te tonen, waarbij hij een opmerkelijke fysieke betrokkenheid aan de dag legde. Net als Ivens hebben Van Brummelen en De Haan een reizende praktijk, die zich hoofdzakelijk buiten de grenzen van Nederland, waar zij wonen, afspeelt en die niet alleen fysieke grenzen overschrijdt, maar ook die van categorisering. Ivens werd afwisselend als een experimentele cineast en een documentairemaker aangeduid, maar die termen zeiden hem weinig en bleken nooit onverenigbaar. Op vergelijkbare wijze kunnen vele predicaten op de praktijk van Van Brummelen en De Haan worden gelegd, ondersteund door omvangrijke argumentaties waarin de conceptuele, documentaire en experimentele elementen in hun werk een plaats krijgen, net als die met betrekking tot de installatievorm en het gebruik van multimedia. Maar met het duizelingwekkende woordgebruik van Perec en zijn onophoudelijke taxonomie, die een ware vlucht neemt, echoot de lading van hybriditeit zachtjes door, en die is aanzienlijk.

> 'Image-making begins with interrogating appearances and making marks.'[3]
> John Berger (*Keeping a Rendezvous*)

'Welk landschap kan men beschrijven als de plaats van ontmoeting tussen artistieke en politieke praktijen?', vroeg Rancière onlangs.[4] Met hun lyrische composities, doordesemd van kritische betrokkenheid, richten Van Brummelen en De Haans filmische landschappen zich tot deze noeste maar ook wat glibberige ontmoetingsplek. Met hun 'vlucht de wereld in' impliceren de kunstenaars

by the institution of art. The metaphysical pull of abstraction remains in their work, in the probing, disembodied camera that lingers over shapes, colours and textures that appeal to their gaze; in the elegant long takes that provide a frame of action for the real-life narratives, responding to the artists' inquiry and stirring up fiction-like intrigue from a different sort of enclave—those of enforced radical movement.

One such enclave can be seen in the migratory impulses near the newly formed international borders in *Grossraum*, where citizens are required to alter their quotidian routines in order to continue with their lives, to carry on in spite of the policed checkpoints and transitory infrastructures that foment frustrations as much as they do perseverance and alternate ways of being. For their part, the tenacious pedestrians in *Obstructions* sluice their way to work, circumnavigating the construction scaffolds, blockades, fences and holes. Despite their incessant need to detour, their determination is unwavering; they march along in earnest, their destination invariably obtained with seemingly little effort. In *Monument of Sugar*, this resistance also lies with the artists' attempt to elude European trade barriers, a two-fold subversion targeting both protectionist policies and the innate commodification or coveted objecthood of art by using sugar designated as a monument. Battling baffling bureaucracy and equally debilitating humidity, the duo never quite established a stronghold for their project; nevertheless, a potentially fragile inquiry challenged convention and made significant marks along the way, motivating a societal communion, disruptive as much as it was utopian. Engaging local artists from Lagos to assist them in moulding their sugar cubes, Van Brummelen and De Haan intervened in the community's routine activities, fostering a bridge between art and life, between ideas and people, between the immediate and the grander implications at work.

een terugkeer naar de realiteit, naar een documentaire wijze van film maken. Tegelijkertijd is het een ontsnapping uit een solipsistische, stagnerende, vaak apolitieke of hopeloos gedepolitiseerde 'enclave die "cultuur" genoemd wordt'.[5]
Het is interessant dat Van Brummelen als schilder begon. Hoewel ze sindsdien haar aandacht en energie heeft gericht op het maken van performatieve filmwerken en, meer recent in samenwerking met De Haan, op installaties waarin documentair aandoende films een centrale plaats innemen, onthult een esthetiserende benadering van de realiteit een hang naar formele compositie die een sprankelende lading en kracht in zich draagt. De status van het werk als kunstfilm (en daarmee filmkunst) is stevig. De cinematografische taal benadrukt de grafische patronen en intrinsieke ritmes van alles dat is gefilmd en gemonteerd, en stimuleert op een effectieve manier het esthetisch genoegen dat geworteld is in contemplatie en uiteindelijk, wordt mogelijk gemaakt door het instituut van de kunst. De metafysische aantrekkingskracht van abstractie is een constante in hun werk en komt tot uiting in een onderzoekende, gewichtsloze camera die langzaam over vormen, kleuren en weefsels glijdt, die de kunstenaars aanspraken. En tevens in de elegante en langdurige opnamen die voorzien in een kader voor actie in de aan het echte leven ontleende narratieven. Deze komen overeen met het onderzoek van de kunstenaars, en vormen de aanleiding van een fictie-achtige intrige van een heel ander soort enclave, die van afgedwongen radicale beweging.

Een dergelijke enclave is te onderscheiden in de migrerende bewegingen bij de nieuwgevormde internationale grenzen in *Grossraum*, waar van burgers verwacht wordt dat ze hun dagelijkse routine wijzigen om hun levens voort te zetten, om door te gaan ondanks de bewaakte controleposten en tijdelijke infrastructuur, die frustratie oproepen, maar evenzeer volharding en andere bestaanswijzen aanmoedigen. De vasthoudende voetgangers in *Obstructions* banen zich een weg naar hun werk, door bouwsteigers, blokkades, hekken en putten te omzeilen. Ondanks de voortdurende noodzaak om omwegen te maken, is hun vastberadenheid onverdeeld; zij lopen stevig door en bereiken hun bestemming onveranderlijk met schijnbaar geringe inspanning. In *Monument of Sugar* schuilt het verzet ook in de poging van de kunstenaars om Europese handelsbarrières te omzeilen. In een tweeledige ondermijning—die zowel gericht is op protectionistisch beleid als op de in haarzelf besloten liggende neiging van de kunst steeds meer tot koopwaar te worden, of voorwerp

177

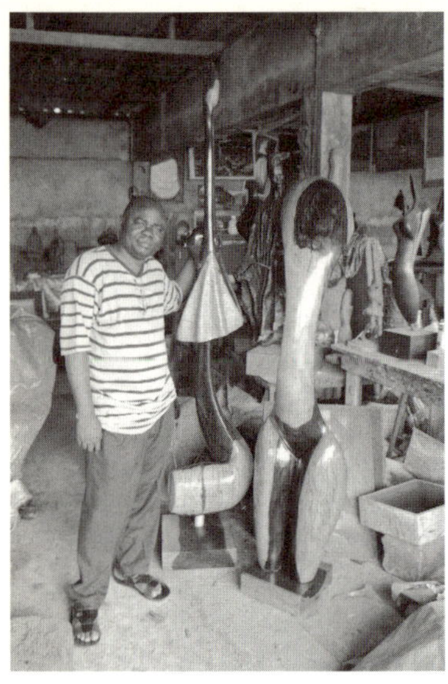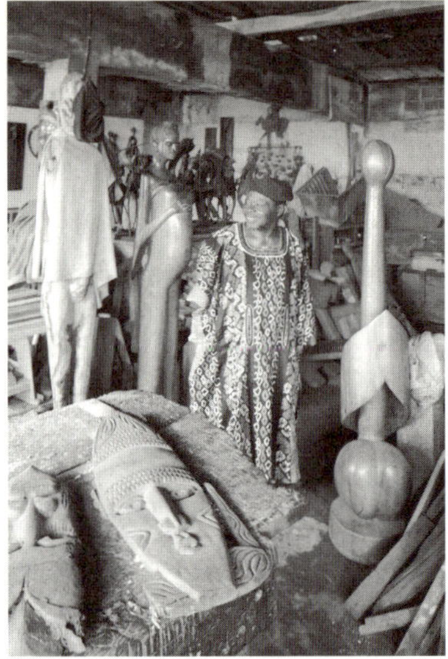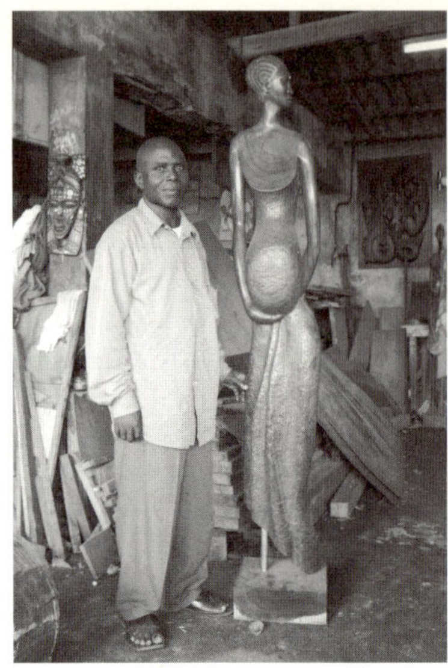

Monument of Sugar, Universal Studios' founders: Mr. Babatunde, Mr. Bisi, Mr. Monday, Lagos, 2006

While analogies with painting respond to the aesthetic attention paid to the films, the focus on their thematic concerns is never wholly subsumed by form. The beauty inherent in their cinematography acts as a canvas through which issues emerge, if at times languidly and with some prodding, delayed by an intrinsic pull toward the surface; a latency rendered mature through

van begeerte—maken de kunstenaars gebruik van suiker en bestempelen die als monument. In strijd met een verbijsterende bureaucratie en een al even slopende vochtigheid, was de greep van het duo op hun project nooit totaal; niettemin bleek het in potentie fragiele onderzoek een uitdaging te vormen voor conventies, en werd onderweg betekenisvolle vooruitgang geboekt. Het gaf bovendien aanleiding voor maatschappelijke omgang, die even ontwrichtend als utopisch was. Door plaatselijke kunstenaars uit Lagos te betrekken bij het maken van de suikerblokken, mengden Van Brummelen en De Haan zich in de normale gang van zaken in de gemeenschap en maakten daarmee een brug mogelijk tussen kunst en leven, tussen ideeën en mensen, en tussen de onmiddellijke en de omvangrijker gevolgen van hun acties.

Hoewel analogieën met de schilderkunst recht doen aan de esthetische aandacht die aan de films wordt besteed, raken thematische overwegingen nooit ondergeschikt aan de vorm. De schoonheid inherent aan hun cinematografie, werkt als een canvas van waaruit belangrijke kwesties tevoorschijn komen, op sommige punten broos, aansporing behoevend, en vertraagd door de intrinsieke aantrekking van het verleidelijke totaalbeeld. Die nog latente aanwezigheid wordt verder ontwikkeld door het creëren van context of, zoals Jean-Luc Godard het zou uitdrukken, door noodzakelijke bijschriften. Ze worden letterlijk opgenomen in de film *Monument of Sugar* en vormen over het scherm rollende landschappen van tekst, vergelijkbaar met de verklarende tussentitels in oude stomme films. Waar het beeld van de vlag van de Turkse Republiek van Noord-Cyprus in *Grossraum* als een blazoen in het Cyprische landschap ligt, onderzoeken de codes van de taal andere vormen van kennis, waarin tekens en symbolen onafhankelijker zijn van de kijker, die mogelijk de ogenschijnlijk subtiele repercussies van in beeld

Unfair Competition: Request for Support, publication, 2006

context or, as Jean-Luc Godard would have it, through necessary caption—one which becomes physically printed in *Monument of Sugar*, with its landscapes of text that scroll up the screen, like explanatory intertitles in an old silent film. As with the image of the flag of the Turkish Republic of Northern Cyprus emblazoned into the Cyprian landscape in *Grossraum*, the codes of language explore different kinds of knowledge, where signs and symbols have a stronger independence from the viewer, who may or may not observe the at times seemingly subtle repercussions of the obstructions and resistance which are being documented. The publications accompanying *Grossraum* and *Monument of Sugar* reinforce the research, diplomacy and resolve of the artists, whose self-published texts allay the clefts of ambiguity that arise from radicalized visual documentation. The texts in *The Formal Trajectory* supply a larger context for the work, explaining the conditions unique to the respective borders, and denoting a requisite formal approach to their

research, as much as a chosen methodology to the work's formalist style. *Monument of Sugar* evolves this relationship of image/text by incorporating the chapters from the accompanying eponymous publication directly into the film. Alternating passages of images and text provide the work with an internal logic, which releases, to some degree, the images from the responsibility of representation. Freed from this responsibility, the factory scenes in *Monument of Sugar* are among the most arresting of all Van Brummelen and De Haan's work: the images emanate a soft romantic glow, achieved through the melding of a poetic sensibility and the barest of *vérité* methods confronted by the underlit facilities and the blistering Nigerian sun.

The factory has historically been a place of experimentation, where mechanical reproduction spurred on the avant-garde of the 1920s, led by Fernand Léger *et al*, who sought not only to capture but to emulate the rhythmic cacophony of modern life. The production lines in *Monument*

gebrachte hindernissen en verzet zal opmerken—maar misschien ook niet. De publicaties behorend bij *Grossraum* en *Monument of Sugar* versterken het onderzoek, de diplomatie en vastberadenheid van de kunstenaars. De door

糖塑纪念碑

糖塑纪念碑—如何使用艺术的手段来规避贸易限制

MONUMENT OF SUGAR, HOW TO USE ARTISTIC MEANS TO ELUDE TRADE BARRIERS

夺取西方
Reclaiming the Occident

相对的自主权
Relative Autonomy

塑造的标准
Modeling the Standard

在原地的艺术研究
Research in Situ

最小限度的干预
Minimal Intervention

告别制造场所
Farewell to the Production Site

将白色的立方体复原
Recovering the White Cubes

移动性的工作室作业
Drifting Studio Practice

Monument of Sugar, publication translated into Chinese / Chinese version, 2008

henzelf uitgegeven teksten verzachten de kloof van ambiguïteit, voortkomend uit geradicaliseerde visuele vastlegging. De teksten in *The Formal Trajectory* dragen bij aan een bredere context voor het werk en verklaren de unieke omstandigheden van de betreffende grenzen; ook verbinden ze de vereiste formele aanpak van hun onderzoek, en de gekozen methode met de formele stijl van het werk. *Monument of Sugar* voert de relatie tussen beeld en tekst verder door, door de hoofdstukken van de begeleidende publicatie met dezelfde naam direct in de film op te nemen. Afwisselende passages van beelden en tekst voorzien het werk van een interne logica die de beelden tot op zekere hoogte vrijstelt van de verantwoordelijkheid van representatie. Hiervan verlost behoren de fabrieksscènes in *Monument of Sugar* tot de meest boeiende in het gehele werk van Van Brummelen en De Haan:

de beelden stralen een zachte, romantische gloed uit, die bereikt wordt door een in elkaar opgaan van een poëtische gevoeligheid en een minimum aan vérité-methodes, in confrontatie met een onderbelichte fabriekshal en de verschroeiende Nigeriaanse zon.

De fabriek is van oudsher een plaats van experimenten, waar mechanische fabricage de avant-garde van de jaren twintig aanspoorde, onder leiding van onder anderen Fernand Léger, ernaar te streven de ritmische kakofonie van het moderne leven niet alleen weer te geven maar die te overtreffen. Ook in *Monument of Sugar* zetten de productielijnen ertoe aan een stap terug te nemen van de werkelijkheid, de camera vangt glimpen van schoonheid op, ter wille van zichzelf, en voor ons genoegen. Waar de ontwikkeling van het project in woorden wordt overgebracht, lijken de beelden op zoek naar schoonheid; ongebonden

of Sugar too, inspire repose from reality; the camera offers up glimpses of beauty for their own sake, and for ours. While the words impart the progress of the undertaking, the images scour the premises for beauty, detached and belonging to another realm of meaning altogether.

Still, the surfaces of Van Brummelen and De Haan's films are never ones of gratuitous varnish or pure abstraction; they relay a rendering of reality that is categorically determined through a set of artistic choices—replete with grace notes, technical mastery and an enlightened perspective—which allow the viewer enormous freedom to seek out different fragments of the world within the frame, to be struck by certain details that appear, sometimes gradually, from the whole. Like the United Nations' administered zone bisecting the natural flow of the Cyprian landscape, a strange fairground of leisure emerging—without the sounds of life, without commentary—from a sweeping pan shot. The viewer is guided by the artists, but experiences a sense of emancipation as the work pivots between lyricism and political engagement, a tension resisting prescriptive boundaries of production (by the artist) and reception (by the viewer). This focus on resistance informs the work's subject matter and its execution, but the political discourse remains implicit: a funnelled force that recognizes the potential within every challenge, as well as within the interchange between the work and its viewer.

'Art is metamorphosed only by the strongest convictions—convictions strong enough also to transform societies'[6] These words, spoken almost two centuries ago by French art critic Théophile Thoré, aptly sum up the Situationist philosophy that returns art to society, to the everyday; though Thoré, as well as Van Brummelen and De Haan, in their own way, pleads a case for art's innate transformative vigour—one that can breathe and effect change without the extremist and destructive spirit that Debord opined, without obviating the spectacle that evermore continues

en toebehorend aan een geheel ander domein van betekenis.

Toch bestaat de oppervlakte van de films, zoals we die in een eerste opslag zien, nooit louter uit vrijblijvende verlokking of zuivere abstractie; ze geven een weergave van werkelijkheid die categorisch bepaald wordt door bepaalde artistieke keuzes, en worden doordrenkt van dubbelslagen, technisch meesterschap en een verlicht perspectief. Dit laatste geeft de kijker een enorme vrijheid om de verschillende fragmenten te onderzoeken binnen de wereld in het kader; om geraakt te worden door bepaalde details die, soms geleidelijk, te voorschijn komen uit het geheel. Zoals de door de Verenigde Naties geregeerde zone de natuurlijke glooiing van het Cyprische landschap in tweeën deelt, doemt er een vreemd kavel op—zonder de klanken van leven, zonder commentaar— in een meeslepend panoramashot. De toeschouwer wordt door de kunstenaars geleid, maar ervaart een gevoel van emancipatie als het werk heen en weer beweegt tussen lyriek en politieke betrokkenheid, een spanning die zich verzet tegen voorgeschreven grenzen van productie (door de kunstenaar) en ontvangst (door de kijker). Deze gerichtheid op verzet dringt door in het onderwerp van het werk en de uitvoering ervan, hoewel de politieke kwestie impliciet blijft; als een geleide kracht die zowel het potentieel binnen iedere uitdaging herkent, als in de uitwisseling tussen het werk en de toeschouwer.

'Kunst kan alleen getransformeerd worden door sterke overtuigingen, sterk genoeg om ook de maatschappij te transformeren.'[6] Deze woorden, die bijna twee eeuwen geleden werden uitgesproken door de Franse kunstcriticus Théophile Thoré, geven een puntige opsomming van de situationistische filosofie, die de kunst terugbrengt naar de maatschappij, naar het alledaagse, hoewel Thoré, net als Van Brummelen en De Haan op hun eigen manier, een pleidooi houdt en voor de inherente transformerende kracht van kunst—een die kan ademen en verandering teweeg kan brengen zonder de extremistische en vernietigende geest die Debord voorstond, zonder het spektakel uit te sluiten dat onveranderd doorgaat de algemene contouren te bepalen van onze globale visuele cultuur. Dit potentieel kan uitsluitend aan het licht komen in de wisselwerking tussen het kunstwerk en de toeschouwer. Zoals besloten ligt in de observatie van Thoré, schiet de natuurlijke aard van kunst als dialoog tekort als deze niet ontstaat *en* ontvangen wordt met een gelijkgerichte betrokkenheid. Omdat de werken van Van Brummelen en De Haan respect tonen voor alles wat gefilmd wordt, en daarbij de onterecht als tegenstrijdig opgevatte noties van esthetiek en onderwerp wegnemen, en in het juiste perspectief plaatsen—wat

to generally shape our global visual culture. This potential can solely transpire from the exchange between the work and the spectator. As Thoré's observation implies, the dialogic nature of art falls short if it is not originated *and* received with like-minded fervency. Because the works of Van Brummelen and De Haan demonstrate respect for all that is filmed and mollify the falsely antithetical notions of aesthetics and issues—which, in turn, advocates an exceptional mode of viewing—the artists, like the subjects they record, thwart traditional modes of reception based on expectation. Just as the sugar cubes in *Monument of Sugar* transcend their mere objecthood (their *'chosiste'* nature), gaining weight not in granule, but in experiential value, the artists' own resistance attests to the refreshing possibilities awakened through a dismantled *doxa*. Like some of Perec's greatest texts, their works attempt to strip the layers of preconception in order to expose or unearth what lies in between borders.

In reviewing German-French filmmakers Jean-Marie Straub and Danièle Huillet's *De la nuée à la résistance* (1979), Serge Daney made a blunt assertion which perfectly encapsulates their entire oeuvre: 'Where there is resistance, one must film.'[7] Recognizing their lifelong pledge to make visible the battles for justice, whether physical, philosophical, historical, political or artistic, Daney, displaying his distinctive interrogations of so-called humanism, added that 'resistance is the only sign that does not cheat, that attests to a certain reality, to a knot of contradictions.'[8] Grounded in a similar notion of reality, in the urge of paradox and the incessant movements of resistance—ones that are visible and invisible at once—Van Brummelen and De Haan's projects partake in an avant-garde lineage mobilizing against a dangerous, intellectually stagnant and sterile milieu, seeking to infuse art with everyday life (and vice-versa) in order to redraw societal boundaries. The clever detours of those they film

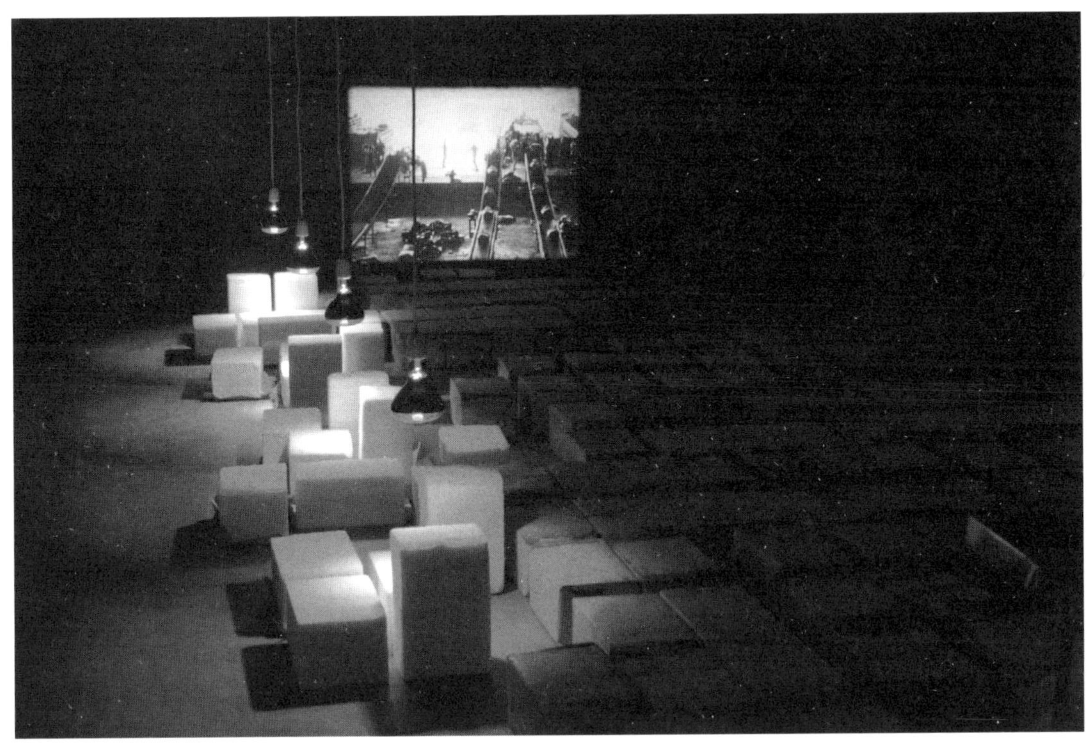

Monument of Sugar (work in progress), Stedelijk Museum Amsterdam, 2006

181

echo those they must make as artists whose work inevitably resides within an institution of production, consumption and reception. By challenging this doctrine and contesting its false contradiction, their works posit alternatives to the structures, limits, boundaries which dominate today's life. The tensions awakened in their work reveal some of the struggle to make socially-engaged works of art that retain their formal autonomy. Alas, given the art world's own contradictory trajectory, one must meet their question with another: Can a poetic evocation of Europe's problematic borders and policies effect positive change and bring about awareness of injustices to those who suffer within a system that benefits others? Although there's no escaping the circuitry of the system (not without losing the crucial visibility and voice which it provides), their interventionist methods bring about awareness, and do so through their tenacious factual and imagistic findings, which are sought out in the world and returned to the gallery space, where

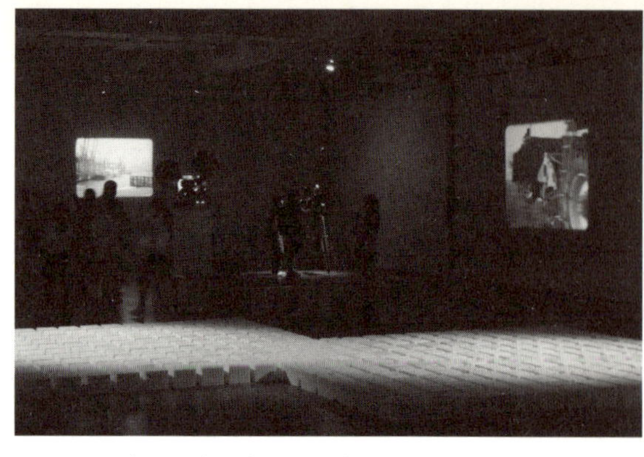

Monument of Sugar, Shanghai Biennial, 2008

knowledge and dialogue can flourish under the guidance of institutionalized education and personal reflection dependent upon the conditions of that very setting. To think of all the great art emerging from times and zones of conflict, it becomes apparent that its success in the art world has spawn an abundance of critical discourse, and not one that solely lives within the sometimes gaseous confines of art fairs, criticism and theory.

op zijn beurt een uitzonderlijke wijze van bekijken bepleit—tarten Van Brummelen en De Haan, net als de onderwerpen die zij in beeld brengen, traditionele manieren van receptie die gebaseerd zijn op verwachting. Zoals de suikerblokken in *Monument of Sugar* uitstijgen boven hun louter object-zijn (hun specifieke natuur) en gewicht krijgen niet in suikerkorrels maar in ervaringswaarde, getuigt het verzet van de kunstenaars van verfrissende mogelijkheden die geactiveerd worden door het ontmantelen van algemene aannames en gangbare opvattingen. Net als enkele van de mooiste teksten van Perec proberen hun werken lagen van vooringenomenheid weg te nemen om juist dat wat zich tussen de grenzen bevindt aan het licht brengen.

In zijn bespreking van *De la nuée à la résistance* (1979) van de Duits-Franse cineasten Jean-Marie Straub en Danièle Huillet doet Serge Daney een vrij boude bewering die

niettemin hun gehele oeuvre prachtig samenvat: 'Waar verzet is, moet gefilmd worden.'[7] Daney erkende het levenslange pleidooi van Straub en Huillet voor het zichtbaar maken van de strijd voor rechtvaardigheid, ongeacht of die nu fysiek, filosofisch, historisch, politiek of artistiek is. Blijkgevend van de hem kenmerkende bevraging van wat humanisme genoemd wordt, voegde Daney toe dat '…verzet het enige teken is dat niet liegt, maar getuigt van een bepaalde realiteit, van een verknoping van tegenstrijdigheden'.[8] Gebaseerd op een vergelijkbare notie van de realiteit, op de behoefte aan paradox en de niet-aflatende bewegingen van weerstand—die tegelijkertijd zichtbaar en onzichtbaar zijn—maken de projecten van Van Brummelen en De Haan deel uit van een avant-garde overlevering die zich mobiliseert tegen een gevaarlijk, intellectueel stagnerend en steriel milieu, in een poging de kunst te

voeden met het leven van alledag (en vice versa) teneinde maatschappelijke grenzen te herzien. De slimme omwegen van hen die zij filmen, vormen echo's van omwegen die zij zelf moeten maken als kunstenaars wier werk onvermijdelijk deel uitmaakt van een geïnstitutionaliseerd systeem van productie, consumptie en receptie. Door deze doctrine aan te vechten en de valse tegenstelling ervan te bestrijden, poneren hun werken alternatieven voor de structuren, limieten en grenzen die het huidige leven beheersen. De spanningen die in hun werk worden opgeroepen, onthullen iets van de strijd die geleverd moet worden om maatschappelijk betrokken kunstwerken te maken, met behoud van hun formele autonomie. Maar als we de huidige koers van de kunstwereld in ogenschouw nemen, die hiermee in tegenspraak is, moet hun vraag wel met een andere beantwoord

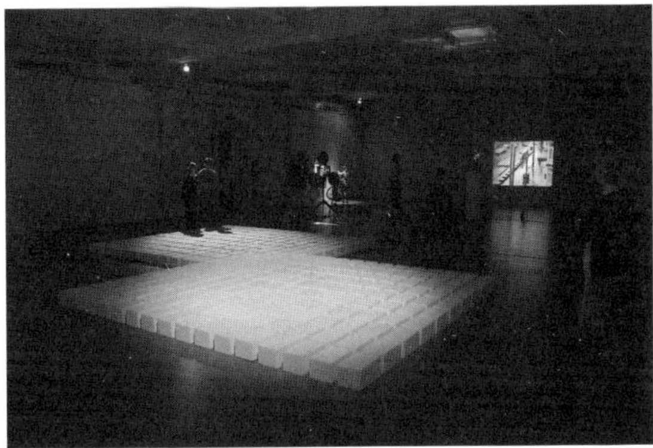

Monument of Sugar and *Obstructions*, Shanghai Biennial, 2008

Art's salve is as thick as its sword is sharp. It's also most effective and tangible, ironically, in its immateriality. Pestling together their formalist and political concerns, Van Brummelen and De Haan's recent film installations, like Perec's musings on everyday existence and small-scale manoeuvres, hover in between borders that defy closure.

Notes

1. 'Carry on / Until the scene becomes improbable / until you have the impression, for the briefest of moments, that you are in a strange town or, better still, until you can no longer understand what is happening or is not happening, until the whole place becomes strange, and you no longer even know that this is what is called a town, a street, buildings, pavements…' From: *Espèces d'espaces*, Paris: Éditions Galilée, 1974, transl. by John Sturrock: 'The Street', in *Species of Spaces and Other Pieces*, London and New York: Penguin Books, 1997, p. 53.

2. Jacques Rancière, *The Politics of Aesthetics*, transl. by G. Rockhill, London: Continuum, 2004, p. 13. Originally published as *Le Partage du sensible: Esthetique et politique*, Paris: La Fabrique, 2000.

3. John Berger, *Keeping a Rendezvous*, New York: Pantheon Books, 1991.

4. 'Art of the Possible: Fulvia Carnevale and John Kelsey in Conversation with Jacques Rancière', *Artforum*, vol. XLV, no. 7, March 2007, pp. 256–269.

5. Lonnie van Brummelen, artist talk delivered at Cinematheque Ontario, Toronto, March 2007.

worden: kan een poëtische evocatie van de problematische grenzen en het beleid van Europa leiden tot positieve verandering en de ogen openen voor onrechtvaardigheden voor hen die lijden onder een systeem dat ten goede komt aan anderen? Hoewel er geen ontsnappen mogelijk is aan de geslotenheid van het systeem (niet zonder verlies van de onmisbare zichtbaarheid en stem die het biedt) brengen hun interventionistische methoden bewustwording teweeg, door hun vasthoudende feitelijke en poëtische vondsten, die in de wereld worden gevonden en naar de ruimte van de galerie worden teruggebracht. Daar kunnen kennis en dialoog opbloeien onder leiding van institutionele educatie en hangt persoonlijke overdenking af van de condities van juist díe omgeving. Wanneer we denken aan al die grote kunstwerken die zijn ontstaan in tijden en gebieden van conflict, dan wordt duidelijk dat hun succes in de kunstwereld heeft geleid tot een overvloed aan kritische dialoog, die niet uitsluitend levensvatbaar is binnen de vage contouren van kunstbeurzen, kritiek en theorie. De balsemende werking van kunst is net zo groot als haar zwaard scherp is. Kunst is bovendien, ironisch genoeg, het meest doeltreffend en tastbaar in haar immaterialiteit. Door hun formele en politieke overwegingen in ieder opzicht op elkaar te betrekken, zweven de recente filminstallaties van Van Brummelen en De Haan, net als de overpeinzingen van Perec over het bestaan van alledag en kleinschalige manoeuvres, tussen grenzen die sluiting trotseren.

Noten

1. 'Ga voort / Totdat het schouwspel onwaarschijnlijk wordt / totdat je de indruk hebt, voor een onderdeel van een seconde, dat je in een vreemde stad bent of, nog beter, totdat je niet langer kunt begrijpen wat er gebeurt en wat er niet gebeurt, totdat het hele oord vreemd wordt, en je zelfs niet meer weet wat dat is en wat een stad, een straat, gebouwen genoemd wordt, plaveisel …' Georges Perec, *Espèces d'espaces*, Parijs: Editions Galilée, 1974, p. 73.

2. Jacques Rancière, *Le Partage du sensible: Esthetique et politique*, Parijs: La Fabrique, 2000; Ned. vert. 'Het delen van het zintuiglijk waarneembare', in: *Het esthetische denken*, Amsterdam: Valiz, 2007.

3. Het vormen van een beeld begint met het ondervragen van verschijningen en aantekeningen maken. John Berger, *Keeping a Rendezvous*, New York: Pantheon Books, 1991.

4. 'What landscape can one describe as the meeting place between artistic practice and political practice', Jacques Rancière in: 'Art of the Possible: Fulvia Carnevale and John Kelsey in Conversation with Jacques Rancière', *Artforum*, XLV (2007) nr. 7, maart 2007, p. 256–269.

5. Lonnie van Brummelen, lezing gegeven in Cinematheque Ontario, Toronto, maart 2007.

6. 'Art is metamorphosed only by the strongest convictions—convictions

6. Théophile Thoré, writing as William Bürger,
'New Tendencies in Art', quoted in Charles
Harrison, Paul J. Wood, Jason Geiger (eds),
*Art in Theory, 1815–1900: An Anthology of
Changing Ideas*, London and Malden, MA:
Blackwell, 1998, p. 384.
7. 'Là ou ça résiste, il faut filmer.' Serge Daney,
'Une morale de la perception (*De la nuée à la
résistance* de Straub-Huillet)', in *La rampe: Cahiers
critique 1970–82*, Paris: Cahiers du cinéma/
Gallimard, 1983.
8. '... la résistance est le seul indice qui ne trompe
pas, qui atteste d'une réalité quelconque, d'un
noeud de contradictions.' Ibid.

strong enough also to transform
societies.' Uit: William Bürger
(pseudoniem van Théophile Thoré),
'New Tendencies in Art', geciteerd in:
Charles Harrison, Paul J. Wood, Jason
Geiger (red.), *Art in Theory, 1815–1900:
An Anthology of Changing Ideas*,
Londen/Malden, MA: Blackwell,
1998, p. 384.
7. 'Là ou ça résiste, il faut filmer.' Serge
Daney, 'Une morale de la perception
(De la nuée à la résistance de Straub-
Huillet)', in: *La rampe: Cahiers critique
1970–82*, Parijs: Cahiers du cinema/
Gallimard, 1983.
8 '... la résistance est le seul indice
qui ne trompe pas, qui atteste d'une
réalité quelconque, d'un noeud de
contradictions.' Idem.

Biography and Bibliography

Lonnie van Brummelen, Soest
(The Netherlands), 1969
Siebren de Haan, Dordrecht
(The Netherlands), 1966
Live and work / based in Amsterdam

Education

Lonnie van Brummelen
1998–99: Rijksakademie van
beeldende kunsten, Amsterdam
1994–95: Philosophy,
Universiteit van Amsterdam
1987–93: Rietveld
Academie, Amsterdam

Siebren de Haan
1992–98: Master of Arts/
Master of Philosophy,
Universiteit van Amsterdam
1990–91: Rietveld
Academie, Amsterdam
1988–89: Film/Theatre theory,
Universiteit van Amsterdam
1986–88: Academie St. Joost,
Breda, NL

Solo exhibitions

2008

*Monument to Another Man's
Fatherland*, curated by Tessa Giblin,
Project Arts Centre, Dublin.

2007

Monument of Sugar, curated by
Katerina Gregos, Argos, Brussels

Monument en Sucre, curated by Claire
Staebler, Marc-Olivier Wahler, Palais
de Tokyo, Paris

Grossraum, curated by Kim
Simons, Pablo de Ocampo, Andréa
Picard, TPW Gallery, Festival
of Images, Cinemateque Ontario,
Toronto

2005

Frontyards and Backyards, curated by
Martijn van Nieuwenhuyzen, SMBA,
Amsterdam

Selected group exhibitions
and screenings

2008

*Cine sin fronteras / Cinema without
Borders*, Morelia International Film
Festival, Mexico City

Modern Monday's, MoMA, New York.
SITE Projectionen, SITE gallery,
curated by Anke Volkmer, Dusseldorf

The Age of Migration, Robert Flaherty
Seminar, curated by Chi-hui Yang,
Colgate University, Hamilton,
NY (cat.).

Arts Research: The State of Play,
GradCAM, Project Arts Centre,
Dublin

Masques noirs, sucre blanc,
Contrechamp, Au Cinématographe,
curated by Olive Martin, Nantes, FR

Shanghai Biennial, Translocalmotion,
curated by Henk Slager, Julian
Heynen and Zhang Qing, Shanghai
(cat.)

Shifting Identities, Kunsthaus Zürich,
curated by Mirjam Varadinis, Zurich
(cat.)

2007/08

Destroy she said, Julia Stoscheck
Collection, Dusseldorf (cat.)

2007

Les artistes pour le Palais de Tokyo,
Palais de Tokyo, Paris

L'Europe en devenir, Centre Culturel
Suisse, Paris

Rosa Barba, Lonnie van Brummelen & Siebren de Haan, Jeremiah Day, Aurelien Froment, Project Arts Centre, curated by Tessa Giblin, Dublin

Depiction, perversion, repulsion, obsession, subversion, selected by Witte de With for the International Filmfestival Rotterdam

2006/07

Just in Time: Voorstel tot Gemeentelijke Kunstaankopen, Stedelijk Museum Amsterdam, curated by Maxine Kopsa, Amsterdam (cat.)

2006

Gwangju Biennial, The Last Chapter, curated by Cristina Ricupera, South Korea (cat.)

Radical Closure, University of California, Berkeley Art Museum & Pacific Film Archive, curated by Akram Zaatari, Berkeley, CA

Festival Printemps de Septembre 2006, curated by Jean Marc Bustamente, Pascale Pique and Mirjam Varadines, Toulouse (cat.)

Radical Closure, Filmfestival Oberhausen, curated by Akram Zaatari, Oberhausen (cat.)

World Unlimited, Museum voor Moderne Kunst Arnhem, NL

The Urban Condition, Museum De Paviljoens, Almere, NL

2005

Warped Vision, IDFA, International Documentary Festival Amsterdam (cat.)

A Certain Tendency in Representation, Cinema Club, Thomas Dane Gallery, curated by Francesco Manacorda, London

Leaps of Faith, site specific exhibition project Nicosia, curated by Katerina Gregos, Erden Kosova, Nicosia, CY

Prix de Rome, De Appel, Amsterdam (cat.)

HxDxB, collection Rabobank Nederland, GEM, The Hague

Artists' essays and publications

2008

Essay: *The camera as exhibition object, introduction to a border crossing cinema-eye*, in *Shanghai Papers*, Hatje-Cantz, Stuttgart

形式的轨迹, artists' publication supplement to *Grossraum (Borders of Europe)*, expression of permission procedures preceding film recordings, translated into Chinese

糖塑纪念碑, artists' publication supplement to *Monument of Sugar*, pancartes and generic texts of the 16mm film, translated into Chinese

2007

Monument en Sucre, artists' publication supplement to *Monument of Sugar*, pancartes and generic texts of the 16mm film, translated into French

Monument of Sugar—how to use artistic means to elude trade barriers, scenario for the 16mm film essay

2006

Unfair Competition: Request for Support, artists' publication, funding application

Open Letter: Call of the Wild, published in *Open* no. 10: *(In)tolerance*, NAi Publishers, Rotterdam

2005

The Formal Trajectory, artists' publication supplement to *Grossraum (Borders of Europe)*, expression of permission procedures preceding film recordings

2004

Autonomy as Strategy, artists' publication with Jeroen de Rijke

Articles (a selection)

2008

Carol Yinghua Lu, '7th Shanghai Biennial', *Frieze*, no. 119, Nov/Dec

Susanne Boecker, 'Translocalmotion', *Kunstforum International*, Vol. 194, Nov/Dec

Domeniek Ruyters, 'Kraftwerk in de karaokebar: Henk Slager over zijn Shanghai Biënnale', *Metropolis M*, no. 4

Ingrid Commandeur, 'Cultuurclash 7de Shanghai Biënnale', *Metropolis M*, www.metropolism.com, September 24

2007

Andréa Picard, 'Taking to the periphery', *Millennium Film Journal*

Christophe Gallois, 'How to use artistic means to elude trade barriers: An interview with Lonnie van Brummelen and Siebren de Haan on *Monument of Sugar*', *Untitled*, no. 44

Magdalena Kröner, 'Watchlist: Fünf Künstler, die uns ausgefallen sind', *Monopol*, no. 9, p. 30

Tineke Reijnders, 'Op stap met Hermes: Lonnie van Brummelen', *Ons Erfdeel,* no. 2, pp. 64–73

Luk Lambrecht, 'Over schijnwerelden: Politieke video's in Argos', *Knack blogt,* July 30

Hans den Hartog Jager, 'Follow the money', *NRC Handelsblad,* March 21

Debra Solomon, 'Monument of sugar', *culiblog,* http://www.culiblog. org/2007/05/monument-of-sugar/

2006

Din Pieters, 'Nederland Niet Nederland', *context K, Aktuele kunst,* no. 3

Sacha Bronwasser, 'Een niet onaangenaam allegaartje', *de Volkskrant,* December 18

Mufu Onifade, 'Universal Studios hosts Dutch sugar installation', *New Age,* September 29

Nicolas Trembley, 'Out of season', *Artforum Daily,* 30 September

Lotte Haagsma, 'The Urban Condition', *Metropolis M,* no. 3

2005

Ingrid Commandeur, 'vriza', *Metropolis M,* no. 3

Arjan Reinders, 'Gestremde mobiliteit: Prix de Rome.nl— Lonnie van Brummelen', *Kunstbeeld,* vol. 30, no. 4

'Lonnie van Brummelen wint Prix de Rome', *de Volkskrant,* July 1

Sandra Smallenburg, 'Vooral Van Brummelen maakt indruk bij Prix de Rome', *NRC Handelsblad,* June 20

Siebren de Haan, 'Lonnie van Brummelen: Frontyards and Backyards', *Stedelijk Museum Bulletin,* no. 1, pp. 46–47

Jan van Adrichem, 'Frontyards and Backyards: Lonnie van Brummelen', *SMBA Newsletter,* no. 85

Sacha Bronwasser, 'Frontyards and Backyards', *Vrij Nederland,* March 19

Lectures, performances and other activities

2007

Movable cultural property, lecture, Argos, Brussels

The landscape as exile, masterclass, Cinemateque Ontario, Toronto

Artist talk hosted by Tessa Giblin (Project Art Space, Dublin), *Beyond the Studio* Conference (NCAD), Douglas Hyde Gallery, Dublin

2006

Call of the Wild, performance, launch *Open* 10/Ongoing series, Museum de Paviljoens, Almere, NL

Monument of Sugar, lecture, Concerning Knowledge Production, BAK, Utrecht, NL

2005

Borders of Europe, lecture, in the context of *Leaps of Faith,* Goethe Institut, Nicosia

2004–07

Disclosures, curating exhibition series, vriza, Amsterdam (cat.)

Prizes

2007: Off Screen Award, Best Installation, Images Festival, Toronto
2005: Prix de Rome, 1st prize, Amsterdam
1999: Uriot Prijs, Rijksakademie, Amsterdam
1999: Selection Prix de Rome, Painting, Amsterdam
1998: Selection Koninklijke Subsidie, Amsterdam

Residencies

2008: Residency Apexart, New York
2008: Residency Platform Garanti, Istanbul
2006/07: Residency Cité des Arts, Paris

Collections

MoMA, Media Department, New York
Julia Stoscheck Collection, Dusseldorf
E. & L. Dommering, Amsterdam
Stadsarchief Amsterdam
Rabobank Nederland, Eindhoven, NL

Contributors

Mariska van den Berg teaches art theory at the Gerrit Rietveld Academy in Amsterdam and works independently as an editor and producer of art books. She studied art history at the Rijksuniversiteit Groningen and worked at Gallery Paul Andriesse and SKOR (Foundation for Art and Public Space) in Amsterdam.

Christophe Gallois is a curator and art critic based in Paris and Luxembourg. He works as Curator/ Head of Exhibitions at Mudam, Musée d'Art Moderne Grand-Duc Jean, Luxembourg. In 2008, he curated the exhibition series *Neutre intense*, and he is the curator of *The Space of Words*, an exhibition exploring the relation between space and language in contemporary art practices, to be presented at Mudam in 2009. He graduated from the Royal College of Art in London with an MA Curating Contemporary Art in 2007. He has contributed to the art magazines *Art Monthly*, *Frieze*, *Untitled*, *MAP* (UK); *Metropolis M* (NL); *Art Press and Frog* (F).

Tessa Giblin is Curator of Visual Arts at Project Arts Centre in Dublin, Ireland. Since 2006, she has realised a variety of exhibitions and projects including *PHILIP*, *BLACKBOXING*, *NONKNOWLEDGE*, *The Flight of the Dodo* and *The Prehistory of the Crisis* (I), and solo exhibitions with Sung Hwan Kim & David Michael di Gregorio, Aurélien Froment, Rosa Barba & David Maljkovic, Jeremiah Day & Simone Forti, Jesse Jones, and Lonnie van Brummelen & Siebren de Haan. She was Assistant Curator of ARTSPACE New Zealand during 2004–05, and in 2006 completed the De Appel Curatorial Training Programme, following which she became Head of Exhibitions at Smart Project Space, Amsterdam. She is currently project leader of the curatorial seminar module for the MA in Visual Arts (MAVIS) of IADT, Dun Laoghaire, Ireland.

Louis Lüthi studied graphic design at the Gerrit Rietveld Academy in Amsterdam and at the Werkplaats Typografie in Arnhem. He lives and works in Amsterdam.

Andréa Picard is a Toronto-based writer and curator who studied Fine Art History, Cinema Studies and French Literature at the University of Toronto. She is a longstanding programmer at Cinematheque Ontario where she has organized and curated numerous directors and thematic retrospectives. For the Toronto International Film Festival, she curates *Wavelengths*, an annual showcase of avant-garde film and video. Her writing has been featured in art, film and architecture publications internationally and she contributes a regular film/art column to *Cinema Scope* magazine, exploring the intersection between cinema and the visual arts. In 2007, she co-organized Lonnie van Brummelen's *Grossraum* exhibition at Gallery TPW, to which she contributed the essay 'Taking to the Periphery'.

Colophon

Editors
Mariska van den Berg
Lonnie van Brummelen
Siebren de Haan

Authors
Mariska van den Berg
Christophe Gallois
Tessa Giblin
Andréa Picard

Text, design and images
of reprinted publications
Lonnie van Brummelen
Siebren de Haan

Other images
p. 162 bottom: Hopi Lebel
p. 163: Darek Szendel

Graphic design
Louis Lüthi

Copy-editing
Mariska van den Berg
Els Brinkman
Jane Bemont

Translation Dutch–English
Jane Bemont

Translation English–Dutch
Pierre Zeevaarder
Mariska van den Berg
Lonnie van Brummelen
Siebren de Haan

Printing
die Keure, Bruges

Publisher
Valiz, Amsterdam
www.valiz.nl

© 2009 Valiz, book and cultural
projects; Lonnie van Brummelen,
Siebren de Haan, authors

All rights reserved. No part of this
publication may be reproduced, stored
in a retrieval system, or transmitted in
any form or by any means, electronic,
mechanical, photocopying, recording
or otherwise, without the prior written
permission of the publisher.

The authors, artists and the
publisher have made every effort
to secure permission to reproduce
the listed material, illustrations and
photographs. We apologize for any
inadvert errors or omissions. Parties
who nevertheless believe they can
claim specific legal rights are invited
to contact the publisher.

This publication was made possible
through the generous support of The
Netherlands Foundation for Visual
Arts, Design and Architecture (Fonds
BKVB), Mondriaan Foundation,
Harten Fonds Foundation,
Amsterdams Fonds voor de Kunst.

Special thanks to
Rijksakademie van beeldende kunsten,
Amsterdam, Artists' documentation /
Sandra Felten

Film stills sponsored by Cineco
BV, the Netherlands and Color
by DeJonghe, Belgium

ISBN 978 90 78088 26 4
NUR 646, 740
Printed and bound in Belgium

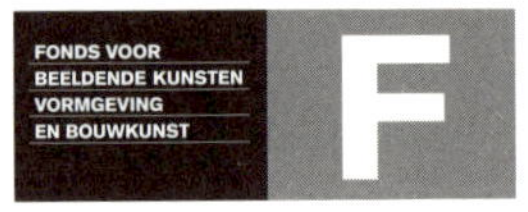
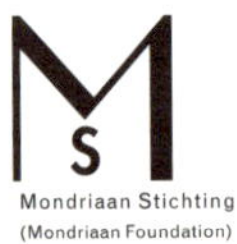
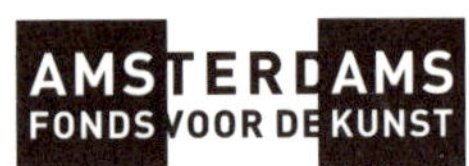